佐渡鉱山・朝鮮人
強制労働資料集

佐渡鉱山・朝鮮人強制労働資料集編集委員会

佐渡鉱山・朝鮮人強制労働資料集

目次

凡例

編集にあたり、明らかな誤りは訂正した。改行し、句読点を入れた箇所がある。
本文中での〔　　〕は編集での註である。
原文の住所の一部、電話番号で略した箇所がある。
漢数字を算用数字に直した箇所がある。

発刊にあたって

小杉邦男

第二次大戦下での三菱鉱業佐渡鉱山への朝鮮労働者の強制連行を歴史問題として認識するきっかけは、朝鮮労働者の収容施設(相愛寮)での煙草配給台帳の名簿の入手です。この名簿を手掛かりに 1991 年 11 月、コリアン強制連行等新潟県研究会と佐渡の有志が共同で韓国を訪問し、強制連行された労働者を捜索して、聞き取り調査活動を行いました。12 月には「調査報告会」を開催しました。

翌 1992 年９月 26 日から 10 月２日にかけて強制連行された労働者・遺族を含む７人を韓国から招請し、通訳３人が加わって相川の大佐渡開発総合センターで「迎える集い」を開催しました。この活動を通して、佐渡で 1992 年に有志が集まり、民間交流組織として「過去・未来ー佐渡と韓国をつなぐ会」を結成しました。1995 年７月には、強制連行労働者の「厚生年金加入期間確認書」の交付を厚生省に請求するため、本人・遺族から委任状を取るために「佐渡と韓国をつなぐ会」[1] の会員８名が韓国を訪問し、慶尚南道の扶余に７日間滞在して活動しました。

1995 年、強制連行労働者・遺族の３名を招いて 11 月 27 日から 29 日の間に新潟県保険課と厚生省を訪れ、連行労働者 19 人の厚生年金加入記録台帳での支払い事実の確認を求めました。その結果、11 人の書類が確認されたのです。出席した盧秉九、尹鐘洸の両人は記載内容と事実が相違することを糺して長時間、怒りの抗議をしました。その光景が今でも目に浮かんできます。翌 12 月１日、相川の大佐渡開発総合センターで招請した盧秉九、尹鐘洸による強制連行の「証言を聴く集い」が開催され、佐渡全島から大勢の人々が集まりました。その後、「佐渡と朝鮮をつなぐ会」の韓国との交流活動は休止状態で推移してきていました。

今日、佐渡鉱山のユネスコ「世界文化遺産」の登録申請で、太平洋戦争での戦時政策としての朝鮮労働者の強制連行の歴史の事実を隠蔽するような捉え方に批判が集中しています。韓国からもマスコミ、研究者等々からも「佐渡と朝鮮をつなぐ会」の 30 年前の活動の経過を含め、問い合わせが殺到しました。そのため私たちは 30 年前の「佐渡と朝鮮をつなぐ会」の活動を思い起こし、韓国から取材に来られたマスコミ、研究者等の方々を三菱佐渡鉱山の近代鉱山遺産を中心に強制連行労働者の収容施設(相愛寮)の旧跡等々を案内いたしました。

この案内を通して、戦争の歴史で被害を与えた国はその責任を忘れるが、被害を受けた民族は決して忘れないことを学びました。特に今回、韓国の研究者の方々と交流することで、1995 年以降も韓国国内での三菱佐渡鉱山への強制連行された労働者の調査活動が続けられ、さらに今後も続けられることを知り、感銘を受けています。

私どもが佐渡で活動した記録が少しでも役立つことを願っています。

(過去・未来ー佐渡と朝鮮をつなぐ会　事務局)

---

[1] 1995 年８月に「過去・未来ー佐渡と朝鮮をつなぐ会」と改称

1　佐渡鉱山･朝鮮人強制労働の歴史

⑴佐渡鉱山のフルヒストリー(全史)を語り継ぐために

吉澤文寿

この資料集は1989年に佐渡鉱山が閉山した後、佐渡および新潟の市民らが実施した朝鮮人強制連行の真相調査および集会などの開催に関する資料を一冊に収録したものである。本書を刊行するにあたり、その背景となる事情について簡略に書き記しておきたい。

1600年に徳川幕府直轄領（天領）となった佐渡は相川金銀山を中心に幕府の財政を支え続けてきた。明治維新後、相川金銀山は佐渡鉱山として国内を代表する鉱山として経営された。1869年から官営となった佐渡鉱山は1896年に三菱合資会社に払い下げられた。19世紀半ばまで続けられた伝統的手工業のみによる採掘は幕末には限界に達していた。そのため、官営化された後に、佐渡鉱山に欧米諸国からの技術を導入し、機械化が積極的に推進された。このような技術革新は日本が侵略戦争に邁進する1945年まで継続した。

このように華々しく語られる佐渡鉱山からの金銀銅などの採掘は誰の手によって支えられていたのだろうか。江戸期には島外から多くの労働者が鉱山に流入した。穿子（ほりこ）をはじめとする坑内労働者はつねに事故に遭う危険があり、珪肺になる者も多かったため、短命であったと伝えられる。島民にもしばしば労働を課せられたが、その代表的なものが坑内の地下水の排水、即ち水替であった。水替があまりの重労働だったため、島内で忌避者が続出すると、1778年から1861年まで佐渡奉行所は江戸、大阪、長崎などの無宿人1876人を鉱山に送り込んだ。この「島送り」で生きて故郷に戻った者はほとんどいなかった。

また、労働者は江戸期の「穿子請」から継続する部屋（飯場）制度によって統制されていた。部屋頭は労働者を統率するばかりでなく、給与の管理なども経営者から委託された。このような労務管理は1930年代まで継続した。このように佐渡鉱山の機械化が進行する一方で、労働者が置かれた劣悪な坑内環境や労務管理制度は近代に入っても残存し続けた。そのため、鉱山から逃亡する者や反抗する者が後を絶たなかった。

さらに言えば、江戸期から相川の各所に作られた遊郭はやがて水金町に集まるようになる。利用者の多くは島外出身の役人や商人、そして労働者であり、遊女は島の女たちであった。水金町の遊郭の廃業は1958年の売春防止法の施行による。これらの島内外の人々の生き様が活写されてこそ、佐渡鉱山のフルヒストリー（全史）を語ることができるだろう。

ところで、近代日本は侵略戦争を繰り返し、1937年7月以降に日中全面戦争に突入すると、翌1938年3月に重要鉱物増産法を公布した。さらに同年4月に国家総動員法が制定されるとともに、1939年から始まった労務動員計画によって植民地朝鮮から佐渡鉱山にも多くの労働者が連行された。その数は1940年から1945年までに1500名を超えた。先行研究で明らかなように、これらの朝鮮人は雇用主である三菱鉱業株式会社から派遣された労務係が植民地権力や地域の有力者と結託することにより、本人の意に反して連行されたのである。これらの朝鮮人の多くは農業などに従事してきた者であった。しかしながら、彼らが鉱山で配置されたところは鑿岩（さくがん）、支柱、運搬などの危険を伴う労働現場であった。それゆえに、逃亡する者、ストライキを起こす者などが多く、命を落とした者もいた。

これらの朝鮮人労働者は、戦時体制以前の坑内労働者と同様に劣悪な環境で労働することになった。しかも、彼らは決して熟練労働者と呼ぶことができず、会社としても低賃金で雇用することができた。佐渡鉱山の日本人労働者は島外の新潟、長野、群馬などの近隣の地域出身者が多く、故郷からの距離という点でも、朝鮮人と条件を異にした。1944年4月には三菱鉱業が軍需会社に指定されたため、軍需会社法により、鉱山労働者は徴用労働者とされた。しかしながら、朝鮮人労働者は、日本人とは異なる条件で鉱山労働を強いられたのである。その経験は、今日問われている強制労働に該当する事例であったと言えよう。

戦後（1945年以後）の佐渡鉱山は大幅に規模を縮小するとともに、1962年から宗太夫坑の公開を開始した。1970年には観光会社としてゴールデン佐渡が設立され、今日に至るまで佐渡鉱山の観光事業を運営している。今日の佐渡鉱山は「観光地」として認知されている。その一方で、佐渡鉱山の歴史を語り継ぐことは今日の重要な課題になっている。

新潟県内の歴史研究者を中心に、『新潟県史』や『佐渡相川の歴史』などの自治体史が編纂されるとともに、労働運動や農民運動、さらに被差別部落などのテーマで歴史研究が進展した。このような歴史への関心は新潟県内の朝鮮人への注目の背景となった。こうして、1980年代以降、新潟県内の朝鮮人の歴史についての研究成果が発表されるようになった。

佐渡および新潟の市民が佐渡鉱山の朝鮮人労働者についての調査を開始したのは1991年からである。1991年11月から1995年7月まで、4度にわたり市民による現地調査が実施された。1992年に佐渡で「過去・未来　佐渡と韓国をつなぐ会」（後に、「過去・未来　佐渡と朝鮮をつなぐ会」）が結成され、1992年9月および1995年11〜12月に被害者および遺族を招いて佐渡および新潟で証言集会が実施された。1995年には市民および被害者らは厚生年金脱退金未払問題で新潟県や厚生省と交渉している。また、2015年には佐渡扉の会が韓国から舞踏家を招いて、佐渡で鉱山労働者を追悼する集いを開催した。その後、毎年の秋に、佐渡相川の総源寺で佐渡鉱山労働者を追悼する集いが実施されている。

その一方で、佐渡鉱山の「観光地」化が進むなか、2006年から新潟県と佐渡市が共同で佐渡金銀山の世界文化遺産登録推進事業に取り組み始めた。2007年12月に新潟県と佐渡市は世界遺産暫定一覧表記載資産候補提案書を文化庁に提出した。2010年6月には一覧表に「金を中心とする佐渡鉱山の遺産群」が記載されるものの、世界文化遺産推薦候補としては見送られてきた。

この間、2015年7月に「軍艦島」と呼ばれた長崎の端島炭鉱などに代表される「明治日本の産業革命遺産　製鉄・製鋼、造船、石炭産業」が世界文化遺産に登録された。しかしながら、産業遺産情報センターには朝鮮人強制連行に関する説明が一切ないばかりか、その歴史を否定するような認識を示された。そのため、ユネスコからも「犠牲者を記憶にとどめるコーナー」の新設などを日本に求める事態が発生した。日本政府は2022年1月に「佐渡島の金山」世界遺産候補として推薦することを表明した。この背景には朝鮮人強制連行の歴史を否定しようとする日本の保守団体らの動きがある。これらの団体は地元紙に意見広告を掲載したり、新潟県内で講演会を開いたりして、朝鮮人強制連行を否定するとともに、佐渡鉱山の「輝かしい側面」を強調するキャンペーンを進めている。

以上のような背景をもって、この資料集は「佐渡島の金山」の世界遺産登録の是非に注目が集まる2024年に刊行される。資料集は新聞、雑誌記事、証言集会や追悼集会に関する市民団体作成資料、被害者や元労務係らの証言、朝鮮人名簿などで構成されている。いずれも1990年代以降の佐渡および新潟の市民が労苦を惜しまず、それぞれの人生をかけて集めた資料である。歴史否定の動きが強まるなか、このような資料集を刊行する意義は非常に大きい。この資料集、そしてその元になる資料を保存し、広く公開して、活用できるようにすることは、編者一同の強い望みである。

2024年1月29日、群馬県高崎市にある「群馬の森」（陸軍岩鼻火薬廠跡地）に建てられた朝鮮人強制連行犠牲者の追悼碑「記憶 反省 そして友好」が、群馬県によって無残に「撤去」（という名で破壊）された。市民や犠牲者が長年運動して2004年に建立した追悼碑はわずか20年で跡形もなく消え去ってしまった。しかしながら、私たちは歴史資料を活用して語り継ぐことができれば、学ぶ者、知る者一人ひとりの心に「追悼碑」ができるはずである。心に建てられた追悼碑は、物理的な暴力によって決して破壊されない。そのような学びのためのツールとして、この資料集が活用されることを願ってやまない。

ユネスコ憲章の前文には、「戦争は人の心の中で生まれるものであるから、人の心の中に平和のとりでを築かなければならない」とある。佐渡鉱山がどのようなかたちで残されるとしても、そのフルヒストリーは語り継がれるべき価値を持っている。この世に生きる人々の多くが労働者であることを想起すれば、佐渡鉱山の「輝かしい側面」を支えた労働者たち、そして島民たちの労苦こそ語り継がねばならない。そして、この資料集で明らかにされた朝鮮人労働者の歴史もまた、佐渡鉱山のフルヒストリーに欠かすことができない一面である。

歴史の灯火は決して消されてはならない。朝鮮人犠牲者とその遺族の方々に改めて哀悼の意を表したい。そして、彼らがこの資料集に記録された多くの貴重な痕跡を残して下さったことに改めて感謝を申し上げたい。

戦時の佐渡鉱山、佐渡鉱山の事務職員 □

佐渡鉱山の労働者·家族 □

□坂下君子所蔵(相川在住)

佐渡鉱山に動員された朝鮮人の家族(朴順伊所蔵、川崎在日コリアン生活文化資料館ウェブサイト)

⑵佐渡鉱山・朝鮮人強制労働の概要

竹内康人

2022年1月末、日本政府は「佐渡島の金山」をユネスコ（国連教育科学文化機関）の世界遺産候補として推薦すると表明しました。当初、韓国側の強制労働を巡る批判から見送りを検討していましたが、自民党内の国家主義集団「保守団結の会」などの圧力を受け、推薦に転じました。

国家主義者は「国家の名誉に関わる事態」などと語り、世界遺産登録を「歴史戦」と位置づけ、戦時に強制労働はなかったと喧伝しています。しかし朝鮮人の強制労働の歴史は否定できないものです。

1「佐渡金山」はどのような鉱山ですか。

歴史全体をみるならば、「佐渡金山」ではなく、佐渡鉱山と呼ぶべきと思います。佐渡の相川での採掘は17世紀初頭とされ、鉱山は江戸幕府の直轄とされました。

明治政府は 1869 年に佐渡鉱山を官営とし、西欧技術を導入して経営をすすめました。1896年、佐渡鉱山は生野鉱山、大阪製錬所と共に三菱合資会社の所有となりました。その後、佐渡鉱山は三菱鉱業の経営となり、日本最大の金銀山であることから、三菱財閥に多くの利益をもたらしました。

戦時中には朝鮮人を動員し、1943年からは銅の採掘を主としました。戦後、三菱鉱業の金属部門は太平鉱業となり、さらに三菱金属鉱業から三菱マテリアルへと名称を変えました。

戦中の乱掘の影響や金の品位の低下により、佐渡鉱山は縮小され、三菱の子会社、佐渡金

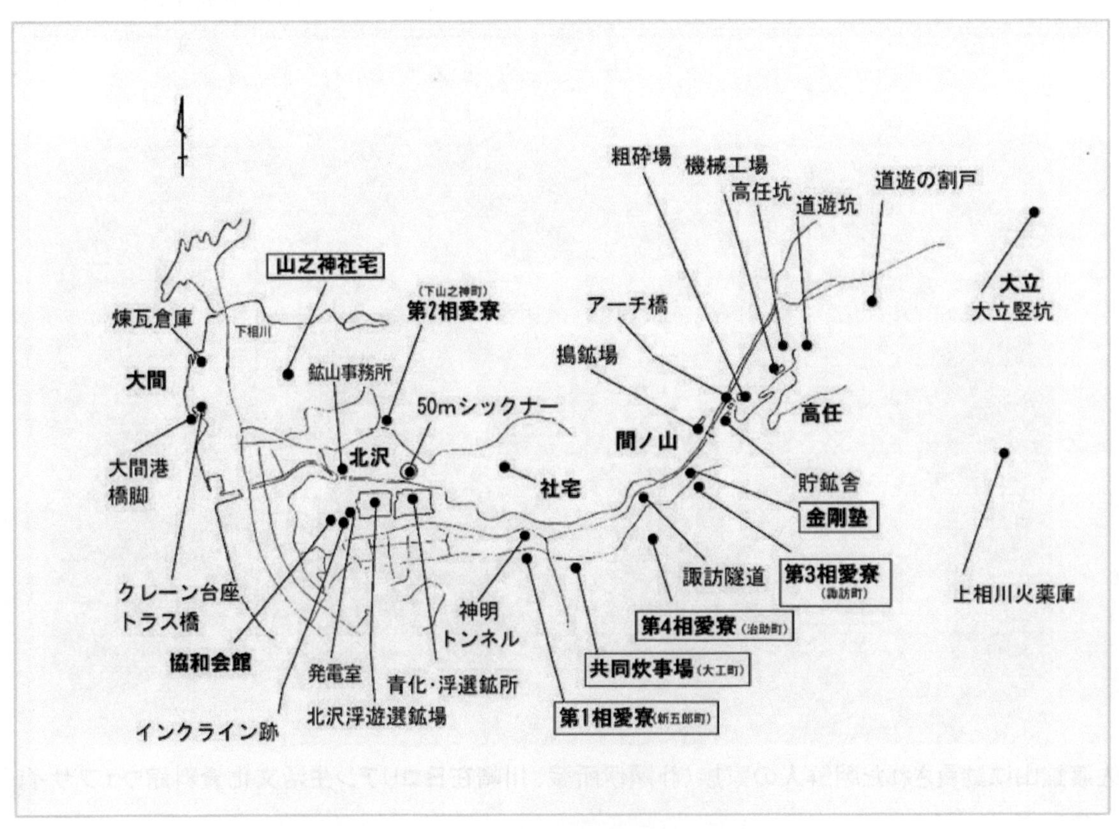

山は1989年に操業を停止しました。佐渡鉱山の跡は「史跡佐渡金山」とされ三菱マテリアルの子会社ゴールデン佐渡が経営しています。

佐渡での400年ほどの採掘により、金78トン、銀2330トンを産出したといいます。

2　朝鮮人はどれくらい強制動員されたのですか

日本は1937年に中国への全面戦争をはじめました。それにより総力戦にむけ国家総動員体制が形成され、労務動員計画が立てられました。そこには朝鮮半島から日本へと朝鮮人を動員することも入れられていました。経済の国家統制を行い、労働者の権利を奪い、産業報国の名で決死増産を督励するという仕組みが作られていったのです。朝鮮半島から労務動員された朝鮮人もその中に組み込まれていきます。

朝鮮人の労務動員は1939年から集団募集、42年から官斡旋、44年からは徴用の形でおこなわれました。政府は44年には軍需会社を指定し、そこで働く人びとを軍需徴用しました。軍需会社へと募集や官斡旋で動員されていた朝鮮人はそこで徴用扱いにされます。労務動員計画による日本への動員数は約80万人です。軍務（軍人・軍属）では37万人が動員されました。動員は甘言や命令によっておこなわれました。動員された現場では労働が強制されました。これらの動員を朝鮮人強制動員、朝鮮人強制連行などと呼んでいます。

新潟県へは、内務省の警察文書「労務動員関係朝鮮人移住状況調」（1943年末現在）によれば、1939年から43年末までに計4312人が動員され、「昭和十九年度新規移入朝鮮人労務者事業場別数調」[2]では、44年度に県内へと5000人の動員が予定されていました。ですから1939年から45年にかけて、新潟県には9000人以上が動員されたとみることができます。三菱鉱業傘下の佐渡鉱山への動員はこの一環です。

強制動員期の1943年6月に示された佐渡鉱山の「半島労務管理ニ付テ」[3]によれば、1940年2月から42年3月までの2年間で、忠清南道の論山・扶余・公州・燕岐・青陽などから約1000人を連行しています。

動員された朝鮮人は、山之神の社宅、第一、第三、第四相愛寮などに収容されました。1943年6月までに150人ほどが逃亡しています。この時点で送還や帰国を合わせると42%が現場を去っています。佐渡には連行された朝鮮人に同情し、船で逃亡を助ける人もいたのです。

佐渡鉱山への動員はその後も続くことになります。

平井栄一の「佐渡鉱山史」(佐渡鉱業所、1950年)は、「半島労務管理ニ付テ」と同様の数値をあげ、さらに1944年・45年度に朝鮮人514人を動員したとします。〔本書177頁〕

佐渡鉱山への朝鮮人動員数は1500人を超えるのです。

初期の動員者は逃亡や帰国によって減少しました。生産態勢を維持するには44年、45年度に新たな動員が必要でした。韓国での真相調査から、この時期、忠清北道の清州、全羅南道の珍島、慶尚北道の蔚珍からの動員がわかります。

1945年には各地で地下施設が建設されますが、佐渡鉱山からも地下施設工事のために埼玉に189人、福島に219人の朝鮮人が派遣されました。そのため8・15解放時に佐渡の現場に残っていた朝鮮人は244人でした。解放後、派遣された人びとが佐渡に戻り、朝鮮人の現在員数は570人ほどになりました[4]。

2　「労務動員関係朝鮮人移住状況調」1943年末現在『種村氏警察参考資料第110集』、「昭和十九年度新規移入朝鮮人労務者事業場別数調」『同資料第98集』

3　佐渡鉱業所「半島労務管理ニ付テ」1943年6月、長澤秀編『戦時下朝鮮人中国人聯合軍俘虜強制連行資料集Ⅱ』　緑蔭書房1992年

4 相川警察署「休戦後ニ於ケル移入朝鮮人労務者ノ動静ニ関スル件」1945年9月11日（『昭和二十年内鮮関係書類綴』新潟県警察部）、朴慶植編『朝鮮問題資料叢書13』三一書房1990年

佐渡鉱山朝鮮人強制連行

「佐渡鉱山史」(平井栄一)、「半島労務管理ニ付テ」、「煙草配給台帳」、新聞記事、証言から作成

年	動員数	内訳
1940 年	646 人	2 月論山 98 人、5 月論山・扶余・公州 248 人、12 月論山・扶余 300 人
1941 年	280 人	6 月論山・扶余・燕岐 153 人、10 月論山・青陽 127 人
1942 年	79 人	3 月青陽 79 人、(40 年 2 月から 42 年 3 月までに 1005 人動員)
1943 年	―	金山整理により、細倉鉱山、明延鉱山などに転送
1944 年	263 人	1 月頃益山から動員(証言)、7 月動員(新潟日報記事)、清州から動員(証言)、珍島から動員(証言)
1945 年	251 人	1 月蔚珍から動員(朝日新聞新潟版記事、煙草配給台帳)、3 月頃珍島など全南から動員(証言)
計	1519 人	

3　動員された朝鮮人はどのように管理されたのですか

佐渡鉱山への朝鮮人動員は政府の労務動員計画によるものであり、「産業戦士」としての動員でした。動員者は警察と企業により監視されました。職場を移動する自由は奪われ、「決死増産」の声の下、生命を賭けた労働が強制されたのです。

「半島労務管理ニ付テ」には、政府方針により「内鮮無差別」とするが、「民族性」により、「常ニ可成リ引締メテ行ク」と記されています。日本人としての「訓育」をし、作業能率をあげるとも記されています。朝鮮人を日本人化させ、増産態勢に組み込ませるが、朝鮮人であるから常に強く引き締めるというのです。これは民族差別によって統制し、強制したということです。

待遇については、与えるものは与え「締メル所ハ締メル」とし、勤務状況や性行が不良の者には「相当厳重ナル態度」で臨むとしています。これは暴力をともなう処罰によって管理したことを示すものです。

動員された朝鮮人は坑内労働に集中的に投入されました。現場では増産が強要され、労務管理では暴力があり、強制貯金によっても拘束されました。自由な移動は禁止され、逃亡すれば、指名手配され、捜査対象となり、逮捕され、処罰されました。

強制労働とは、処罰の脅威の下に労働を強要され、自由意志によらないすべての労務をいいます。佐渡鉱山に動員されての労働は強制労働だったのです。

4　労務係の手記にはどのような記述がありますか。

労務係の杉本奏二の手記（書簡）には、「募集」に際し、募集人、募集希望地域、雇用期間、職種などを書いて提出した、希望地域での割当を得るために、総督府・道庁・郡庁関係者に「外交戦術」で接したとあります。〔本書 103 頁〜〕

募集の方法については、面の係、警察方面への「外交」をおこない、官庁斡旋により、郡庁の労務係が面事務所の労務係を督促して人員を集め、警察が思想などの身元調査をおこない、渡航させたとしています。

「外交」、つまり接待によって有利な「募集」をすすめたのです。それにより、第一回めの動員では、佐渡鉱山は忠清南道論山郡での動員割当の許可を受け、現地の行政・警察の協

力をえて、光石面などで集団動員をおこない、100 人を駆り集めたのです。そして鉄道局釜山営業所に特別列車の用意を依頼したのです。

このように「募集」は、総動員体制下での政府の動員計画によるものであり、自由な労働契約ではなかったのです。

この手記には、「一方稼働の悪い連中に弾圧の政策を取り、勤労課に連れ来り、なぐるける。はたでは見て居れない暴力でした」とあります。また、「弾圧に依る稼働と食事に対する不満」は、ある時には 10 数人一団となって逃亡することになったとしています。両津や鷲崎などから機帆船で逃走するため、船着き場に見張りを置いて警戒しました。

さらに「彼等にすれば強制労働をしいられ、一年の募集が数年に延長され、半ば自暴自棄になって居た事は疑う余地のない事実だと思います」と記しています。

そして、島外脱出の手引きをする友人の名前などは「如何なる弾圧にも遂に口を割らず」と記し、もっとも信頼していた家族持ちの班長が家族を友人に頼んで逃走したことにも言及しています。

このように、労務係の手記からも、暴力による労働の強制や労働期間延長の強制により、自由を求めて、逃亡が起きていたことがわかります。

また、労務係(内勤)だった渋谷政治は、1940 年 10 月、募集のために朝鮮に派遣され、朝鮮総督府に論山郡 300 人の割当を依頼しました。その結果、11 月に論山・扶余それぞれ 150 人の割当を受け、扶余の郡長らを接待、面で募集を通知させました。列車では車両の両端で監視し、扶余から一人も逃がさずに佐渡に連れてきました。しかし、鉱山に来てから逃げる者がたくさんいたといいます（「渋谷政治聞き取り資料」)。〔本書 100 頁～〕

5　動員された朝鮮人は抵抗しましたか

1940 年 4 月、論山から同年 2 月に動員された朝鮮人が、賃金が応募時の条件と異なるとし、賃金値上げを求めてストライキを起こしました。[5]

4 月 10 日の業務終了後、賃金が支払われたのですが。その額は朝鮮で道庁の内務課長や面職員が示した待遇条件とは劣るものでした。11 日、97 人全員が就労を拒否し、坑内夫の日本人労働者 199 人も坑内での就労を拒否しました。

12 日には朝鮮人 41 人が坑口に連れていかれましたが、日本人労働者 116 人が入坑を拒否していました。朝鮮と日本の労働者は気勢を上げ、集団行動をしました。これに対し、警察が介入し、日本人２人、朝鮮人３人を検束しました。

警察側は鉱山側にも待遇改善を求め、鉱山側はその実現を検討しました。それにより、13 日、朝鮮人は就労しました。警察に首謀者とみなされた尹起炳、洪寿鳳、林啓澤ら３人は本籍地の論山に送還されました。

鉱山側はこの争議の原因として、言語が通じないことからの「誤解」、「智能理解の程度が想像以上に低き為」に意思疎通が欠けたこと、募集現地の郡面関係者が坑内作業の内容の認識に欠け、労働条件への多少の「誤解」があったこと、2・3 の「不良分子」の煽動に乗じて「半島人特有の狡猾性付和雷同性」を現わしたことをあげています。そして「不良労務者」の「手綱」を「ゆるめざる管理」が必要としています[6]。

このような表現は、鉱山側の朝鮮人に対する差別と偏見を示すものです。人間ではなく、牛馬のようにみていたのです。

---

5 「労務動員計画に基く内地移住朝鮮人労働者の動向に関する調査」『思想月報』79 司法省刑事局 1941 年

6 「半島人労務者ニ関スル調査報告」日本鉱山協会 1940 年、朴慶植編『朝鮮問題資料叢書 2』三一書房 1981 年

6　佐渡から逃亡の事例はありますか

政府の労務動員計画で集団移入させられた朝鮮人は、警察と企業による監視の下で労働を強いられました。

樺太庁警察部の「警察公報」（551号、1941年12月）[7]には、「団体移住朝鮮人労働者逃走手配」の項があり、同年11月に三菱佐渡鉱業所から逃亡した4人の朝鮮人の記事があります。そこに、月山玉同（趙玉同）、忠清南道論山郡光石面沙月里、丈五尺四寸、色白・眉大・丸刈、鎬背広・ゴム靴などと記されています。サハリンにまで指名手配されたのです。

1941年12月に労務調整令が公布され、指定業種での転職や退職は禁止されました。調整令指定の職場からの逃走は労務調整令違反とされ、処罰されたのです。

1943年1月の「特高月報」の記事には、佐渡鉱山の朝鮮人労務者4人が、自由労務者に比べて賃金が低いことを理由に逃走を企画、朝鮮人古物商と2人の日本人漁夫に依頼し、発動機付漁船で逃走しようとしたが発見とあります。

関係者は検挙、送局され、1月11日に逃走朝鮮人二人に罰金40円の判決が出されました。あとの2人は再び逃走し、逃走の支援者は証拠不十分で不起訴処分とされました[8]。

7　動員された朝鮮人の証言はありますか

兪鳳喆は1940年頃、忠清南道の論山から動員されました。学校の校庭に集合させられ、100人が論山から釜山経由で佐渡に連行されました。第三寮に入れられたのですが、兄の病気を理由に、帰国しました。〔本書93頁〕

申泰喆は1941年3月頃、全羅北道の益山から18歳の時に動員されました。麗水を出港し、日本の港を経て、新潟県佐渡島に到着、坑内で採掘しました。賃金は小遣い程度を受け取りました。一番辛かったのは食事の量が少なく、空腹で一日一日が耐え難く辛かったことです。労務者として2年という契約でしたが、戦争中という理由で2年延長を強要されました。45年12月に帰還できました。〔本書152頁〕

鄭炳浩は、全羅北道の益山から1943年頃に動員されました。区長から出頭命令を受け、同じ面から10人が連行されました。削岩の現場に配置され、44年秋に、落盤で足を負傷し、3か月入院しました。帰国してみると、娘は死亡し、妻は行方不明になっていました。〔本書89頁〕

このほかにも証言があります。戦後、塵肺で苦しんだ人が多いことが特徴です。若くして亡くなる、働けずに治療費がかさみ、貧困になるという状況だったのです。韓国での佐渡鉱山への強制動員の被害認定者は140人以上います。[9]

8　相愛寮煙草台帳の朝鮮人名簿とは何ですか

これは朝鮮人を収容した相愛寮の煙草配給に関する史料です。佐渡鉱山へと煙草を配給していた富田煙草店に所蔵されていたものです。佐渡鉱山の相愛寮からの人員名簿や異動届が収録されています。第一、第三、第四相愛寮分があります。〔本書111頁～〕

第一相愛寮の簿冊からは、1944年10月末の第一相愛寮の朝鮮人117人の氏名・生年月日がわかります。また、45年1月の徴用により江原道(現、慶北)蔚珍郡から佐渡鉱山に連行

---

7 「警察公報」551号 樺太庁警察部 1941年12月、長澤秀編『戦前朝鮮人関係警察資料集 樺太庁警察部文書Ⅲ』緑蔭書房 2006年

8 内務省警保局「特高月報」「社会運動の状況」、朴慶植編『在日朝鮮人関係資料集成』4、5　三一書房 1976年

9 『佐渡鉱山・朝鮮人強制労働』強制動員真相究明ネットワーク・民族問題研究所 2022年

された徴用者100人の居住地・本籍地・生年月日・氏名がわかります。45年7月からの福島や埼玉への派遣の準備や派遣先からの帰寮の状況も知ることができます。

この名簿の発見・提供により1990年代に佐渡と新潟の市民による現地調査がなされ、動員者や遺族から貴重な証言を得ています。また、佐渡と新潟で証言集会が開催されました。これらの調査と証言をふまえ、追悼行事もおこなわれてきました。さらに韓国での強制動員の真相究明の動きをふまえて動員被害者遺族の調査もおこなわれています。〔調査報告は本書14頁〜、証言内容は89頁〜、報告集会・証言集会の内容は50頁〜、追悼行事は144頁〜、遺族調査は152頁〜〕

この名簿と他の史料から佐渡に動員された朝鮮人700人ほどの名簿を作成しました。なお、佐渡鉱山の「半島労務者名簿」の存在が明らかになっています。その公開が求められます。〔動員者名簿は本書128頁〜、半島労務者名簿については178頁〕

9　強制労働否定論の特徴は何ですか

強制労働否定論は、朝鮮人強制労働はプロパガンダである、戦時朝鮮人労働は強制労働ではない、韓国大法院徴用工判決は偏った研究蓄積によるという内容です。朝鮮の日本統治は植民地支配ではないとし、動員朝鮮人は合法的な戦時労働者であるとみなすのです。

過去の植民地支配とその下での動員を不法と認めない立場なのです。これでは韓国との友好関係は作れないでしょう。

否定論者は戦時の動員はＩＬＯ（国際労働機関）の強制労働に関する条約には反しないと言っています。しかし、1999年にＩＬＯの条約・勧告の適用に関する専門家委員会は、戦時の朝鮮や中国からの動員を「悲惨な条件での、日本の民間企業のための大規模な労働者徴用は、この強制労働条約違反であった」と認定しています。

国際社会はこの動員が国際法に反する行為であるとし、日本政府が責任をとることを求めてきたのです。

10　今後の課題をあげてください

現在の動きを歴史修正主義とみなすのではなく、歴史否定論としてとらえ、克服すべきです。戦争に参加するのではなく、殺人の誤りを示し、戦争そのものを止めさせるという活動が重要であるように、「歴史戦」に参加するのではなく、その偽りを示し、「歴史戦」自体を終わらせることが大切です。

強制動員された人々で、動員現場で亡くなった人もいます。帰国後も肺の中に沈んだ鉱石がうずき、咳に悩む日々が続きました。その苦しみ、悩み、その家族の苦しみ、悲しみに思いを馳せるべきです。

韓国では解放60年後、21世紀に入ってやっと、過去清算の動きのなかで、被害の申告ができたのです。その被害の救済が求められます。

佐渡鉱山への強制動員被害者として認定されたのは150人ほどです。1500人以上存在する動員者の１割ほどの数です。歴史を学ぶとは、その未解明の部分を照射することです。植民地主義の克服をめざすことでもあるのです。

佐渡鉱山を世界遺産としたいならば、鉱山都市としての歴史全体を示し、歴史否定論とは手を切るべきです。強制労働否定論を克服し、朝鮮人強制労働の歴史事実を認知することによって、世界遺産への道が開くと考えます。強制労働を認めることによって、佐渡鉱山の評価は高まるとみるべきでしょう。〔研究の現状と課題については、本書159頁〜〕

（「佐渡鉱山・朝鮮人強制労働Q&A」『第一四回強制動員全国研究集会資料集』強制動員真相究明ネットワーク、2022年8月に加筆）

2　韓国現地調査記事

(1)「佐渡相川三菱鉱山に強制連行された「朝鮮人」の調査についての報告」1992年5月

佐渡三菱相川鉱山は，新潟県下で最も多い「朝鮮人」労働者が強制連行されたところである。「中央協和会」の 1942 年度「移入朝鮮人労務者状況調」では 1939 年から 42 年度まで 1250 名の連行についての承認をうけ、それまで 1003〔1005〕[10] 名を連行したと報告されている。「東鉱部　第 853 号　昭和 18 年 6 月 7 日　佐渡鉱業所　半島労務管理ニ付テ」とする詳しい文書資料などもあった。この佐渡三菱鉱山における強制連行の実態に付いての当研究会の調査は小木町の林道夫氏が中心になって進められてきたが、昨年〔1991 年〕強制連行された人々の名簿の一部が入手され、それを契機に大きく進展した。

1　名簿入手の経緯

昨年〔1991 年〕8 月、小木町の林氏からの招請で上越の金泰振氏と事務局の張明秀が称光寺を訪れたさい、三人で相川町史編纂室を尋ねた。町史編纂委員をされていた本間寅雄氏から 1944 年～45 年度に作成された煙草配給名簿のコピーの提供をうけた。のちにこの名簿を作成した富田氏とも会い、その名簿作成と保存の経緯に付いての証言もえられた。この名簿に付いては現在データベース化して整理しているが、第一、第三、第四相愛寮のものであり、390 名の名前と生年月日が記録されている。また上記の文書資料により、この連行者の出身地も現在、韓国の忠清南道と推測された。

2　第 1 回、韓国忠清南道調査の経過

昨年〔1991 年〕11 月 10 日の研究会で、韓国への現地調査について検討し、生存者の調査とその証言を得るための調査団派遣を決定し、韓国東亜日報社からの招請で韓国を訪問する事務局メンバーの張明秀が先に名簿をもって韓国を訪問し、予備調査し、調査団の本体は 11 月 27 日に出発することに決定した。

調査団は、伊藤岩・田中勝治代表委員と佐渡から林道夫・金山教勇それから張明秀の 5 名とした。

張明秀の予備調査の過程で、韓国民主党の忠清南道論山支部委員長であり、法学専士で前の韓国国会議員であるイムドッキュ(林徳圭)氏が、全面的に協力の申出があり、そのイム氏のソウル事務所と論山支部事務所を調査事務所に当てることにして、大田日報で公表し、広く呼び掛けることにした。大田日報はこの事を 11 月 16 日付で、一面トップで取り上げ大きく報道した。この事が報道されるや、ソウル及び論山事務所には問い合わせの電話が殺到し、その反響がまた 11 月 19 日、一面トップで大きく取り上げられた。

この様ななかで調査団が 11 月 27 日にソウルに到着し、翌 28 日に列車で論山に向かった。この時は、ソウルからイム氏が同行しての旅である。イム氏は，論山で民主党の支部幹部をはじめ、佐渡鉱山に連行された当事者との対面と、盛大な歓迎パーティまで用意してくれた。

大田日報の報道を通じてソウルと論山事務所には問い合わせの電話が殺到したが、名簿の名前は「創氏改名」で日本式の姓名にされてしまっているなどして、調査はてこずってい

10「移入朝鮮人労務者状況調」の復刻版では 1003 となっているが、原本では 1005 である。

た。それでもその時までに、論山郡江景邑出身[11] で1943年に徴用（強制連行）された鄭炳浩（井上）氏、金周衡氏、金東チョル〔喆〕の３名を探しあてており、28～29日にかけて、そのうち鄭炳浩・金周衡氏の二人から強制連行された当時の状況と相川鉱山での労働と生活の生々しい実態を聞くことができた。

鄭・金氏の２人の証言で、当時の徴用は、強制連行そのものであり、鄭氏(75才)の場合は、8・15解放後帰ってみると連行されるときに歩き始めたばかりの娘が亡くなり、妻も行方不明と言う事で、家庭が破壊されていたばかりか、落盤で３ヵ月間入院して治療したというが、足のその傷跡はいまだにそのまま残っており、今でも力を入れて踏ん張れば痛み、また冬の寒い時などは痺れるという。この時の証言とまた、民主党論山支部のバクボンギュ(朴奉圭)事務局長との協議で、捜し当てた体験者を佐渡に招請して証言することに合意した。

また論山文化院事務局を尋ね、ヤンインシク(梁仁植)事務局長から『論山地域の独立運動史』を提供してもらう。その本に掲載されている「強制徴用者名単」の中にも、新潟県または、佐渡、三菱の名がありその人達に付いての確認を依頼した。

この時の調査では、林道夫氏の知り合いを通じて韓国仏教放送に今後の協力を依頼した。

この調査については、新潟でも大きな反響を呼び、ＮＨＫの番組取材の契機になった。またその年の12月22日、佐渡相川での調査報告会も盛況裡に行われた。

3　〔第２回調査、1992年〕４月20～29日にかけてのＮＨＫの取材調査

NHKから取材の協力要請は早くからあったが、日程を含めて最終的には、４月になってからである。

取材のスタッフは、ＮＨＫ新潟局の宮本氏[12]とカメラマンの山田氏、それから当研究会の林道夫と張明秀の４人である。それにＮＨＫがソウルで雇用した女性の通訳とドライバーの合計６名である。

第２回調査の報告

日程は、〔1992年４月〕20日にソウルに到着し、21日はソウルで大田日報ソウル支局、東亜日報社、仏教放送局訪問。22日大田日報本社訪問、午後、民主党論山支部訪問し、バク事務局長と協議。23日論山文化院訪問ヤン事務局長と協議。バク事務局長の呼び掛けで集まった強制連行体験者とその家族との対面。午後から26日まで個別調査である。

この度の取材調査の対象は、民主党論山支部のパク事務局長があらかじめ調査してくれていた論山郡城東面院南里の人々と、論山文化院出版の本に掲載されている「強制徴用者名単」の中から新潟・佐渡に関係すると思われる人13名について事前に確認の依頼をしたが、その確認が得られた２名と、我々取材団が来ていることを新聞報道で知り、青陽[13] 郡から連行され事故で亡くなった父親の事について訴えてきた女性とその父親の事放死を証言した人についてである。

論山文化院の本の名簿から確認された２人

---

[11] 当時、鄭炳浩、金周衡、金東喆は全羅北道益山郡望城面に居住し、そこから連行された。

[12] ＮＨＫ新潟放送局制作『50年目の真実「佐渡金山」強制連行の傷あと』1992年は「地方の時代」映像祭で優秀賞を得た。制作した宮本英樹はその後、ＮＨＫスペシャル、クローズアップ現代などを担当、2011年には「朝鮮人軍夫の沖縄戦」（ＮＨＫアーカイブスで視聴可能）を制作。

[13] 原文では清陽とされているが青陽である。以下、地名等の漢字表記の誤りは訂正して示す。

朴昌淳(1925,8,29 生 67 才) 論山郡光石面旺田３里 ☏ [14]

1942 年５月、大田警察の元村が日本人と共に[15]やってきて連行され、相川の鉱山でコニカルボールという機械のある職場に配属された。45 年３月に相川から徴兵にあい、ソウル龍山の 19 師団から関東軍 222 部隊に配属され、奉天で 8.15 解放を迎え、帰ってきた。

一緒に連行された人は、光石面梨寺里・趙徳基と新堂里・白成基, 葛山里・宋グンヨン(死亡), 河テユン(死亡)

兪鳳喆(1916,7,19 生 75 才)論山郡恩津面城坪里 119 ☏

1939 年〔1940 年[16]〕1 月 17 日(旧暦)に第一陣連行される。募集に来たのは第三寮長の杉本である。論山の学校の校庭に集められ、論山駅から釜山を経由して佐渡に連れていかれた。

人数は 100 名ぐらいで、同じ面からは城徳里の金文チョルと城坪里の金文国であり、共に帰ってから亡くなった。金文国は後に家族を呼び寄せて、山の神の社宅に住む。

削岩夫が金になるからとその職場に配属され、第三寮にいた。自分は長兄の病気を理由に途中で帰ったが、その時 30 円の預金をそのままにしてきた。第二陣は、論山邑と可也谷面からで 200 名が連行された。また当時、高千鉱山にも 2〜300 名の同胞がいた、恩津面蓮西里、裵明錫がいっていたが３年前に亡くなった。

李吉子(54 才) 青陽郡長坪面美堂里 28 ☏ の父親・**李炳俊**の事故死証言

4 月 24 日夜、宿舎に李吉子（女性）から父親の事故死について取り上げてもらいたいと電話があり、翌日案内してもらい、父親の墓を尋ね事情を聞く。父親は 1941 年[17] に徴用で連行され翌年、遺骨になって帰ってきた。父親が連行される時はまだ幼くて記憶に無いが、遺骨で帰ってきた時は４才になっていて、その時の記憶はある。

女性の出身地は、青陽邑赤楼里であり、父親の墓もその出身地にあった。父親の遺骨が届けられた時の様子については, 巡査が遺骨を届けに来、母親が泣きわめく様子と父親が亡くなってから行商をしながら自分を育てたと、母親の苦労を証言した。

女性はまた父親の事故死についての証言を書類にし, 郡庁, 面事務所に徴用者の犠牲者について取り上げてくれるよう申し入れたが、「慰安婦」問題以外は受け付けられないと断られ, 問題をとりあげるてくれるあてもないと語った。

女性の案内で事故死を証言した盧秉九氏を尋ね、証言を得る。

盧秉九(70 才) 青陽郡青陽邑赤楼里 120 ☏

氏は 18 才の時、1941 年９月に連行され, 金剛塾に入れられ、採鉱夫として従事する。金剛塾は未成年者を収容する寮で, 寮では毎日朝(7〜7.30)と夜(8〜8.30)、皇民化教育と技術指導をうけた。教育は寮長が担当し(金村、正木)、言う事を聞かないと「気合い」を入れられた。労務課には朝鮮語を良く使う日本人がいて、同胞労働者を探っていた。

8・15 解放後、退職金として 400 円が支給されたが、それは帰るまでに使い果たした。帰ってから咳が酷く、病院の診断を受け（青陽医療病院）、肺の薬を貰って飲んでいる。

李炳俊の事故死（当時 28 才）について、42 年の６月、第１坑で採鉱に従事していたが、第３坑にいた李氏はダイナマイトの爆風でカンテラの火が消え、深い坑口に落ちて、亡くな

---

[14] 以下、電話番号は省略する。

[15] 正確には、日本人と共に元警察官の元村が。

[16] 佐渡への強制動員の第１陣を 1939 年としているが、1940 年からである。

[17] 青陽郡からの最初の連行は 1941 年 10 月(着山)である。現地からの連行は９月頃に始まったとみられる。

った。その死体が坑口から運び出されるのを目撃し、同じ村の出身者８名が下町の寺でお通夜を営み、翌日葬式を営んだ。葬式に会社から労務係が一人出ただけだった。同じ村の出身者として遺骨を届けに行くことになっていたが、若くて逃亡の恐れがあるからと労務係が届けに行った。

その他に青陽郡化城面・金氏が昇降機に乗ろうとして、青陽邑の崔チョルジュン氏がダイナマイト事故で、崔ジョイン〔鍾義〕氏がモーターの漏電で亡くなっている。[18]

論山郡城東面院南里３区についての調査

現在の戸数は約 55 戸で日帝時代は 50 戸である。この村から徴兵で２名、微用で６名が連行された。徴用６名の内１名は神戸の造船所に行き、行方不明であり、残りの５名は佐渡相川の三菱鉱山である。５名の内１名は日本に残り、１名は鉱山の事故で重傷を受け長期間入院の後解雇され、帰る途中で亡くなり、３名は帰ってから亡くなっている。

尹尋炳(1907.7.17 生、第３寮No.７　明本姓に変えられている)

長男の尹啓重（院南里 128　☏　）の証言

父は帰ってから 20 数年前に亡くなった。父は自分が 11 才の時、上月面大村里で連行され、日本からは２年すれば帰れるとの手紙が届いたが、延長されて 8.15 解放まで戻らなかった。父親が死亡する時、病院で診断を受けたが、その時医者から「鉱山に長くいたのでは」と質問され、「それで肺が」と言われている。　〔＊珪肺　メモ書き込み〕

金栄植（金村　1920,6,20 生）

妻の徐小始（69 歳　院南里 265　☏　　、現在長男と住んでいる）の証言

結婚１年後の 21 歳の時の３月に連行され、8,15 解放後、27 歳で帰ってきた。そして 21 年前、51 歳で亡くなった。鉱山で落盤事故にあい、腰を痛め、頭痛で目が良く見えず、ずっと腰と頭の治療で仕事もできず、その薬と治療のため、苦労した事を語る。

安希遠(1917,8.17 生)

弟の安国遠（65 歳　院南３里　☏　）証言

1940 年春、院南里から兄と南寿龍（第３寮Ｎｏ.84）と院北里の金鐘九の３名を連行して行った。２年後、落盤事故で重傷を受け、１年２ヵ月間入院したが、そこを追われ、帰る途中、愛媛県にいた親戚の所に立ち寄り、そこで亡くなったと、その親戚から手紙を受け取った。

落盤事故に関しては、南寿龍氏が帰ってから教えられるが、南氏は亡くなっている。

、

現在も帰っていない尹氏について

妻の李鍾徳（73 歳）と弟の尹儀重氏から証言を得る。

以上が現在までの調査結果である。この調査を通じて人柄が温順な忠清南道に焦点を当て労務動員・徴用などの形で強制連行したが、この連行はまさに強制連行そのものであり、連行された人々は、「望郷」の二文字を書いた紙を壁に貼り、故郷をしのび、また、空腹に耐えながら危険な労働に駆り立てられ、落盤などの事故で犠牲を出し、無事に帰った人達もその後遺症や珪肺などに苦しみ、大部分の人達が亡くなっている事が確認された。

---

[18] 2022 年の調査で崔鍾義など、青陽から動員された死者の一部が判明した。

そしてこの強制連行が、連行された当事者ばかりかその家族、特に新婚まもなくして夫が取られ苦しんだ女性たちの苦しみなど、悲惨な結果を招いた事、またその苦しみを今もそのまま引きずって苦しんでいるばかりか、その苦しみを訴える当てもないままになっている事が確認できた。

このようなことからイム氏が歓迎の挨拶でいわれた「地理的には近くて近いが、心情的には遠くて遠い日本」という意味が理解できた。以上

1992年5月　林道夫，張明秀

佐渡鉱山朝鮮人資料を収集した本間寅雄

コリアン研究会の佐渡での会議 1992年◇

1991年11月、論山での調査、中央が鄭炳浩

1991年11月、論山での聞き取り　鄭炳浩と金周衡

佐渡相川三菱鉱山に強制連行された「朝鮮人」の調査についての報告

佐渡三菱相川鉱山は、新潟県下で最も多い「朝鮮人」労働者が強制連行されたところである。「中央協和」の1942年度「移入朝鮮人労働者状況調」では1939年から42年度まで1,250 名の連行についての承認をうけ、それまで1,003 名を連行したと報告されておりまた、「東鉱部　第853 号　昭和18年６月７日　佐渡鉱業所　半島労務管理ニ付テ」とする詳しい文書資料などもあった。この佐渡三菱鉱山における強制連行の実態に付いての当研究会の調査は小木町の林道夫氏が中心になって進められてきたが、昨年強制連行された人々の名簿の一部が入手され、それを契機に大きく進展した。

名簿入手の経緯

昨年８月、小木町の林氏からの招請で上越の金泰振氏と事務局の張明秀が称光寺を訪れたさい、三人で相川町史編纂室を尋ねた。町史編纂委員をされていた本間寅雄氏から1944～45年度に作成された煙草の配給名簿のコピーの提供をうけた。のちにこの名簿を作成した富田氏とも会いその名簿作成と、保存の経緯に付いての証言もえられた。この名簿に付いては現在データベース化して整理しているが、第一、第三、第四寮相愛のものであり、390 名の名前と生年月日が記録されている。また上記の文書資料により、この連行者の出身地も現在韓国の忠清南道と推測された。

第１回韓国忠清南道の調査過程

昨年11月10日の研究会で、韓国への現地調査について検討し生存者の調査とその証言を得るための調査団派遣を決定し、韓国東亜日報社からの招請で韓国を訪問する事務局メンバーの張明秀が先に名簿をもって韓国を訪問し予備調査し、調査団の本体は11月27日に出発することに決定した。

調査団は、伊藤岩・田中勝治代表委員と佐渡から林道夫・金山教勇それから張明秀の５名とした。

張明秀の予備調査の過程で、韓国民主党の忠清南道論山支部委員長であり、法学博士で前の韓国国会議員であるイム　ドッキュ（林德圭）氏が、全面的に協力の申出がありそのイム氏のソウル事務所と論山支部事務所を調査事務所に当てることにして大田日報で公表し広く呼び掛けることにした。大田日報はこの事を11月16日付で一面トップで取り上げ大きく報道した。この事が報道されるやソウル及び論山事務所には問い合わせの電話が殺到し、その反響がまた11月19日一面トップで大きく取り上げられた。

この様ななかで調査団が11月27日にソウルに到着し翌28日に列車で論山に向かった。この時は、ソウルからイム氏が同行しての旅である。イム氏は、論山で民主党の支部幹部をはじめ、佐渡鉱山に連行された当事者との対面と、盛大な歓迎パーティーまで用意してくれた。

大田日報の報道を通じてソウルと論山事務所には問い合わせの電話が殺到したが名簿の名前は、「創氏改名」で日本式の姓名にされてしまっているなどして調査はてこずっていた。それでもその時までに、論山郡江景ウップ出身で1943年に徴用（強制連行）された鄭炳浩（井上）氏、金　周衡氏、金　東チョルの３名を探しあてており、28～29日にかけてそのうち鄭炳浩・金周衡氏の二人から強制連行された当時の状況と相川鉱山での労働と生活の生々しい実態を聞くことができた。

鄭・金氏の２人の証言で当時の徴用は、強制連行そのものであり、鄭氏（75才）の場合は、８・15解放後帰ってみると連行されるときに歩き始めたばかりの娘が亡くなり、妻も行方不明と言う事で家庭が破壊されていたばかりか、落盤で３ヵ月間入院して治療したというが足のその傷跡はいまだにそのまま残っており、今でも力を入れて踏ん張れば痛み、また冬の寒い時などは痺れるという。この時の証言とまた、民主党論山支部のパク　ボンギュ（朴奉圭）事務局長との協議で、探し当てた体験者を佐渡に招請して証言することに合意しました。

また論山文化院事務局を尋ね、ヤン　インシク（梁仁植）事務局長から「論山地域の独立運動史」を提供してもらう。その本に掲載されている「強制徴用者名単」の中にも、新潟県または、佐渡、三菱の名がありその人達に付いての確認を依頼した。

この時の調査では、林道夫氏の知り合いを通じて韓国仏教放送に今後の協力を依頼した。

この調査については、新潟でも大きな反響を呼びＮＨＫの番組取材の契機になった。またその年の12月22日佐渡相川での調査報告会も盛況裡に行われた。

鄭　炳浩　　　金　周衡

第２回調査の報告

日程は、20日にソウルに到着し21日はソウルで大田日報ソウル支局、東亜日報社、仏教放送局訪問。22日大田日報本社訪問、午後民主党論山支部を訪問しパク事務局長と協議。23日論山文化院訪問ヤン事務局長と協議。パク事務局長の呼び掛で集まった強制連行体験者とその家族との対面。午後から26日まで個別調査である。

この度の取材調査の対象は、民主党論山支部のパク事務局長があらかじめ調査してくれていた論山郡城東面院南里の人々と、論山文化院出版の本に掲載されている「強制徴用者名単」の中から新潟・佐渡に関係すると思われる人13名に付いて事前に確認の依頼をしたがその確認が得られた２名と、我々取材団が来ていることを新聞報道で知り、青陽郡から連行され事故で亡くなった父親の事について訴えてきた女性とその父親の事故死を証言した人についてである。

#論山文化院の本の名簿から確認された２人

一朴昌淳（1925.8.29生67才）　論山郡光石面旺田３里　☎32-8380

1942年５月大田警察の元村（元）が日本人と共にやってきて連行され、相川鉱山でコニカルボールという機械のある職場に配属された。45年３月に相川から徴兵にあいソウル龍山の19師団から関東軍222 部隊に配属され、奉天で8.15解放を迎え帰ってきた。

一兪鳳　吉吉（1916.7.19生75才）　論山郡恩津面城坪里119　☎741-0642

1939年１月17日（旧暦）に第一陣連行される。募集に来たのは第三寮長の杉本である。論山の学校の校庭に集められ論山駅から釜山を経由して佐渡に連れていかれた。人数は100 名ぐらいで同じ面からは城德里の金文チョルと城坪里の金文国であり共に帰ってから亡くなった。金文国は後に家族を呼び寄せて山の神の社宅に住む。

削岩夫が金になるからとその職場に配属され、第三寮にいた。

自分は長兄の病気を理由に途中で帰ったがその時30円の預金をそのままにしてきた。

第二陣は、論山ウップと可也谷面からで200 名が連行された。

また当時高千鉱山にも2 ～ 300名の同胞がいたが恩津面蓮西里り秦明錫がいっていたが３年前に亡くなった。

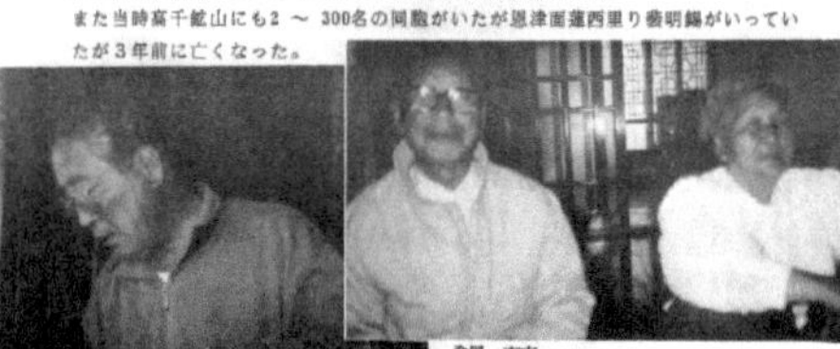

朴　昌淳（1925.8.29日生　67才）

兪鳳　吉吉

#論山郡城東面院南里３区についての調査

現在の戸数は約55戸で日帝時代は50戸である。この部落から徴兵で２名、徴用で６名が連行された。徴用６名の内１名は神戸の造船所に行き行方不明であり残りの５名は佐渡相川の三菱鉱山である。５名の内１名は日本に残り１名は、鉱山の事故で重傷を受け長期間入院の後解雇され帰る途中で亡くなり、３名は帰ってから亡くなっている。

一尹易炳（1907.7.17生第３寮№７明本姓に変えられている）

長男の尹啓重氏（院南里128　☎32-6504 ）の証言

父は帰ってから20数年前に亡くなった。父は自分が11才の時、上月面大村里で連行され、日本からは２年すれば帰れるとの手紙が届いたが延長されて8.15解放まで戻らなかった。父親が死亡する時病院で診断を受けたがその時医者から「鉱山に長くいたのでは」と質問され「それで肺が」と言われている。

一金栄植（金村　1920.6.20 生）

妻の徐小始（69才　院南里265　☎32-6764　現在長男と住んでいる）の証言

結婚１年後の21才の時の３月に連行され、8.15解放後27才で帰ってきた。そして21年前51才で亡くなった。鉱山で落盤事故にあい腰を痛め、頭痛で目が良く見えず、ずっと腰と頭の治療で仕事もできずその薬と、治療のため苦労した事を語る。

一安希遠（1917.8.17生）

弟の安国遠（65才　院南３里　☎32-6996 ）証言

1940年春院南里から兄と南寿龍（第３寮№84）と院北里の金鍾九の３名を連行して行った。２年後落盤事故で重傷を受け１年２ヵ月間入院したが、そこを追われ帰る途中愛媛県にいた親戚の所に立ち寄りそこで亡くなったとその親戚から手紙を受け取った。落盤事故に関しては南寿龍氏が帰ってから教えられるが、南氏は亡くなっている。

一現在も帰っていない尹氏について

妻の李鐘得（73才）と弟の尹儀重氏から証言を得る。

鄭　炳浩　安　国遠　尹　啓重　　尹　儀重　　徐　小始　朴　奉圭
民主党論山支部事務局長

左　安希遠（1917.8.17生）
右　南寿龍（第３寮№84）

調査を通じて人柄が温順な忠清南道に焦点を当て労務動員・徴用などの形で強制連行したが、この連行はまさに強制連行そのものであり、連行された人々は、「望郷」の二文字を書いた紙を壁に貼り故郷をしのびまた、空腹に耐えながら危険な労働に駆り立てられ落盤などの事故で犠牲を出し、無事に帰った人達もその後遺症や珪肺などに苦しみ大部分の人達が亡くなっている事が確認された。

そしてこの強制連行が進行された当事者ばかりかその家族、特に新婚まもなくして夫を取られ苦しんだ女性たちの苦しみなど悲惨な結果を招いた事，またその苦しみを今もそのまま引きずって苦しんでいるばかりか、その苦しみを訴える当てもないままになっている事が確認できた。このようなことからイム氏が歓迎の挨拶でいわれた「地理的には近くて近いが、心情的には遠くて遠い日本」という意味が理解できた。　張　明秀

— 佐渡金鉱山強制連行生存者及び遺族の招請計画 —

日　程　　9月26日～10月2日
　到着　9月26日　新潟空港　佐渡3泊　28日集会
　新潟　9月29日　新潟宿泊　9月30日新潟集会
　出発　10月2日　新潟空港

鄭　炳浩（1918.10.10生　74才）　論山郡江景ウップ
名簿上は井上炳浩　第4寮
1943年12月　27才の時面の区長から出頭を命じられ、同じ面から10人と共に連行
鉱山では削岩、44年秋落盤事故で足を怪我し3ヵ月間入院する。今でも傷跡が残り痛むと言う。解放後帰ると3才だった娘は亡くなっていた。足の怪我の保障は100 円。
現在大田市にいる息子二人から仕送りで老夫婦が暮らしている。
当時強制連行され苦労した事と、怪我と犠牲になった事に付いては当然保障要求する。

相川町諏訪町　共同炊事場跡

—8—

盧　秉九（1923.3.26生　70才）　清陽郡清陽ウップ赤楼里
名簿上は河田秉九　第4寮
18才の時　41年9月に連行され未成年として金剛塾に収容され教育訓練される。
教育訓練は朝8時からと夜8時からそれぞれ30分づつで皇民化教育と鉱夫の技術訓練
職場は削岩、佐渡で徴兵令状が来たが敗戦のどさくさで取り消しされる。
労務課には坂本以外にも朝鮮語の良くできる者が一人いてそれが同胞を探っていた。
解放後退職金400 円を貰うが帰るまでの食料費などで使い果たす。現在咳が酷く病院に通っている。
同じ赤楼里からの連行者　李　炳俊と清陽ウップの崔ジョイン、崔チョルヂュン、化城面の金氏の4名に付いて事故死を証言。

李　吉子（54才）　清陽郡長坪面美堂里
父親の李　炳俊が28才の時、盧秉九氏と一緒に1941年9月に清陽ウップから連行され翌年の旧暦6月に坑内で事故死にあう。父親の遺骨が届いた時は4才でその時の記憶が残っている。巡査が遺骨を持って届けに来たが、母親とお婆さんが泣いて夫を息子を返せと叫ぶ。
李氏の事故死に付いては盧氏が「ダイナマイトの爆風でカンテラの火が消え、300 メートルの穴に落ちて亡くなった。葬式は同じ部落の出身者が集まって行った」と証言。
また当時の労務が残した手記で遺骨を届けて家族に泣き付かれて困った事と、「障害補償金」300 余円を届けた事を記している。
母親は300 余円の障害補償金も親戚に巻きあげられ、頭に物を乗せて行商に歩き自分を育ててくれた。その母親はその後再婚したが何時も亡くなった父親の事を思い出して悲しんでいたが、昨年亡くなった。
李さんは盧氏に父親の事故死に付いて証言を書類にして、郡庁と面事務所に補償の問題を提起したが取り合って貰えず我々に連絡してきた。

盧　秉九　　李　吉子　　張　明秀

—9—

金　純平（46才）　論山郡恩津面城坪里
1939年1月の第一次連行者　金　文国（1914年生）の長男
金文国は第3寮にいたが家族を呼び寄せて山の神の社宅にいた。職場は削岩
解放後夫婦と娘3人で帰るが船の中で娘一人が亡くなる。
金文国は36才で金純平が9才の時に亡くなる。父親が亡くなる時の様子について金純平は「息が苦しくふとんを畳んでそれにもたれてやっと息をしていた」と証言する。
父親の治療と家族の生活のためそれまであった田畑を売り払い、後には数千万円の借金を残して母親も4年前に亡くなる。
長男金純平は親の残した借金のため年に数百万円の利息を払い、兄弟の教育と結婚に苦労し、人の田を借りて米とトマトの二毛作でやっと借金を返す。
トマトの種は仕方なく日本の物を使うがその他は一切日本製は使わず子供達にも日本製の物には手を触れないよう仕付けているという。その理由は「親を苦しめた日本であるから」との事である。

李　相鎬（1913.10.2生　79才）　清陽ウップ清水里
名簿上は松本相鎬　第1寮
1941年9月に連行された。その時は論山から300 人と清陽から190 人の490 人であった。連行の時下関から名古屋までは窓を塞いでいた。職場は鉱石の運搬である。
鉱山から逃げたが逃げ切れずに帰る。地元の人に発見されると「半島さんが来たぞ」と通報される。その報償金は2円だった。
一度花札を見ていて労務に襲撃され、その時第1寮長の「ハイカワ」に暴行され反撃したが、その夜寮長室に呼び出され集団リンチにされそうになったが同胞労働者が一斉に立ち上り警察の弾圧を受ける。（特警月報　'17.5 の争議）
同じ部落から一緒に連行された李デホン(74)は、昨年6月に労咳で苦しみ亡くなった。自分も胸を患っている。夜になると咳と痰がでる。息子がソウルに居て病院から薬をもらって送ってくる。帰るとき退職金970 円が出る。

—10—

佐渡鉱山で働いた韓国人を迎えるつどい

左下　日本基督教団相川教会　牧師・野村穂輔氏　　右上　盧秉九氏

・佐渡鉱山への視察
　9月27日午後1時～ゴールデン佐渡集合 相愛寮跡～山の神他
・過去・未来ー佐渡と韓国をつなぐ会交流会
　9月27日午後6時～会場　ホテル吾妻

佐渡集会　9月28日 午後6時～
相川町大佐渡開発総合センターホール
新潟集会　9月30日 午後6時～
万代市民会館6Fホール

主　催　過去・未来ー佐渡と韓国をつなぐ会　74-2369　小杉
　　　　コリアン強制連行等新潟県研究会　228-6551・高山
後　援　朝日新聞社・NHK・新潟日報社・BSN・毎日新聞社

1992年9月佐渡·新潟集会資料

⑵　1992年4月、韓国・忠清南道調査の記録[19]

佐渡に動員された尹尋炳の子、尹啓重◇

尹啓重

この「明本尋炳」が父です。〔帰国しましたが〕暮らし向きが悪いので、肺が悪くても病院にはいけませんでした。胸が苦しくても、薬を作って飲むだけでした。病気があまりにも悪化したんです。息子たちがだんだん大人になって生活水準がよくなり、親の面倒を見ないといけないので、病院に行きました。肺の病気だったのです。

82歳になる尹尋炳の妻

お父さんのこと…話したくない。若い時に亡くなった。私は苦労ばかりだった。

動員され鉱山で死亡した李炳俊の娘、李吉子◇

佐渡鉱山での労働で死亡した李炳俊の遺影◇

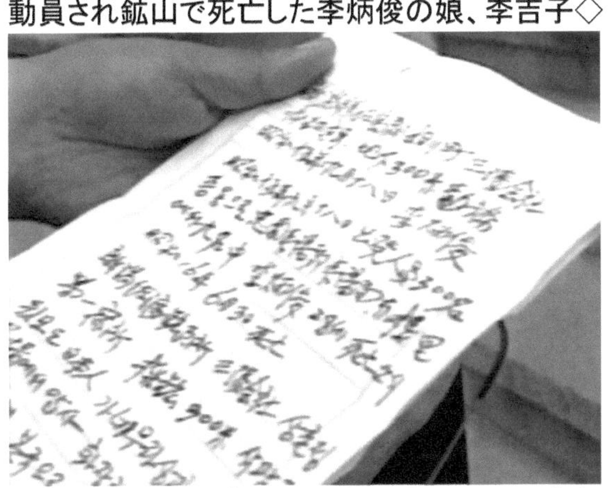

李炳俊の死亡記事。1941年6月3日、死亡とされる。◇

李炳俊の遺影と李吉子

19　調査時の収集写真、記録テープ、同行したNHK新潟放送局『50年目の真実 佐渡金山 強制連行の傷あと』（1992年）から構成。◇印はこのNHK映像から引用。

李吉子は父の死亡記録を持参した。父とは3才の時に別れたという。書類には、新潟県佐渡郡相川町三菱会社地下 300m付近の昭和 16 年6月 3 日勤務、1940 年 9 月 18 日出発人員 300 名、忠南青陽郡赤楼里、昭和 16 年 6 月 3 日死亡、火葬して昭和 16 年 6 月 20 日頃本国に帰国などと記されていた。〔動員は 1941 年、死亡は 42 年とみられる。〕

李吉子

〔佐渡に行かなければ〕亡くならずに今も生きていたでしょう。28 歳で惨めに亡くなってしまったことが悔しい。当時私の母は 24 歳、去年亡くなりました。父親が帰ってきた時の母の涙は 50 年間忘れたことがありません 。〔調査は〕当たり前のことです。

1992 年 4 月、忠清南道青陽、盧秉九宅

役所からの命令で動員されたという◇

盧秉九（70 歳）

〔帰国後〕肺が悪く、病院で薬を処方してもらって飲んでいました。役所から佐渡鉱山に行くように命じられました。断れば軍隊に行かされるというので、応じたんです。鉱山では気合を入れられるんです。日本人の気合というのは、こうして手を挙げて殴るのが特徴です。朝、坑夫が全員集められ、天皇陛下を拝む。〔私が見た死亡者は〕発破で死んだ人、またケージの事故で死んだ人など、４人です。

〔誕生日に集まった家族に向かって〕韓国に戻ってきてから、52 年の歳月を、お前らと一緒に…全く、苦労の多い人生だった。

安国遠は兄の安希遠は鉱山事故が原因で解雇され、その後、帰国することなく死亡と語る。◇

安希遠（左）と南寿龍
論山郡城東面院南里から佐渡に動員。

安国遠(動員された安希遠の弟)
行かないと決めていたのに、適任者だから必ず行ってくださいと、おそらく強要され。行きたがらない人を、嘘をついて詐欺のように騙したんです。そんな風に騙されて行ったんじゃないかと思います。〔兄の〕遺体もありません。墓もなくて、こんな不憫なことが・・・。
〔連れていった者は、〕少しでも同情があるなら、あの時の状況についてちゃんと説明してほしい。何か助けになるような言葉で、嘘がないよう、その状況を示してほしい。少しは反省をして。同じ民族の一人なら、この思いがわかるはずです。

帰ってこない夫を待つ李鍾徳

同情する院南里の住民◇

李鍾徳はこの時、73 歳、夫は佐渡鉱山の労務にされ、解放後も帰郷しなかった。李は姑の世話をし、一人で暮らしていた。夫は戦後しばらくして故郷には帰れないから離婚して欲しいと新しい家族の写真を送ってきた。

李鍾徳
私はこんな写真を見せられても離婚なんてできません。早く家に帰ってきてほしい。一緒に暮らしたい。出て行ってからあまりにも時間が経ってしまった。離れているのが長すぎて、情なくて何も言えません。

近隣の住民
夫に補償させるんじゃなくて、日本人に補償してもらわないと。なぜなら日本人がこの人の夫を募集で連れて行った、志願して行ったんじゃなくて、強制的に連れて行ったんだよ。日本に行ったから、募集で連れていかれたことが原因となって、この人が一人ぼっちになったんだ。この人の夫が日本で日本の女と結婚したのも、その人が募集で行ったからだ。

林載喆(イムジェチョル、山本正一)は動員後、佐渡に在住。1984 年 9 月帰郷、85 年、80 歳で逝去。◇

佐渡で 30 年ほど林載喆とともに暮らした山本おまん、1992 年 4 月

林載喆の甥の林玉童◇

山本おまん

お墓なんていらない〔と言っていました〕。死んだら焼いて海の中にお骨をまけばそれでいい、そうしたら朝鮮に届くんだから、朝鮮に行きたかったんでしょ。死んだら行きたかったんでしょ。

林玉童

〔おまんさんに〕甥として、私の叔父に良くしてくださって本当にありがとうございますと感謝を伝えたいです。妻の顔も見れずに亡くなられたので、話がしたいといつも言っていました。「ばあちゃん、会いたい」と最後まで言ってました。韓国に一度来てほしいです。亡くなる前に、我が家に来てくださったら、私たちが空港まで行って、我が家で亡くなられるまで面倒をみます。亡くなられたら、叔父と一緒にお墓に入ってください。

佐渡に動員された朝鮮人
1944 年6月

佐渡に動員された朝鮮人
（現地調査で収集）

⑶　歴史とのたたかい　～朝鮮人強制連行のこと～

佐和田町　金山教勇

昨年〔1991年〕11月末、三菱佐渡鉱業所（佐渡鉱山）への朝鮮人強制連行調査のため韓国を訪れた調査団に同行し、2人の生存者と会うことができ、はじめて連行事実の証言をえました。

戦時中のタバコ配給名簿の公表に端を発し、日本と韓国の報道関係その他のかたがたの協力と励ましによるものです。

鄭炳浩（チョン・ビョンホ）さん

昭和18年1月、24歳のとき連行。日本姓は「井上」。落盤で足をケガし、いまでも疼く。20年秋に帰国、連行時ヨチヨチ歩きだった一人娘はすでに死んでいて、妻も家を出て行方が知れなかった。

金周衡（キム・ジュヒョン）さん

連行時、16歳になったばかり。拒めば兄を引っ張るとおどされ、末っ子の自分に泣きすがる母の手から捥りとられた。帰国には2ヶ月もかかり、貯えたお金も遣いはたしての帰郷でした。

戦時下、佐渡鉱山には1000名を超える朝鮮人がいたと思われます。坑内の危険な切羽の重労働と空腹の日々が続き、ノビルや行者ニンニクを摘んだり、海藻を拾って飢えをしのぎました。草かワラをつめたフトンの中で脳裏を浸すのは、きまって故郷の家族の安否でした。さらに2人の生存者に共通する鉱山の印象は、「死と背中あわせの場所」ということです。

訪韓半月後の年末、相川町で報告集会を開きました。歴史によって深く結ばれた身近な隣国である韓国・朝鮮とのよりよい関係をつくりだすためです。50人近い人が集まりました。

過去の歴史を仮に認めまいとしても、その事実がなかったということにはなりません。

今後に向けて、「相川町の歴史に強制連行の記録を残したい」「町の人や鉱山関係者からの聞き取り・証言を集める」「早い時期に韓国での生存者や関係者を佐渡に招きたい」などの問題提起もなされました。

歴史とのたたかいはこれからです。

『エコロジーとにんげん』1 ネットワーク誌編集委員会・新潟社会文化会館 1992年4月所収

金山教勇、韓国調査 1991年

歴史とのたたかい

— 朝鮮人強制連行のこと —

佐和田町　金山教勇

「エコロジーとにんげん」

魚沼支局開設

⑷　50年待った夫は日本で結婚していた

～佐渡連行の朝鮮人とその家族の傷跡

張明秀

金山で栄えた佐渡島では戦争中、千人を超す人々が朝鮮半島から徴用され、「地の底」での採掘に従事していた。50年ぶりに発見された当時の労働者名簿を手がかりに、現地探訪の旅に出た在日朝鮮人の見た植民地支配の傷跡は深く、改めて日本人の自省を迫るものだった。

佐渡おけさで有名な新潟県佐渡島相川町（現佐渡市相川）の海岸通りに面した観光ホテルのロビーで、私は一人の男を待っていた。

相川は、江戸時代に徳川幕府の財政を支えた佐渡金山の町である。金山は廃鉱になり、名称を「ゴールデン佐渡」と変えて、いまでは佐渡観光の目玉の一つになっている。

佐渡鉱山では、1939年から日本が敗戦（朝鮮では解放）した1945年まで、1200人とも2000人ともいわれる朝鮮人が働いていた。

私が待つSさんは、そうした強制連行の実態を知るうえで貴重な証言をしてくれるはずだった。

私が、Sさんに初めて会ったのは今年〔1992年〕3月だった。70歳になる彼は、佐渡金山における朝鮮人強制連行の歴史を調査する郷土史家やマスコミの注視する人物だったが、取材をずっと拒否している。が、同じ朝鮮人ということで、初対面にもかかわらず、私には故郷と本名を明かしてくれた。韓国忠清南道論山郡城東面院南里の生まれで、19歳で日本に渡って以来、戦後、故郷には一度も帰っていないという。佐渡で日本人と結婚し、日本名で暮らしてきた。

しかし、連行の模様を話してくれるように言う私に対して、Sさんは、「『強制連行』というのは事実と違う。私は誤解されている」と多くを語らなかった。

新潟では数年前から、私たち同胞と日本人有志とが「コリアン強制連行等新潟県研究会」をつくり、昨年と今年の二度、韓国を訪ねるなどして調査を進めてきた。佐渡に連れてこられた朝鮮人のほとんどが現・韓国の忠清南道出身者だったからだ。「忠清南道の人間は性質が温順で、使いやすいのだ」という。

私たちの調べでは、Sさんは三菱鉱山の労務係として、故郷の人々を金山の地底に送り込む役割を担っていた。佐渡に来てからは、労働者が寝起きする寮の副寮長として、同胞の日常生活の管理にあたった。

そのためか、故郷ではいまでも彼を「日本人の手先」と言い、「戻ってこようものなら、ぶっ殺してやる」と憤りを収めきれないでいる人が少なくない。

約束の時間に現れたSさんは、最初に会ったときの精悍な顔つきが緊張もあって、精彩を欠いて見えた。私は、半世紀前に韓国に残してきた奥さんが故郷でひとり、いまでもSさんの帰りを待っていることを告げた。

それが口火となって、彼は自分の仕事について、ぽつりぽつりと語り始めた。ウリマル（国語）はすっかり忘れてしまったのか、日本語での会話だった。Sさんによれば、彼は日本の敗戦後も鉱山に残り、定年まで過ごした。労働組合の幹部だったという。50年前のことについては、「大事なことは会社から何も知らされなかった」と言った。

私はSさんに、佐渡から故郷に戻った人たちの多くが、粉塵を吸い込んだことによる胸の病気や鉱山事故の後遺症に苦しみながら死んだこと、なかには事故で重傷を負い、故郷への帰途、死んだらしいのだが、遺骨のありかなど詳細が分からないため、S さんに当時の模様を聞きたがっている遺族もいることなどを話した。

「一度、故郷を訪ねて、謝罪したらどうでしょう。一緒に行きますよ」と、私は勧めた。S さんもうなずいた。

態度豹変の裏に日本人の差しがね

S さんは、その後、この約束をほごにした。「相談する人がいるから」と東京に行ったあと、態度を急変させたのである。彼はこう言った。

「自分が韓国の田舎に行けば、何をされるか分からない。それにこの問題は、政府間ですでに解決したことでしょう。なぜ、いまさら取り上げるんですか」

突然、日本政府の公式見解のようなことを言い出した S さんと、彼にそう言うように入れ知恵したに違いない「東京の人間」に、私は激しい怒りを感じた。

4 月 20 日、私は 2 度目の訪韓調査に旅立った。昨年 11 月に慶尚北道出身の私が 50 年ぶりに故郷の土を踏んだときは戸惑うことも多かったが、今度は要領も分かっている。

めざす論山駅は、新潟からソウルへ空路で 2 時間、さらに鉄道に乗り換えて 210 キロも南にある。市街地のすべてを徒歩で回れるほどの小さな町だ。

S さんの故郷の院南里三区は論山から百済の古都・扶余に行く途中にある。いまでも半世紀前とほとんど変わらない 50 数戸が農業などで暮らしている。

この集落からは 6 人が連行されていた。舗装のない田圃の一本道を歩いて、私は S さんの妻、李鍾徳（イ・ジョンドク）さんの家に急いだ。

71 歳になる李さんは、本家横の二間（ふたま）しかない家に住んでいる。縁側に腰をかけ、私は改めて李さんの話に耳を傾けた。

「李さんの一生は日本に奪われた」

「20 歳のときに私は嫁いできました。夫は郡庁に勤めていましたが、結婚した年の暮れに、『日本でカネを儲けてくる』と、行き先も言わずに出て行ってしまいました。家へは 2 回、帰ってきました。一度目は休暇で 3 カ月ほどいましたが、二度目の時は人を集めに来て、7 日間だけ家にいて集落の人を連れて行きました。それっきりです」

李さんは一枚の写真を取り出した。佐渡で結婚した S さんが、日本人の奥さんと 3 人の子どもに囲まれて、幸せそうに写っていた。その写真を見れば李さんも自分をあきらめると思ったのかもしれない。何十年もその帰りを待っていた夫に別の家庭があり、しかも家族そろって撮った写真まで送りつけられた妻の心情はただごとでなかったはずだ。こういう事態に直面すると、ふつう、朝鮮の女性はこぶしで地面をたたきながら、大声で夫の非と自分の悲しみを訴えるところである。しかし李さんの表情は、意外と淡々としたものだった。生涯を棒にした怒りもすでに枯れてしまったのだろうか。

李さんは夫を待つ間、実家や親戚からの援助で暮らしてきた。佐渡から、籍を抜いてほしいという手紙が何度か来たが、李さんは首をタテに振らなかった。

「私たちの子どもは、生まれてすぐ死んでしまいました。夫がいなくなったあとも、舅、姑は私に気を遣ってくれました。日本に奥さんと子どもがいるんだし、もう昔のように暮らせないことは知っています。でも、私は死ぬまで籍を抜かない」

籍を抜かないことが自分の意地だと言っているように、私には聞こえた。

李さんは、夫が佐渡でどんな場所に勤め、どんな仕事をしていたかについてあまり知らなかった。まわりの人も気を遣って、本人の耳に入れるのを避けているようだった。「李さんの一生は日本に奪われたんだ。日本はその補償をしなければならない」こう語った近所の人の言葉が私の耳に残っている。

同じ集落に、Sさんの五歳違いの実弟、尹儀重（ユン・イジュン）さんが住んでいた。尹さんは1944年の秋、靖国神社に新米を奉納する青年団の一員として東京に行った折、佐渡に足をのばして兄に会ったときの様子を語った。日本人寮長の下で副寮長を務めるSさんが、病気で仕事に出られない同胞に食券を与えないという酷い仕打ちをしていた。兄のあまりの変わりようを目のあたりにして、尹さんは「私は恥ずかしかった」という。

一見のどかに見える院南里の農村も、36年間続いた倭政時代（日本の植民地時代のことで、韓国ではだれでもそう呼ぶ）の爪痕がはっきり残っていた。

鄭さんの愛娘は赤痢で死んでいた

私は論山から南に10キロほど離れた隣町の江景に足を向けた。そこには、1943年の冬に徴用された鄭炳浩（チョン・ビョンホ）さん（75）と金周衡（キム・ジュヒョン）さん（64）が住んでいる。

当時、27歳だった鄭さんは日雇い労働をしながら、妻と二歳になる娘と暮らしていた。あるとき、里長（集落の長）が来て「日本から人を連れにきたから、出てくるように」と言い渡された。面（村）の事務所には日本人が一人いて、村人が10人、集められていた。麗水から連絡船で下関に渡るときには、その数は数百人に膨れ上がり、そのまま汽車で日本各地に散っていった。

鄭さんは佐渡鉱山の坑道深くに入り、圧搾空気で動く削岩機（鄭さんは「サクガンキ」と日本語式の発音をした）を使って、岩にダイナマイト爆破用の穴を開ける作業についた。そこは、水平のトンネルを1キロ進み、50メートル昇降機で降り、そこから、はしごをいくつも伝った「地の底」だった。

「チリが胸に悪いことは知っていたので、坑道に入るときは死が待っているという思いでした。何より怖かったのは、ふとした拍子にカンテラが消えて、真っ暗になってしまうことでした」

祖国解放後、故郷に帰った鄭さんを待っていたのは、一粒だねの愛娘が赤痢で死んだという悲報だった。鄭さんは米のかつぎ屋や行商をしながら、そのあとに生まれた息子3人を育てた。

「日本政府は強制連行は解決済みの問題だと言うけれど、日本での重労働がもとでけがをした人や死んだ人は少なくない。そういう人たちを裕福な日本が補償をするのは当然だし、そうしなければウソです」と、鄭さんはいった。

金周衡さんが佐渡へ渡ったのは1944年1月だ。面当局から「一軒の家から一人は出すように」という命令が来て、16歳の金さんが出ることになったという。逃げたい気持ちだったが、逃げて捕まった人が殴られるのを目撃してからは、その気もなくなった。

金さんは、副寮長をしていたSさんのことを覚えていた。

「Sさんというんですか？名前は知りませんでしたが、仕事に出るのか出ないのかといったことを毎日、しつこく聞いて回っていたので、だれもが彼を恨んでました。日本人でないことは分かっていたので殺してやりたいくらいだったよ」

Sさんが聞いたら、ますます故郷に帰る気持ちをなくすような話だが、「殺してやりたい」というのは、もちろん金さんのいまの気持ちではない。Sさんが生まれた院南里の村人ですら、「ここに帰って本当のことを話してほしい。私たちもいつまでも恨もうというわけじゃない。反省してくれればいいんだ」と言っていた。

聞き取り行脚は続いた。日本はすでに梅雨に入っていたが、梅雨前線は朝鮮半島まではなかなか到達せず、暑い日の連続だった。日本からの突然の訪問にもかかわらず、「佐渡の話を聞きたい」というと、どの人も快く応じてくれた。

それは、私が決定的といっていい史料を持っていたからでもあった。佐渡博物館の本間寅雄館長から昨年暮れ入手した、朝鮮人労働者向けのたばこの配給台帳である。

「夫を返せ！」「息子を返せ！」

当時、連行された人々は 4 つの寮と一群の社宅に分かれて入所していたが、入手した名簿には、そのうちの三つの寮に住んだ 390 人の名前と生年月日が残っていた。

名簿は当時、相川町で質屋、たばこ屋、郵便局を兼ねていた富田毅さん（92）のもとにあった。郵便関係の記録は敗戦直後、中央からの指示ですべて焼却したが、たばこの名簿については指示がなかったのでそのまま持っていたのである。

私はワープロに入力し、50 音順に並べかえた資料を作った。姓はほとんど日本名に改められているが、名前はそのままだから、またとない資料だった。

今年の４月、佐渡・小木町の住職、林道夫さんと二度目の実地調査で扶余のホテルに滞在したとき、私あてに何回も電話をかけてきた女性がいた。論山から車で一時間ほどの青陽郡長坪面美堂里に住む李吉子（イ・キルジャ）さん（54）である。彼女から、佐渡鉱山で事故死した父親の李炳俊（イ・ビョンジュン）さん（当時 28）の事故当時の模様を話してくれる人がいると聞いて、私は青陽郡青陽邑に住む盧 秉九（ノ・ビヨング）さん（70）を訪ねた。

「李炳俊さんは、私と一緒に昭和 16 年（1941 年）に連行されました。事故が起きたのは翌年の旧暦六月の暑いときでした。李さんはカンテラの明かりが消えた真っ暗闇のなかで、深さ 300 メートルもの穴に落ちて死んだと聞いています。葬式には、同じ村から来た仲間が全員出ましたが、会社側からは労務係が一人しか来ませんでした」

当時、4 歳だった吉子さんは父親の遺骨が巡査の手で届けられたとき、母親と祖母が「夫を返せ！」「息子を返せ！」と、両手で地面をたたきながら泣き叫んでいたことを覚えている。弔慰金は「障害補償金」という名目で 300 円が届いただけだった。その金額は、当時の労働者のせいぜい３～４カ月分に過ぎなかった。母親は行商をしながら吉子さんを育て、先立った夫の思い出をいつも話していたが、その母親も昨年、亡くなったという。

深刻な珪肺の後遺症

生きて帰国した人の間で深刻な問題になっているのが、鉱山労働の後遺症としての珪肺である。坑内に浮遊する珪酸の粉塵を長期間吸い込むことで起こる慢性疾患で、せき、たんが激しく出たり、ひどいときは呼吸困難に陥る。合併症として結核になって亡くなる人もいる。

朝鮮人労働者を佐渡鉱山に送り込んだ最大の理由も、この珪肺を恐れて日本人労働者がどんどんやめ、人繰りがつかなくなったからだと、当時の日本人労務担当者が、その手記に書き残しているほどだ。

一家の大黒柱が健康をくずすと、影響は家族全員に及ぶ。その典型的なケースが、論山郡恩津面城坪里に住む金平純（キム・ピョンスン）さん（46）の例だ。

父親の金文国（キム・ムングク）さんは、家族と一緒に相川町の社宅に住み、削岩の仕事をしていた。解放直後、娘３人を連れて帰ったが、途中の船中で娘一人が死亡した。平純さんが９歳のときに文国さんは亡くなったが、そのときも、しきりに「息が苦しい」と訴えた。仰向けに寝かせたのでは苦しがるので、布団に寄りかからせる格好で、やっと息をさせたという。

母一人の働きでは、金さんの薬代と、子ども６人の養育費を賄いきれず、一時は数千万ウォンという借金を抱えた。家計を助けるために、長男の平純さんは小学校を出てすぐ働いた。借金の利息だけでも年に数百万ウォンを納めるという苦しい生活の中で、人の田を借りて、米と、トマトのビニールハウス栽培をしてきた。その借金をやっと払い終えたところだ、という。

「父は日本にやられた」という平純さんは、自分の３人の子どもたちに日本のものはいっさい買うな、と言っている。そうはいっても、平純さんの生活を支えるトマトの種は日本からの輸入品だ。彼にはそのジレンマがつらい。

金平純さんは言う。

「強制連行の問題をいくら訴えても、歴史の記録としてとどめられることにしかならないのではないか。私自身は金をもらおうとは思わないが、そのため犠牲なった家族の生活を日本が補償するのは当たり前ではないでしょうか。それは、日本の国家としての体面だと思う。」

終わっていない日本の戦後

帰郷の道を自ら閉ざしたＳさんが、いみじくも私に言ったように、一部の人は「強制連行の問題は、27年前の日韓条約で解決済み」と主張している。しかし、珪肺で苦しんで亡くなった人、強制連行されたまま行方知れずになっている人、新婚早々に夫をとられ50年以上も独り身で過ごしてきた人、そうした人々の苦しみは、いまだ少しも癒されて国際貢献を言うなら、いちばん足元の国際問題をなぜ、日本は無視しつづけるのか、私には理解できない。

コリアン強制連行等新潟県研究会はこの９月、強制連行の被害者問遺族を佐渡に招くことにしている。鄭さん、盧秉九さん、そして「日本嫌い」の金平純さんも「喜んで招待を受ける」と言ってくれている。私は、彼らと夜を徹して語りあいたいが、Ｓさんはそのとき、どうするのだろうか。

張明秀（チャン・ミョンス）
1934年、慶尚北道（現・韓国）生まれ〔2010年逝去〕。
1939年に日本へ。朝鮮総聯新潟県副本部長などを歴任。現在、共和国帰国者問題対策協議会事務局代表。主な著書に「裏切られた楽土」。
『月刊 Asahi』朝日新聞社 1992年9月号所収[20]

1992年佐渡集会で通訳する張明秀

現代史秘話
戦争と人間
50年待った夫は日本で結婚していた
佐渡連行の朝鮮人とその家族の傷跡
張明秀

[20] この記事は、2024年3月27日に著作権法第 67 条第１項の裁定を受けて掲載。

⑸　戦争責任は問われ続ける

― 佐渡鉱山、朝鮮人強制労働補償問題 ―

「過去・未来―佐渡と朝鮮をつなぐ会」代表　林　道夫

1991年11月の第一回韓国訪問以来3回にわたる現地調査の結果、相川町三菱佐渡鉱山における朝鮮人労働者約30名の消息が確かめられました。しかし、戦後、50年の歳月を経て3分の2の方々はすでに亡くなられており、また、お目にかかれた方々も過酷な環境のもとで坑内労働を強いられ、心身ともに傷つき、家族の方々とともに現在もなお苦しみ悩み続けていることを日本の人たちに判ってほしいと訴えていました。私は、聞き取り調査の間、植民地時代に朝鮮の人々が受けた身や心の傷を現在まで癒されぬまま暮らしている事実の前で思わず立ちすくみ、たじろぎ、後戻りして逃げだしたくなるような思いに幾度となくかられました。

韓国忠清成南道論山郡の院南里という50戸ほどの小さな村を訪れ、聞き取り調査をした結果、昭和15年（1940年）以降の佐渡鉱山における朝鮮人強制連行のディテール（細部）がやっと見えてきました。

1991年12月の相川町報告集会後、「過去・未来―佐渡と韓国をつなぐ会」（昨年1月〔1995年8月〕に名称を「過去・未来―佐渡と朝鮮をつなぐ会」に変更）が結成され、それまで調査を共にしてきたコリアン強制労働等新潟県研究会と協力して、1992年9月、韓国から5名の方々を招請し、相川町と新潟市の集会で強制連行、強制労働の実態についての証言をお聞きしました。

遺族の方々は、事故死の時、また帰国後亡くなるまで珪肺や事故の後遺症により本人は言うまでもなく今日まで家族の生活にどのような影響をあたえたか、悲しみや苦しみを訴えました。戦後50年、私たちは、私たちの歴史から何を学んできたのかあらためて考えさせられました。

1995年7月の第4〔3〕回の聞き取り調査の時、元労働者やその遺族の方たちは昭和17年（1942年）から始まった労働者年金、その2年後の厚生年金に加入させられていたことは知らされておらず、帰国後も年金が掛け捨てのままの状態にあることを知りませんでした。

そこで尹鐘洸氏をはじめ元労働者19名の厚生年金被保険者記録の確認を求める手続きを新潟西社会保険事務所に行いました。

同年11月、3人の代表を韓国から招き県保険課に記録を確保するために訪れました。書類の不備などを理由に回答を拒否された五人を除き、14人について厚生省に保管されていた台帳による調査の結果として示された回答は、尹氏や盧秉九氏の証言とは食い違っていました。

2人と一緒に働いて、帰国後に亡くなった金文国氏は台帳に記載されているにもかかわらず、年金の積み立てがされていないこと、尹氏や盧氏が受け取っていない脱退手当金が支払われていること、昭和20年（1945年）3人一緒に帰国したにもかかわらず、尹氏の場合、翌年に支払われていることなど、事実確認をするため翌日厚生省に行きました。そこでは今回の回答の根拠となった台帳のコピー、脱退手当金の請求の書式など示されたが、事実確認については三菱佐渡鑛業所が事務手続きをしているので厚生省ではこれ以上のことはわからない、今後も調査を続けるという曖昧な対応でした。

佐渡鉱山における朝鮮人強制連行の調査はまだ一部分であり、これまでの調査の結果から戦後補償問題を提起するには不十分ではないか、という意見があります。しかし、私たちがやっと出会うことのできた方も昨年一人亡くなり、二人の方とは今回連絡がつかなくなるなど高齢化した生存者に出会える機会はこれからますます少なくなります。珪肺そして事故による後遺症など健康上の問題を考えれば、時間という壁が私たちの前にあります。

今後も朝鮮人強制連行という具体的な問題を通して国家や企業の戦争責任について、また戦後補償問題を課題として韓国、朝鮮の人々と交流を深めていきたいと思います。

過去の負の歴史は現在の私たちが負わなければなりません。正義の旗を振り上げる気はさらさらないが、未来が判らないと同じように過去もまた未知の領域にあるならば、私たちにつきつけられた過去の歴史的事実を真っ直ぐに見つめ逃げ出さないことだと思います。

日本鋼管訴訟の原告金景錫氏にお会いしたとき、「富山不二越訴訟など戦後補償問題、日本の国家と企業の戦争責任を問い続ける闘いは、第二の朝鮮民族独立の闘いであり、人間として尊厳をとりもどすための闘いであり、私がなくなったら私の子や孫がこの闘いを引き継ぐのだ」と語っておられました。

戦争責任問題は、終わることのない無限に私たち日本人に問われ続ける大きな課題だと思います。

林　道夫〈はやし みちお〉佐渡市宿根木　称光寺住職　℡

寺檀制度で形骸化した寺院や儀式を習俗の呪縛から解き放ち、明るく楽しい寺を目指す「洗骨之会」主宰　　〔1947 年生、2024 年逝去〕

『エコロジーとにんげん』12　ネットワーク誌編集委員会・新潟社会文化会館 1996 年 3 月所収

林道夫 1992 年、称光寺◇

戦争責任は問われ続ける

―佐渡鉱山、朝鮮人強制労働補償問題―

「過去・未来―佐渡と朝鮮をつなぐ会」代表　林　道夫

佐渡金山に強制連行された韓国人の証言を聴くつどい（1995・11・28）

⑹　佐渡金山・朝鮮人強制連行問題の調査活動とこれからの活動

過去・未来－佐渡と朝鮮をつなぐ会

忠清南道に生存者が

第二次大戦中に、日本は、朝鮮から 100 万人をこえる労働者を強制連行で連れてきたといわれています。そのうちの1000人以上が、佐渡鉱山で働いていたという記録があります。

相川町の旧家に、戦中・戦後の 1944～46 年の二年間に、鉱山労働者にたばこの配給をしてきた記録が残っていました。鉱山労働者の日用品の一つだったたばこは、疲れをいやす貴重品でもあったので、毎日だれに配給したかが、記録されており、その対象者の名前、生年月日、犯罪をおかして留置場に入れられた間は配給がとまっているといった記録です。

この記録が、佐渡博物館にとどけられたことから、私たちの「過去・未来―佐渡と朝鮮をつなぐ会」（以下「つなぐ会」と略す）の活動がスタートしました。

実はこの記録に、朝鮮からの連行者の名前があったからです。新潟県全体で活動をしていたコリアン問題研究会のみなさんと連携して、佐渡鉱山で強制労働をさせられた生存者を、朝鮮・韓国でさがしだせないものかと思い、連絡をとりあいました。

韓国の南部、忠清南道にある都市大田で発行している「大田日報」が、佐渡鉱山で働いていた労働者を、日本の民間団体がさがしているという記事を一面のトップで報じたところ、連日のように問い合わせがあったといいます。それは 1991 年 11 月 19 日のことでした。

その反応の大きさに誘発されて「つなぐ会」は第一回の訪問団を派遣しました。

そのときに、3 人の元鉱員と会うことができました。チョン・ビョンホさん（75 歳）、キム・ジュヒョンさん（65 歳）、キム・トンチョルさんです。

調査団は、12 月 22 日～23 日に、佐渡の相川町で、報告集会を開いて、それまでに判明した、佐渡鉱山の朝鮮人連行労働の実態を報告しました。

チョンさんは、1918 年の生まれで、連行されたのは 43 年の 12 月、25 歳のときでした。部落の区長から命じられて、釜山から船で佐渡に来ました。削岩機を使う仕事で、44 年秋に落盤事故にあって足をけが、今でも寒い日にはその足がいたむそうです。連行されたとき三歳の娘さんがいましたが、戦後（韓国では解放後）帰国したときはその娘さんは亡くなっていたそうです。

キムさんは 18 歳のときに連行されました。家には二人の男がいました。お兄さんは農業をついでいたので、弟のキムさんが日本に連行されたのです。一軒に二人の男がいたからです。

同じ苦しみを味わった仲間

「つなぐ会」は、92 年に一回目（5 人）、95 年に二回目（3 人）、生存者を日本に招待しました。

ノさんは、1941 年 9 月 28 歳で佐渡に連行されてきました。皇民化教育と技術教育を受けた後仕事につきました。クリスチャンだったノさんは、労働と生活に苦しいとき、佐渡のキリスト教会をおとずれたりしています。

そのとき牧師をしていた野村さんといっしょにうつっている写真もみつかり、再会をはたしたのですが、戦時中は、キリスト教は敵性宗教とみなされ、牧師さんたちも徴用で鉱山で働いていたのです。野村牧師も重労働のために脊髄損傷の身でした。

鉱山労働はどこでもそうですが、こまかな粉じんが肺をおかす珪肺病の多い仕事です。日本でも炭鉱や鉱山労働者が珪肺病を労働災害として保障するようにという運動がありますが、朝鮮に帰った人たちは、そうした治療、保障もされないまま放置されています。遺族の方々の話をきいても、珪肺病で亡くなった人が多かったことがうかがえます。

近年、「従軍慰安婦問題」が表面化していますが、このようにして調べてみると、1939～45 年に、100 万人をこえる朝鮮人が日本に強制連行されてきたこと、その当時のひどい労働条件のもとで働いたこと、敗戦と同時に、何の補償も、つぐないも、謝罪もしていないことに驚きとともに、怒りすらおぼえます。

もう一つの歴史を残す

戦争中のことだから、戦後の混乱状態だったからといってすませない問題がいっぱいあるのです。その一つが厚生年金の処理です。鉱山で働いていた間、当然のように厚生年金に加入させられ、保険金を徴収されていたにもかかわらず、韓国に帰った人たちの分は、掛け捨て状態になっていたのです。

95 年 11 月、「つなぐ会」は、日本に招待した二人の生存者と一人の遺族をともなって、県庁の社会保険事務所、さらには厚生省にでむいて、問題の解決に当たりました。脱退手当金の未払いが明らかになったものの、具体的な処理までは進みませんでした。「つなぐ会」では 20 人近い人たちが、厚生年金の掛け捨て状態が放置されていることを確認しています。

佐渡にとって佐渡金山は現在も無視できない歴史であり存在です。中世から近代にかけて、金山でうるおった面、さらには、無宿者や浪人、浮浪者がつれてこられ、犯罪者たちと一緒に重労働につけられてきた歴史も貴重な歴史の一面として語りつがれてきました。

佐渡ではそうした無宿人たち、そして彼らと生死を共にした遊女たちを弔う碑があちこちにあります。私たちの親たちはそのようにふるまってきたのです。

「つなぐ会」は、現代につながる 50 数年前に、この佐渡で行われてきた事実に光をあてて、それを正しく知る必要を感じています。資料をあつめ、当事者と会い話をきき、忘れてはならないもう一つの歴史をしっかりと書きとめておかなければと思っています。

戦後 50 年がたって

1939 年に朝鮮ではじまった強制連行は、はじめは労働者集団募集といっていました。その後 43 年に朝鮮総督府から政令として官斡旋になるとそれは法律的強制力をもっていきました。44 年には、徴兵の赤紙に準ずる徴用の青紙としての強制連行になっていきました。名前は変わっていきましたが、個人や家庭の事情などにはおかまいなしに、日本という国に、そして国策に協力する企業の必要とする人材を、こういうかたちで植民地支配をした朝鮮から連行してきたのです。

その歴史の中では、日本に連れてきて強制労働につけても反抗をしない、徒党を組んだりする才能のない、そういう人材を選ぶためのテストもやったという証言もあります。口からでまかせをいいながらも、腹の中では、どのようにあつかうかを十分承知したうえでの確信犯であったことがわかるエピソードです。

一方では、ノさんがキリスト協会に出入りしていたことは前に書きましたが、小さな漁船をしたてて、朝鮮人を新潟まで送りとどけるという危険な行為を官憲の眼を盗んでやった漁師がいたことも知られています。畑のさつまいもを食べさせたり、海産物屋で買いものをするというつきあいを佐渡の人たちはしています。

昨年は戦後 50 年ということで、日本の戦後処理問題、アジアの諸国民への謝罪問題などがマスコミなどでもとりあげられました。50 年という年月は、厚生年金の支払いでは請求権の「時効」という壁があったのですが、佐渡鉱山では、かつての三菱鉱業佐渡鉱業所はすでにその権利を他社に売ってしまっているという問題があります。もちろん、三菱鉱業は当時の事業の責任からのがれることはゆるされないのですが、朝鮮からの強制連行労働者を使用していた日本のどの企業も、責任をとろうとも保障をしようともしていません。

しかし、そんなことでは、あの第二次大戦で行った日本の行為の始末は全くつかないのです。

朝鮮の人たちはよくいいます。「私たちは日本の過去をゆるすことはできても忘れることはできない」と。私たちも同じです。けっして「忘れてはいけない」のです。

日本海をつなぐモニュメント

私たちの会はそうした思いをこめて名前を考えました。未来に向けて、朝鮮の人たちみんなとの心をつないでいけるようにと考えました。

旧家の資料の中からでてきたたばこ配給の記録に端を発した「つなぐ会」の活動ですが、若い世代にもよびかけて、高校生が日本海をはさんで交流しあうとか、環日本海交流の橋渡しができたらと提案をしています。

無宿人や遊女の碑にならうわけではありませんが、佐渡鉱山に連行された朝鮮人を記念したモニュメントを建てられないものかとも思っています。

「つなぐ会」のこの間の調査や活動の一つの成果が、95 年２月に刊行された「佐渡相川の歴史」の中に、書き込まれました。それは、1939 年[21]に、忠清南道に募集第一陣として渡った佐渡鉱山労務課の職員の証言です。

「前年の 13 年（1938 年のこと）は南鮮は大干ばつ、飢饉で農民などは困難その極みに達していた・・・・・」といったもので、とても当時の日本と朝鮮の関係をまともに認識したものではないのですが、それでも、この種の刊行物に、朝鮮からの強制連行についての記録が登場したという事実は残りました。

未来を確かなものにするために、過去をしっかりとふまえることが「つなぐ会」の任務です。

『まなぶ』457、労働大学出版センター1996 年 10 月所収

特集◆佐渡

日本海をつなぐモニュメント

私たちの会はそうした思いをこめて名前を考えました。未来に向けて、朝鮮の人たちみんなとの心をつないでいけるようにと考えました。

旧家の資料の中からでてきたたばこ配給の記録に端を発した「つなぐ会」の活動ですが、若い世代にもよびかけて、高校生が日本海をはさんで交流しあうとか、環日本海交流の橋渡しができたらと提案をしています。

鉱山跡の寮のあった場所を視察（91・12・23）

佐渡金山 朝鮮人連行 韓国で元鉱員３人確認

「空腹と死の恐怖の日」 調査団に２人

---

21 証言では 1939 年であるが、1940 年の誤認である。大干ばつは 1939 年。

⑺新聞記事

きょう十五日は四十四回目の終戦記念日。戦争を直接知らない世代が増えて、風化が心配されているが、その

戦争知らない世代へ

きょう終戦記念日

中で「二度とあの不幸を繰り返してはいけない」として体験を語り継ぎ、次の世代に記録として残していこうという人たちがいる。

朝鮮人労働者の過酷な境遇証言

佐渡金山の記録
小木町の林さん

小木町の僧職、林道夫さん(四三)は、戦時中、佐渡金山で、過酷な労働を強いられた朝鮮人労働者の境遇について、当時の鉱山関係者の証言をもとに報告する準備を進めている。

昭和十四年から終戦まで約千二百人もの朝鮮人労働者が働いていた当時の状況は、歴史研究の盛んな金山史の盲点になっており、これまでほとんど公表されることがなかった。林さんは「地元では触れたくないとの意識もあるようだが、(同じような悲劇を繰り返さないためにも)身近な戦争の歴史を、正しく認識してほしい」と話している。

報告は二十六日、畑野町で開かれる「第二十回日本海時代の祭典」で行われる。

林さんが報告するのは当時の佐渡鉱山の労務担当者二人のインタビューテープや手紙で、昭和四十八、九年ごろ記録された未公開の回想録。

これらの証言では、当時の朝鮮からの労働者が過酷な労働条件に耐え兼ねて家族を置いてまで逃げ出す人もいたことなど、昭和の金山哀史が語られている。

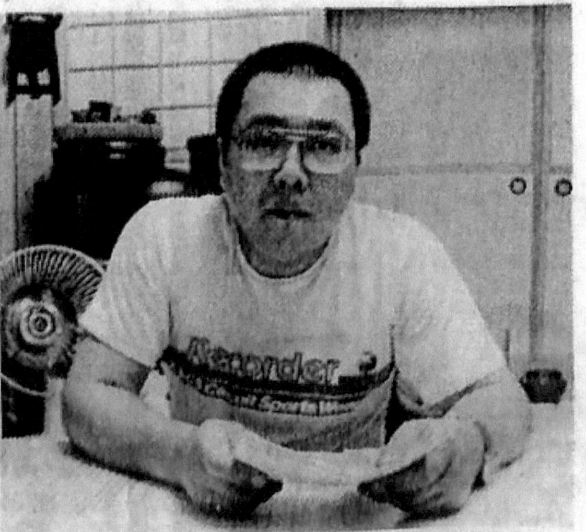

戦争の悲劇を正しく伝えたいと語る林さん

読売新聞新潟版 1989 年 8 月 15 日

佐渡金山の朝鮮人労働者 抑圧の歴史明らかに

戦時中の名簿、資料見つかる

蔑視、差別の労務管理

県コリア研究会 証言求め下旬に訪韓

太平洋戦争中、朝鮮半島から強制連行され、佐渡相川町の三菱鉱業佐渡鉱山（当時）で働いた朝鮮人労働者の名簿と関係資料が八日までに初めて明らかになった。昭和十五年から十八年にかけて同鉱山で働いた朝鮮人は千人を超えている。同時に、当時の厳しい労務管理や「皇国臣民」化の教育の実態を伝える資料も見つかり、差別を受けながら働いた朝鮮人労働者の生活を伝える貴重な記録として注目される。調査した関係者は今月下旬にも訪韓し、名簿をたどりながら、韓国内で生存する人たちから証言を得たいという。

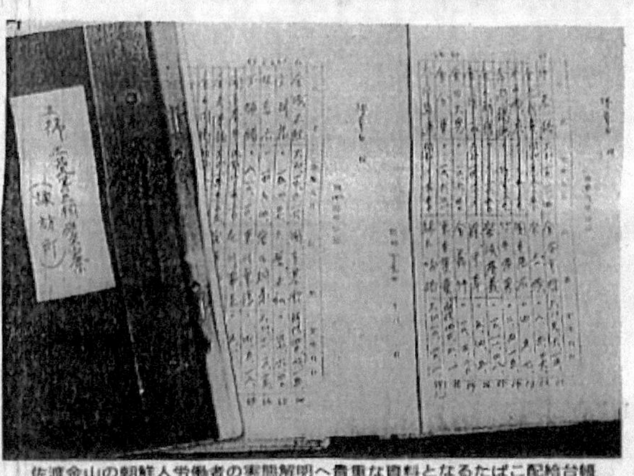

佐渡金山の朝鮮人労働者の実態解明へ貴重な資料となるたばこ配給台帳

朝鮮人労働者の名簿と資料は、県内の朝鮮人関係問題の調査を進めている県コリア問題研究会と佐渡在住の研究者が発掘した。名簿は、たばこの配給様の形で残っていたもので、本間寅雄・佐渡博物館長が、相川町で当時、たばこの配給をやっていた家からもらい受けた。

名簿は佐渡鉱山鉱業所の三つの寮に住んだ朝鮮人労働者の氏名、生年月日、異動・抹消届などが記載されている。名簿の年代は、昭和十九年から二十年にかけてのもので、名簿自体が整理されていないため正確な人数の把握は難しいが、今回の名簿の記載分は約二百三十人とみられる。

一方、関係資料は、当時の東京鉱山監督局、大日本産業報国会、東京地方鉱山部会が昭和十八年六月二十三日、相川町で開いた朝鮮人労務管理研究協議会の「開催要綱」。

「要綱」の添付資料によると、昭和十五年二月から十七年三月までに同鉱山に連行された朝鮮人労働者は千五人。出身地は韓国の忠清南道地方に集中している。また、この二年間の死亡者十人、逃走者百四十八人、他地域への転出者百三十人など、労働者の増減が克明に記録されている。朝鮮人労働者は、同鉱山で岩盤掘り、支柱運搬、運搬など五職種に分かれて働き、月収平均八十円の賃金を支給されていた。

「要綱」は協議会の目的として「朝鮮人労務者の取り扱い」「教育訓練方法」「稼働状況」を挙げ、「逃走の原因は自由放縦、浮動性の性格による」「半島人特有の不潔の悪習を是正するため、衛生観念の普及に努める」「日本人たる訓育が必要」などと、朝鮮人蔑（べっ）視の労務管理思想が貫かれ、当時の差別実態が浮かび上がっている。

「増産体制」の主力

本間寅雄・佐渡博物館長の話　昭和十二、三年ごろ、相川金山は金銀増産体制に入り、一日三万トンという、とてつもない量の鉱石が掘り出されていた。その戦前、戦中の採鉱の主力は朝鮮の人だったのだろうが、まだ全体がはっきりしていない。

足尾銅山や筑豊炭鉱などでは、研究が進んでいるが、民衆の労働史が佐渡では全くない。資料不足がその理由で、韓国で集めた資料をぜひ提供してもらいたい。

殴る、ける目覆う暴力

元労務担当 証言の手紙 食糧欠き逃走続出

「稼働の悪い連中に弾圧の政策を取り（中略）殴るける、はたでは見ておれない暴力でした」。相川金山の朝鮮人労働者の名簿発掘調査に伴い、同金山の元労務担当者の証言を記した貴重な手紙が見つかった。証言には当時の人集め、労務管理の状況が生々しく記されている。

本間寅雄・佐渡博物館長が手紙を所有しており、昭和四十九年に東京都青梅市に生存していた関係者から本間さんに送られたもの。二百字詰め原稿用紙二十八枚に当時の体験が書かれている。

それによると、一回目の大規模な募集開始は昭和十四年。日本人が坑内労働を嫌ったことと、若者が徴兵されたのが主な理由だった。募集場所は「比較的温順な」忠清南道か忠清北道を選んだという。

戦争が始まると、佐渡鉱山では金から銅の生産に移ったが生産量は上がらず、そのあおりは朝鮮人労働者の弾圧政策となって現れた。配給制の食糧も満足ではなく、逃走者が続出、両津市鷲崎から船で十数人一度に逃走したこともあった。また、それに手を貸す船頭も現れたが、一人二十円から二十五円（当時下関―釜山航路で八円）という法外な額を取っていた。

「死亡者は半島人（朝鮮人）の坑内作業夫には出ていなかった」そうだが、坑外で忠清南道論山郡出身の朝鮮人労働者がベルトにはさまれ死亡した事故があった。また十九歳の若者で、遺骨を母親に届けたところ「子供を生かして返せと私に取りすがり、全く途方にくれました」と記している。

手紙には朝鮮人労働者が賭博（とばく）好きなことなども書かれているが「彼らにすれば強制労働を強いられ、一年の募集が数年に延期され、半ば自暴自棄になっていたことは疑う余地のない事実だと思います」

新潟日報 1991年11月9日

地域ニュース　12版

強制労働朝鮮人名簿、公開へ

戦前・戦中 佐渡鉱山

約100人分を確認

市民団体の手で 本人探し再訪要請

第二次大戦の戦前・戦中に相川町の佐渡鉱山に"強制連行"され、金銀鉱の採掘・運搬に当たった朝鮮人労働者約百人分の名簿が、八日までに確認された。市民グループ「県コリア問題研究会」（代表委員・米田東吾氏ら五人）では、近くこの名簿を一般公開するとともに、韓国で本人を追跡調査し、佐渡鉱山跡への"再訪"を依頼する意向。強制連行された朝鮮人労働者の名前が戦後、公開されるのは県内で初めて。

この名簿は昭和十九年十月から終戦当時まで、同町の三菱鉱山佐渡鉱業所で働いていた朝鮮人労働者のたばこ配給台帳の一部。氏名のほか出身地も一部に記載されている。当時、鉱山労働者へのたばこ配給を委託されていた同町内の元雑貨屋夫妻が保存していたもので、同町の町史編さん室が発見、寄託を受けた。

同室などによると、同鉱山は当時、戦時下の増産体制にあり、会社側は人手確保のため昭和十四年から二十年三月まで、日本統治下の朝鮮半島から延べ約千二百人の朝鮮人労働者をなかば強制的に連行。危険の多い鉱石採掘や運搬などの仕事に就かせたという。

朝鮮人強制連行の県内史を調べている県コリア問題研究会では、今度の名簿発見を知り同室からコピーを入手。一般公開するほか、今月中にも小木町の住職林道夫さん（[illegible]）ら代表二人がソウルを訪れ、マスコミなどを通じ当時の朝鮮人労働者の行方を調べる方針だ。

県が編集した県史によると、戦時下に県内にいた朝鮮人労働者は延べ六千人近く。主に河川のダム工事に駆り出されたが、佐渡鉱山は人数で最大だった。

しかし、県内の朝鮮人労働者の名簿は地元役場が記録を焼却したり、当時の会社側が公表を拒むなどで、本人らが戦後帰国するとともにヤミに消えていた。

同会では「朝鮮人連行の歴史を、私たち日本人が正しく理解することは、今後の関係を進めるうえで避けて通れない課題となっている。できれば当時の[illegible]状況を知る方から、情報[illegible]への理解を広めたい」と話している。

読売新聞新潟版 1991年11月9日

朝日新聞　1991年(

佐渡鉱山 強制労働を裏付ける資料

月末 韓国へ追跡調査

「朝鮮人名簿」の一部初めて公表

コリアン問題等研究会

韓国での追跡調査の日程などについて話し合うコリアン問題等研究会のメンバーたち＝10日、新潟市教職員組合内で

第二次大戦前から戦中にかけて朝鮮半島から「強制連行」され、佐渡・相川町の三菱鉱業佐渡鉱山で働いた朝鮮人の名簿の一部や労務実態を明らかにする資料がこのほど、県内の朝鮮人強制連行の歴史を調査しているコリアン問題等研究会（代表世話人・伊藤岩新潟大学名誉教授ら五人）によって初めて公表された。研究会は二十七日にメンバー数人を韓国に派遣し、名簿をもとに生存者の追跡調査をする予定。また、これを機会に、強制労働にかかわった県内の企業、公共機関にすべての朝鮮人労働者の名簿公開を要請していくとしている。

町史編さん室に未整理で保管

120人程度を確認

同鉱山は一九三七―三八年ごろ、金銀鉱石の増産体制にあり、日産三万トンから五万トンを生産。閉山時は同一千五百トンに減ってしまうほどで、この増産体制のなかで日本人労働者に代わって多くの朝鮮人労働者が坑内労働に従事した。

今回、明らかになった資料は、相川町史編さん委員の本間寅雄・佐渡博物館長が、十年余り前に同町で収集し、未整理のまま町史編さん室に保管していたもの。同町では来年、町史の近代編を刊行の予定で、その際活用することにしていたが、資料の存在を知ったコリアン問題等研究会が写しを譲り受け、公表した。

本間館長によると、朝鮮人は、同町内の第一から第四までの相愛寮と金剛寮の計五つの寮に住んでいた。第一陣は三九年一月に来た百人で、四五年三月の最終組まで総数約一千二百人がいたという。

今回、公表された名簿は、この寮の近くに住んでいた質屋兼たばこ屋の旧家の焼却寸前の資料の中から本間館長が発見、譲り受けたもので、第一と第三、第四相愛寮のたばこ配給台帳のつづり。名簿には名前と生年月日が記され、四四年十月ごろから四五年六月ごろまでの、日本人の寮管理人を含め延べ約二百四十人が記されている。

コリアン問題等研究会では重複を避けるため同じ人物と思われる人の名を消していったところ、名簿に記載されている朝鮮人の数は百二十人程度と見られる。研究会ではそれをもとに韓国で体験者を探し、生の証言を得たい考え。できれば本人を佐渡に招いて、多くの人に体験談を聴いてもらう機会を作りたいという。

研究会によると、敗戦直後の四五年十一月に行われた国勢調査では、県内の朝鮮人は約九千五百人、戦中はそれを上回る数の朝鮮人がいたと考えられる。

研究会のメンバーで県立小出高校の佐藤泰治教諭は「名簿が公表されないと、強制連行の歴史を抹殺させる結果にもつながりかねない。加害者として恥ずかしい。企業や関係の公的機関は名簿を公表する義務があると思う」と語り、研究会として名簿の公表を強く働きかける。

日本人労務担当者や朝鮮人の 手紙や証言テープに 労働実態 生々しく

佐渡博物館の本間寅雄館長は、今回公表された名簿のほか、当時鉱山で働き、戦後相川町に住んだ朝鮮人労働者三人の証言を収録したテープ、当時の日本人労務担当者三人からの聞き取り資料、また、十数年前に東京の元労務担当者から届いた、当時の「朝鮮人募集」の実態をつづった手紙（二百字詰めの原稿用紙で二十八枚）を所持しており、いずれ町史編さんの資料として収録するなどして生かしたいと話している。

元労務担当者の手紙は、一九七四年に送られて来た。東京に住んでいた本人から直接証言を聞き取りしたが、この資料を紛失。改めて手紙で証言を求めたもの。朝鮮人を「半島人」と記し、朝鮮人労働者「募集」の実態を語っている。

《募集》証言によると、朝鮮人の導入は「募集」として行われた。日本の若者が軍隊にとられ、日本人坑内労働者に肺を病むものが多く、坑内労働者の不足が深刻化。当初は日本にすでに居た朝鮮人労働者を考えたが「粗暴の者が多い」などとし、朝鮮内の、比較的温順な人柄といわれる忠清南道と忠清北道に募集の地区を決めた。

募集は、朝鮮総督府が人数を集め、警察が身元調査し、渡航手続きをして送ったという。期間は、書類上は一年。最初の「募集」は三九年の百人で、手紙によると、その前年に南朝鮮は大干ばつだったため、農民らは「困難その極に達し」、ある集落では募集定員二十人に対し四十人が応募する状況だったという。募集最後は四五年三月。この間の総数一千二百人。下関でのわずかな逃亡のほかは、全員、鉱山に送られた。

《労働の実態》ほとんどが坑内で削岩夫、運搬夫、支柱夫などとして働いた。一年の期間が数年にも延期された。内地人（日本人）の倍も働き、その賃金を国元へ送金する者もいた。一方で三日働いて三日休み、家族持ちの朝鮮人たちの妻たちはドブロクを売り、これに酔う者、賭事にのめり込む者も多く、稼働率（仕事の能率）の悪い者には「弾圧し」、殴る、けるなど「端で見ていられない暴力をふるった」とある。

手紙は、当時の配給事情に触れ、「若者が配給の食糧だけで完全稼働は無理で、綱暇をドブロクに求めたのも当然の事でしょう」と語る。だが、「弾圧による稼働も食事に対する不満」を抑え切れず、一時は十数人が両津、鷲崎などから機帆船で逃亡。両津や小木に警戒の係も置いたが、夜間の逃亡が相次ぎ、結局、このことが一千二百人もの「募集」に迫られた理由、としている。

《事故》手紙では、朝鮮人の坑内死亡者は出なかったとし、坑外で十九歳の少年の死亡事故があったが、少年の遺骨は、慰謝料金三百円余りとともに、朝鮮の故郷に送り届けたという。だが、本間館長によると、当時の特高月報や労働年鑑には、四二年に、坑内の岩場から朝鮮人労働者三人が転落して死亡。三九年から四三年にかけ、朝鮮人鉱夫による職頭排斥や待遇改善、応募時の条件や日本の労働者に比べ賃金が不当に安いなどを理由に再三、ストライキが起き、逃亡事件も相次いでいたことが記録されているという。

本間館長は「貴重な資料であり、できるだけ多く『相川町史』に記録としてとどめたい」と話している。

朝鮮人名が記された寮のたばこ配給台帳と、元労務担当者の手紙＝佐和田町の佐渡博物館で

朝日新聞新潟版 1991年11月19日

佐渡金山 朝鮮人連行

韓国で元鉱員3人確認

「空腹と死の恐怖の日々」 調査団に2人が証言

戦時中、佐渡金山に強制連行された朝鮮人労働者の名簿が発見され、県内の調査グループが韓国へ追跡調査に出掛けていたが、三人の元鉱員を確認、貴重な証言を得て二日帰国した。八日、新潟市内で開かれる「12・8不戦を誓う県民の集い」で、同行した佐渡の研究者から報告が行われる。

佐渡金山に強制連行された鄭さん（左）と金周衡さん

調査したのはコリアン強制連行等新潟県調査会（世話人・伊藤巌新大名誉教授）ほか五人）で、先月二十七日に韓国を訪れ、地元の新聞などで電話連絡を募った。

見つかった元鉱員は、鄭炳浩（ジョン・ピョンホ）さん(七五)、金周衡（キム・ジュヒョン）さん(六五)、金東喆（キム・トンキョル）さんで、三人とも忠清南道江景に住んでいる。鄭さんの名前は、見つかった名簿に井上姓で記載されているのが確認された。

鄭さんと金周衡さんの二人には会うことができ、聞き取り調査をした。それによると、二人が日本に連行されたのは昭和十八年で、鄭さん二十八歳、金さん十七歳のとき。里（区）長から口頭で、翌日の出発を突然通告されたという。

佐渡金山では、鄭さんは削岩、金さんは岩を外へ積み出す坑内作業をしていた。鄭さんは落盤事故で足に重傷を負い、現在も変形したままで寒い日にはうずくという。二人は「空腹と死の恐れの毎日だった。寮長を何度殺したいと思ったことか」と話したという。

今回の訪韓では、地元マスコミも一面トップで報道するなど大きく取り上げ、名簿に肉親の名前が載っていないか問い合わせも多く来たという。

同調査会では、来年にも鄭さんら関係者を佐渡に招きたいとしている。

新潟日報 1991年12月4日

「朝鮮人の強制労働の実態 知ろう」

佐渡

四年間で千人以上 連行され多数が犠牲

精錬所跡を見学する参加者たち

佐渡金山（鉱山）が栄えた陰に、多くの無宿人が犠牲になったことはよく知られている。だが、先の戦争当時、強制連行された朝鮮人労働者の実態は明らかにされていないため、少しでも史実を掘り起こそうという動きが数年前から起きている。三、四日には「強制連行の足跡を探ろう」とフィールドワークが開かれ、県内外からの四十人が金山周辺を歩いた。

足跡探り金山周辺歩く 県内外四十人

佐渡金山の朝鮮人労働者問題が表面化したのは一九九一年。小木町の住職林道夫さん(四七)らの調査によるもので、相川町のお年寄りが保存していた朝鮮人へのたばこの配給表もきっかけになった。配給表をもとに九一年、韓国に出向き四十人近くが確認できた。三九年から四年間だけで約千人以上が連行されたという。

多くが二十歳未満で、空腹に耐えながら危険な労働に駆り立てられ、事故の犠牲になったなどの証言が得られた。帰国できても、後遺症に苦しんだり、亡くなった人もいる。九二年には鉱山で働いていた人たちを招き「佐渡と韓国をつなぐ交流会」が開かれた。

フィールドワークは来年の戦後五十周年を前に、「新潟県内強制連行の足跡を訪ねる会」（黛正代表）が主催した。三日は小木町の寺で強制連行の実態などを林さんらから聞いた。

四日は、佐渡金山と周辺の七キロを歩いて足跡を訪ねた。朝鮮人が働いた精錬所やトロッコ道、港、水を抜く疎水道の跡、住まいだった寮の跡、空腹のためにうどんの玉を買いに通ったそば屋、無縁墓地などを回った。タバコの配給表を保存していた富田毅さん(八二)からも話を聞いた。

新潟市黒崎町の会社員宮村豊己さん(三二)は「無宿人のインパクトが強く、強制労働の事実を知らなかった。話を聞き、足跡を回ってみて、ビックリするばかりでした」と話していた。

林さんは「三百年ほど前の江戸時代の無宿人は供養祭が盛大に行われるのに比べ、五十年ほど前の朝鮮人強制連行は知られず、解明されていない」と話し、相川町史編さん室の調査に期待する一方、同町にも説明板の設置などを要望するという。韓国でのフィールドワークも計画している。

朝鮮人労働者の寮があった場所の一つは、拘置所跡として残っていた

朝日新聞新潟版 1994年5月11日

(8)韓国報道

1　大田日報1991年11月16日　忠南［忠清南道］出身日帝徴用者1,005人「名簿」発見
2　大田日報1991年11月19日　「徴用忠南人」問い合わせ殺到
3　大田日報1992年4月22日　徴用忠南人125人追加確認
4　大田日報1992年4月23日　「論山地域　徴用策　日居住」、弟の尹儀重氏証言
5　大田日報1992年4月23日　生存者を通して「歴史」を正す
6　東亜日報1992年5月16日　塵肺症の後遺症、いまだ苦しみ

1　大田日報　1991年11月16日

忠南［忠清南道］出身日帝徴用者1,005人「名簿」[22]　発見

第2次大戦当時、日帝の兵站基地化政策によって日本に強制徴用された韓国人労務者のうち、新潟県に集中的に連行された忠南出身者1,005人の名簿が最近初めて明らかになった。この名簿は、1939年以降、新潟県佐渡島の三菱金鉱および鉄工所[23]等に徴用された韓国人で、去る13日、52年ぶりに故国を訪れた張明秀（朝鮮総聯帰国者問題対策協議会事務局代表）、朴英基氏（在日韓国民団新潟県地方本部副団長）ら「強制徴用韓国人新潟県調査会」[24]　代表らがこれまでに発掘作業を通じて確認した名簿を持って忠南地域の縁故をあちこち聞いて回ったことによって知られることになった。

在日同胞の張明秀・朴英基氏確認

現在、調査会の事務局代表と民団新潟県本部事務局長を務めている張・朴氏は、民団、朝鮮総連、日本人などで構成されたこの調査会の一員として共に活躍しているが、この調査会は、88年に韓国人徴用並びに虐殺問題に関心のある現在の主要なメンバーによって構成された。

過去、日帝時代に新潟県では、69年前の事件として、韓人700～800人余りが強制徴用[25]され、信濃川沿いの発電所建設工事現場で無残に虐殺されたかと思えば、その後、鉱山・鉄工所などに徴用された韓国人労務者らが作業中の事故で死んでいくなど、公式的に明らかになっていない大小の事件が存在する地域だ。したがって新潟県は、韓国人にとっては歴史の古い悲劇の現場と言わざるを得ない。

にもかかわらず、いまだ歴史の裏側に隠れてしまっている。この日本の歴史に抗い、数人の良識ある在日韓国人学者や日本学者らが、葬られてきた重大な事件を暴き出し、歴史を正し、怨魂をなだめようという思いを共にし、この地域に連れてこられた徴用韓国人の名簿を入手し、彼らの足跡を究明して確認するための本格的な作業に乗り出したのである。

一方、同調査会には申明鎬（民団顧問）、青閔煥氏（朝鮮総聯顧問）など韓人2人と日本人3人の代表委員がおかれ、現職教師や学者が大半を占める会員150人のうち、韓国人も10人参加している。

22　この時点で把握できていたのは、忠南などの動員者のうちの約500人。

23　新潟鉄工所と推定

24　コリアン強制連行等新潟県研究会

25　1920年代初めの動員は甘言による募集での強制労働。

最近入手した名簿は、最も多くの韓人を雇用した三菱金鉱会社が最後まで協力を拒んだために難航したが、幸い当時の煙草供給を担当していたある会社〔店〕を通して苦労して手に入れた。

調査会が今まで確認した名簿〔動員数〕は、三菱金鉱の忠南1,005人をはじめ、新潟鉄工所168人、海陸運送会社194人、飛鳥組作業所300人など、計3,000人余りに及ぶ。

今回名簿を持って先発隊格で故国を訪れた張・朴氏は、「日本政府は善良な韓国人を強制徴用して無差別な労働搾取と殺傷を恣行したが、いまだに史実を否認しようとしている」、「このような歪曲された日本の歴史意識を正すために調査会に加入し、積極的に活動するようになった」と参加への背景を説明した。

彼らはまた、「新潟県に連行された韓国人徴用者のうち忠清道出身が最も多かったが、それは忠清道民が純朴だからだという当時の関係者の話がある」と日帝のあくどさに怒り心頭だった。

去る13日に来韓し、確認作業を行った彼らは、話を聞いて回った末に、論山出身の林徳圭元議員の助けで呂重鉉（40年に徴用・論山郡城東面院南里）、尹泰重氏（40年徴用・論山郡城東面院南里）など２人を確認したが、生存者があまりおらず、家族・知人など関係者を探し回ることも思い通りにいかず、作業は非常に困難な状態である。

来る27日には６人で構成された調査会の本隊が来韓する予定であり、確認作業はその後に本格化すると思われる。

彼らは、当時、日帝に徴用された当事者や関係者家族の協力を望んでいる。

林徳圭元議員は、彼らの確認作業に積極的に賛成し、自身の事務室に名簿を常備して確認作業を行い、忠南側の連絡所として提供すると申し出た。

連絡先は　ソウル☎　論山

（鄭文永 記者）

The Taejon Ilbo　西紀1991年(檀紀4324年) 11月16日 土曜日 (1版)

大田日報

忠南출신 日帝징용자 1천5명「名單」발견

52년만에 니이가타縣서

대부분 金鑛·철공소 노무자

재일동포 張明秀·朴英基씨 확인

韓 準군사조치 필요

밝혀 核시설 低空정찰등 포함

도서관施設 빈약

写真＝日帝強制徴用者名簿のうち忠南出身1,005名の名簿が52年ぶりに新潟県で初めて発見された。

2　大田日報　1991年11月19日

「徴用忠南人」問い合わせ殺到
道内の各地から確認の電話が相次ぐ
位牌を祀って霊魂を慰められたら
日帝の蛮行・惨状を伝える契機とするべき

（速報）　1939年以降、新潟県内の金鉱および鉄工所などに強制徴用された忠南出身1,005人の名簿発掘に関する報道（本報11月16日付1面）を出したところ、被徴用当事者はもちろん、子孫からも、事実確認の電話が、名簿を確保して確認作業を行っている林徳圭元議員（月刊『外交』誌会長）のソウルと論山の事務室に殺到している。

日曜日の17日と18日の二日間、忠南の道内各地から40通余りの電話がかかってきて、連絡事務所側は確認に苦労している。論山に居住する李鎮浩（47）氏は18日、電話を通じて、「日本に徴用されていった祖父が、ある鉱山で亡くなったという話を噂で聞いただけ」、「亡くなった祖父の最後の足跡だけでも確認したい」と、祖父の李炳五氏が名簿に含まれているかどうか、確認を要請してきた。

公州で暮らす白承根（53）氏も、「祖父は顔も見たことがないが、いま、名簿だけでも確認し、位牌だけでもしっかり祀るのが子孫としての道理ではないか」と、祖父の白亨基氏の名前について問い合わせてきた。

また、自身が徴用された本人であると明らかにした鄭炳浩氏（87歳〔ママ〕、論山郡江景邑）は、「当時を生々しく記憶している」と述べ、「今回名簿を確認したというから、当時の惨状を一つ一つ掘り起こし、日帝の蛮行を証明する契機になってほしい」と明らかにし、現在、正確な内容と個人情報などを確認中である。鄭炳浩氏は、鉱山で石を運んでいた時に岩が落ちて足の甲を負傷し、今も怪我した足が不自由だとして、「徴用者名簿が一部確認された以上、日本政府は、歪曲された歴史の意識を正して、徴用者に対する補償策を講じなければならない」と話した。

一方、確認作業に積極的に取り組んでいる林徳圭元議員は、

The Taejon Ilbo　西紀1991年(檀紀4324年)11月19日 火曜日　(1版)

大田日報

「징용忠南人」 問議쇄도

道內각지서 확인전화 줄이어

位牌모셔 영혼달랬으면

日帝만행·참상 알릴계기돼야

野圈신당창당 본격화

朴燦鍾씨등 77명 政改協발족…내달 등록

엑스포素材館 기공

浦鐵·연건평 1천4백坪

「問い合わせの電話が殺到し、大忙しだが、それでも先祖の慰霊に一助しているという思いで、やりがいがある」、「現在、配置している名簿は日本語で書かれた原本なので、戸籍謄本に記載されている日本式の名前を知らせてほしい」と、確認を要請する人々に協力を求めている。

連絡所の女性職員である高ミョンナンさんは、「論山地域をはじめ、扶余、舒川、唐津郡など道内各地から問い合わせの電話と訪問客が相次いでいる」、「善良な韓国人を強制徴用し、無差別な労働搾取と殺生を行った日本に対して、これを契機に若い世代が再注目する機会になってほしい」と話した。

これと関連して、論山郡と論山文化院においても、去る１月に発刊された『論山地域の独立運動史』（編集人・梁仁植）という地元の歴史書で、日帝下における新潟県と北海道などの強制徴用者のうち、確認された論山出身徴用者300人余りの名簿を掲載・収録しており、歴史的意義および重要資料として活用する方針である。

今までに確認された人は、本人が徴用当事者であると明らかにしている鄭炳浩氏をはじめ、呂重鉉、尹泰重、李炳五、白亨基氏など５人に及んでいるが、今後、名簿の整理と同時に日本式の名前の確認作業が進めばさらに増える見通しである。

3　大田日報　1992年4月22日

徴用忠南人125人追加確認
日本新潟県調査会、帰国後身元確認作業を行う
昨年11月に続き二回目…計1,130人に

（速報）　第二次大戦当時、日帝に強制徴用された韓国人労務者のうち新潟県に集中的に連行された忠南出身の徴用者名簿125人が追加で確認され、計1,130人〔ママ〕に増えた。

このような事実は昨年11月、「強制徴用韓国人新潟県調査会」代表らが1,005人の名簿〔ママ〕を確認して来韓（本報91年11月16日付の1面報道）したのに続き、22日にまた同調査会長の張明秀氏（朝鮮総連帰国者問題対策協議会事務局代表）が追加で発掘された125人の名簿を持って帰国、本格的な身元確認作業に乗り出したことで明らかになった。

新潟県調査会側が追加発掘した125人は、初めて発掘された1,005人と同様に、1939年以降、新潟県佐渡島の三菱金鉱および鉄工所などに徴用された忠南出身の徴用者である。

張氏は22日に確認された1,130人の名簿を持って来韓、来る27日までに論山で縁故者追跡、身元

129號　(第3種郵便物(가)급認可)

징용忠南人 百25명 추가확인

日니이가타縣 조사회 귀국후 身元확인 작업나서

작년11월 이어 두번째 : 모두 1천1백30명으로

〈속보〉=2차대전 당시 日帝에 강제징용되었던 한국인 노무자중 니이가타縣에 집중적으로 끌려간 충남출신 징용자명단 1백25명이 추가로 확인돼 모두 1천1백30명으로 늘어났다.

이같은 사실은 지난해 11월 「강제징용한국인 니이가타縣 조사회」대표들이 1천5명의 명단을 확인해 來韓(本報 91년11월16일자 1면보도)한데 이어 22일 다시 이 조사회 張明秀씨(조총련귀국자문제대책협의회 사무국대표)가 추가로 발굴된 1백25명의 명단을 갖고 귀국, 본격 신원확인작업에 나섬으로써 밝혀졌다.

니이가타縣조사회측이 추가발굴한 1백25명은 처음 발굴된 1천5명과 마찬가지로 1939년이후 니이가타縣 사도가시마(佐渡島)의 미쓰비시(三菱)금광및 철공소등에 징용된 충남출신 징용자들이다.

張씨는 22일 확인된 1천1백30명의 명단을 가지고 來韓, 오는 27일까지 論山에서 연고자추적, 신원과 주소확인작업을 다시 펼 예정이라고 말했다.

한편 張씨는 이번에 일본 NHK취재팀과 함께 내한했는데 NHK는 충남출신 징용자들을 중심으로 「韓國人 강제연행의 발자취를 찾아서」란 다큐멘터리 프로를 제작, 오는 6월 방영할 예정인 것으로 알려졌다.

독자제보 (251)3412 (251)3312

と住所確認作業を再び行う予定だと話した。

一方、張氏は今回、日本のＮＨＫ取材チームとともに来韓したが、ＮＨＫは忠南出身の徴用者を中心に「韓国人強制連行の足跡を探して」というドキュメンタリー番組を制作し、６月に放送する予定だという。

4　大田日報　1992年4月23日

「論山地域　徴用策　日［日本］居住」
弟の尹儀重氏証言　城東面で募集
死亡者５人など６人の身元が明らかに

日帝徴用者問題に関する関心が高まっている中、徴用者1,130人〔ママ〕の名簿のうち、昨年11月に3人の生存者が確認され、続いて22日、生存者１人と死亡者５人の身元が追加で明らかにされた。

130號　（第3種郵便物(가)급認可）　대전

"論山지역 징용책 日거주"
동생 尹의중씨 증언 城東面서 모집 앞장
死亡者 5명등 6명身元 밝혀져

<속보>=일제 징용자 문제에 대한 관심이 고조되고있는 가운데 징용자 1천1백30명의 명단중 지난해 11월 3명의 생존자가 확인된데 이어 22일 생존자 1명과 사망자 5명의 신원이 추가로 밝혀졌다.

이같은 사실은 本報와 22일 내한한 張明秀씨(조총련 귀국자문제 대책협의회 사무국 대표)·하야시미치오(쇼코사 스님)·일본 국영TV NHK취재팀과의 공동조사결과 밝혀졌다.

이날 신원이 확인된 징용자는 생존자 尹泰重씨(72·니이가타縣 사도가시마 거주)와 사망자 尹순병(논산군 성동면 원남리)·金榮植(〃)·金振浩(〃)·安希遠(〃)·南수용씨(〃)등이다.

이중 생존자 尹씨는 1939년경 논산군에 근무중 당시 일본인 내무과장의 권유로 니이가타縣 사도가시마 미쓰비시 금광에 징용됐다가 곧바로 귀국해 논산성동면지역과 경북 울진등에서 징용자모집에 앞장섰다는 사실이 그의 동생 의중씨(성동면 원남리)의 증언을 통해 밝혀져 징용자수와 소재파악에 활기를 띨 전망이다.

또 사망자 安希遠씨의 동생 國遠씨(65·성동면 원남리)는 『형이 미쓰비시금광 수백m갱에서 강제노역과 추위 굶주림에 지쳐 귀국중 세상을 떠났다』며 『이번기회에 징용문제와 관련 일본의 왜곡된 역사의식을 바로 잡고 보상책까지 마련돼야 한다』고 말했다.

성동면장 尹溫重씨는 『당시 호적과 징용업무가 총독부와 군으로 분리된데다 징용자명단이 일본어로 기재돼 있어 확인작업에 어려움이 많다』면서 『명단이 확보된 이상 그릇된 과거사를 바로잡는다는 역사관을 가지고 신원및 소재파악에 적극 협조하겠다』고 밝혔다.

이와관련 張씨는 『징용자모집책이 확인돼 징용자 신원파악은 시간문제』라며 『일본에 돌아가는대로 尹씨를 만나 징용자수와 모집지역 당시상황등에 대한 증언을 들을 계획』이라고 말했다.

한편 본보는 NHK·민주당 논산군지구당·논산군 화원들과 공동으로 오는 27일까지 1천1백30명의 신원과 주소확인작업을 벌일 계획이다.

22일 張明秀씨(오른쪽서 두번째)와 일본 NHK 취재팀이 논산군 성동면 사무소에서 1천1백30명의 징용자에대한 호적원부대조작업을 벌이고있다.

このような事実は本報と22日に来韓した張明秀氏（朝総連帰国者問題対策協議会事務局代表）と林道夫、日本の国営ＴＶ、ＮＨＫ取材チームとの共同調査の結果、明らかにされた。

この日、身元が確認された徴用者は、生存者尹泰重氏（72・新潟県佐渡島居住）と死亡者尹尋炳（論山郡城東面院南里）・金栄植（〃）・金振浩（〃）・安希遠（〃）・南寿龍（〃）氏らである。

このうち生存者尹氏は、1939年頃、論山郡で勤務中に、当時、日本人内務〔労務〕課長の勧誘によって新潟県佐渡島の三菱金鉱に徴用された後すぐに帰国し、論山城東面地域と慶尚蔚珍などで先頭に立って徴用者募集を行ったという事実が、彼の弟儀重氏（城東面院南里）の証言を通して明らかになり、徴用者数と所在把握が活気をおびる見通しである。

また、死亡者安希遠氏の弟国遠氏（65・城東面院南里）は、「兄が三菱金鉱で強制労役と寒さと飢えに苦しみ、帰国中に亡くなった」と語り、「この機会に徴用問題と関連する日本の歪曲された歴史意識を正しくさせて補償策も設けるべきだ」と語った。

城東面長の尹温重氏は、「当時戸籍と徴用業務が総督府と郡に分離され、徴用者名簿が日本語で記載されていて確認作業に困難が多い」と語り、「名簿が確保された以上、まちがった過去事を正すという歴史観で身元および所在把握に積極に協力する」と述べた。

これと関連して張氏は、「徴用者募集策が確認されたので、徴用者の身元把握は時間の問題」と語り、「日本に戻ったらすぐに尹氏に会い、徴用者数と募集地域、当時の状況などについて証言を聞く計画」だと述べた。

一方、本報は、NHK、民主党論山郡地区党、論山文化院などと共同で、来る27日まで、1,130人〔ママ〕の身元と住所確認作業を行う計画である。

5　大田日報　1992年4月23日

生存者を通して「歴史」を正す
６年前から資料収集「賠償必要」
NHKではドキュメンタリー制作6月放映

「日徴用調査研」代表の一問一答

第13130號

生存者통해「歷史」바로 세운다

「日징용 조사硏」대표 일문일답

6년전부터 資料수집 "배상필요"

NHK선 다큐物제작 6월放映

◇張明秀씨

◇하야시 미치오씨

日本の国営TV、NHK取材チームと一緒に22日に来韓した張明秀氏（朝鮮総聯帰国者問題対策協議会事務局代表）と林道夫氏（称光寺和尚）は、「日本が韓国人を強制徴用して鉱山・鉄工所等に配置し、無差別な労働力搾取と虐殺を恣行した事実を、日本政府は認めるべきである」とし、「生存者の証言を通して、歪曲された歴史意識を正し、日本から賠償を受けるべきだ」と語った。

かれらは、現在、日本で民団・朝総聯・日本人教師や学者など150名で構成された「コリアン強制連行等調査新潟県研究会」の会員で、徴用者問題の研究とかれらの足跡を確認する作業を行っている。

張氏と林氏の一問一答は次の通り。

—徴用者に対する問題を研究することになった動機と背景は。

▲張氏＝北送僑胞を送り出すのに協力した人として、北送行方不明者の所在把握と強制徴用者の身元確認作業が全く無関ではないと考え、始めました。

特に新潟県徴用者問題は、6年前から資料を集め、1,130人〔ママ〕の名簿を確保しており、日本でもこれに対する関心が広がっている。

—徴用者の調査と確認作業をいつまで続ける予定ですか。

▲林＝昨年、３人の生存者に会って証言を聞いた結果、日本側関係者と相当の差異点があった。来る10月には３人を日本に招請し、当時の事実証言を聞き、犠牲者の墓も造る一方で、日本と韓国の和尚が合同で慰霊祭を行う計画である。これとともに、日韓両国間の政府レベルの事実糾明作業と相互理解が成し遂げられるまで続ける計画である。

—これから徴用者に対する歪曲された歴史をいかなる方法で正していくつもりですか。
▲林＝徴用された韓国人が強制労役をしていた佐渡島の三菱鉱山は、現在、観光地化してしまい、悲劇の現場はその跡形すら見ることができない。そのため、加害者である日本側が先頭に立って、恥ずかしい歴史だが、後世に伝えることができるよう意識転換の運動を展開する計画である。
—コリアン強制連行等調査新潟県研究会は、民団と朝総聯、日本人等が参加する組織だと聞いていますが、会員相互間の不協和音はないですか。
▲張氏＝全然ないとは言えないが、朝総聯系会員たちも、徴用者に関する歪曲された歴史を糾明するべきだという考えには異議がない。しかも南北韓和解ムードが高まるにつれ、むしろより積極的な面を見せる時もある。
—教科書歪曲事件と挺身隊問題、徴兵問題もそうだったように、徴用者に関する事実糾明作業も一回性にとどまるのではないかという憂慮の声もあるが。
▲林＝自分に不利なことは隠し、過去は水に流すという日本のことわざもあるが、徴用者問題は絶対に水に流すことのできない事案である。事実自体を石に刻んででも真実は明らかにされるべきだと思う。
—NHKの現地ルポは、どのような形態で放映されるのか。
▲張氏＝忠南出身の徴用者を中心に、「韓国人強制連行の現場を訪ねて」というドキュメンタリー番組を制作し、6月初めに放映される予定である。　（卞絆燮記者）

6　東亜日報　1992年5月16日　　社会　記事（インタビュー）

「塵肺症の後遺症、いまだ苦しみ」　日帝強制徴用「新潟県調査会」代表、張明秀氏

鉱山で握り飯を食べ獣のような生活　正当な補償・生死確認・遺骨送還せねば

「去る88年、日本人僧侶、知識人たちとともに「強制徴用新潟県調査会」を結成、以後ずっと資料を集めている。今回の忠南徴用人名簿も、昨年9月に新潟の郷土史研究者から入手したものだ。」
「日本に強制徴用された韓国人労働者たちは故国に戻った後にも大部分、塵肺症など、いまだに酷い後遺症に苦しんでいることを確認した。徴用当事者たちとその家族たちは、正当な被害補償と生死確認、遺骨送還を要求している。」

最近、来韓し、忠南地域を中心に、日帝時代、日本の新潟県三菱鉱山に労務者として引っ張られていった徴用当時者とその家族など10余名に会った「強制徴用韓国人新潟県調査会」事務局代表の張明秀氏（58歳）は、まもなくこれらの証言内容を日本社会に公開し、加害当事者である日本国民の世論を大々的に喚起するつもりだと述べた。

－徴用者たちに会うのに困難が多かったはずだが…。
「韓日両政府の公式的な文書が公開されていない状態で彼らを探すことは、それこそソウルで「金さん」を探すようなものだった。しかし、なにしろ広範囲に徴用が為されたせいで、最初の徴用者に会った直後、連鎖的に口コミが広がった。一例として忠南論山郡城東面院南里の場合、全体で55戸のうち7戸が徴用者の家族だった。」
－被害者たちの強制徴用生活はどうだったのか。

「徴用当時者とその家族たちの証言を総合してみた結果、彼らは寝食から作業環境に至るまで、すべてが生き地獄だった。寝る時の掛布団は藁で、寮は藁布団から出てきた南京虫がうじゃうじゃし、具合が悪くて一日くらい休む日は握り飯さえ支給されなかった。発破現場で破片に当たって死んだり、300 メートル以上の深さの垂直坑から墜落して死ぬなど、徴用者たちは死の危険に晒された生活をした。」

－それでも徴用者のなかには生きて帰った人がより多かったのではないか。

「何人が徴用で引っ張られ、そのうち何人が生きて帰ったかは誰も知らない。もちろん生死さえ確認されない場合も数知れない。今回会った生還徴用者たちは、大部分、70 歳以上の高齢者たちで、今に至るまで塵肺症など、徴用で得た職業病で苦しんでいた。また、故国に帰ってきた徴用者の大部分が、徴用中に負った怪我で正常な生活ができないか、長く患ってやがて死亡したという話を聞いた。」

－いつから徴用問題に関心を持つようになったのか。

「 徴用問題は在日僑胞すべての持続的な関心事だ。去る88年、日本人僧侶、知識人たちとともに「強制徴用新潟県調査会」を結成以後ずっと資料を集めている。今回の忠南徴用人名簿も、昨年９月に新潟のある郷土史研究者から入手したものだ。」

－今後の計画は…。

「今回会った徴用者およびその家族たちの証言を日本国民たちにハッキリと公開し、真相究明および被害補償のための世論喚起に力を尽くすつもりだ。私の今回の徴用者面談内容は、NHKを通じて日本全域に放送されるだろう。また、今回会った徴用者とその遺族 2名を、来たる９月頃、日本に招請、当時の徴用現場を振り返ってみる計画もある。」

"진폐증 후유증 아직도 시달려"

日帝강제징용「니가타縣 조사회」대표 張 明 秀씨

鑛山서 주먹밥먹으며 짐승같은 생활

정당한 보상·生死확인·遺骨송환해야

3　強制動員被害者・佐渡集会資料

⑴佐渡鉱山朝鮮人強制連行調査報告集会 1991 年

〔1991 年 12 月 22 日、佐渡鉱山・朝鮮人強制連行調査報告集会が佐渡の相川で開催された。以下は、張明秀と金山教勇の報告（要約）である。〕

張明秀報告

新潟県での朝鮮人の歴史をみると 1918 年に三条での鉄道建設工事で労働しています。第 2 次大戦下では、佐渡の相川鉱山をはじめ判明しているだけでも新潟県内 23 か所[26]、約 3000 人の強制連行がありました。

3 年前に 1923 年中津川朝鮮人労働者虐殺事件の調査を組織的に行いました。この〔1991 年〕8 月には相川町史編纂の責任者の本間寅雄さんの協力で佐渡相川鉱山の相愛寮の名簿を手に入れました。

ちょうど韓国で私の本（「裏切られた楽土」）の出版の話があって招請されており、この名簿をもって韓国に行きました。強制連行された人々に直接お会いし、相川現地に呼んで証言をお願いしたいと思いました。

私の故郷は慶尚北道ですが、52 年ぶりに故郷を訪れました。5 歳の時に母と故郷を離れたのですが、その故郷の風景は脳裏に鮮明に残っています。そこでも連行された人で帰ってこない人がいる。どこに行けば、その話ができるのかと聞かれました。

報告する張明秀

佐渡からこの名簿を持って忠清南道に行けば生存者が見つかるだろうという確信がありました。私は先発隊として 11 月 13 日に韓国に行き、相川鉱山に連行された生存者を探すことにしました。ソウルで話をすると、忠南出身者が故郷の大切な問題である言い、忠南の民主党前国会議員林徳圭氏を紹介してくれました。林氏は法学博士であり、人権問題に取り組んできた方です。林氏は被害者を探すのは私の仕事だ、ソウルと論山の事務所を調査の場にすると協力してくれました。地元の大田日報が 11 月 16 日付、1 面トップで報道したところ、問い合わせが殺到しました。佐渡だけでなく、徴用によって行方不明であり、その手掛かりはないかといった電話が鳴り続けたのです。19 日にはその反響の記事が出ました。一連の報道により佐渡への連行者 3 人を確認したのです。

11 月 27 日、新潟の伊藤岩、田中勝治、佐渡の林道夫、金山教勇さんらの調査団がソウルに来ました。11 月 28 日には論山に行きました。そして連行された方から話を聞きました。二人の方の話を伺ったのですが、一人は一日前に行けと言われて連行された。今も坑内での落盤事故の傷跡が残っている、踏ん張れば痛いし、寒いとズキズキする。もう一人は 16 歳

[26] 現時点では 30 箇所以上が確認され、動員数は約 9000 人とみられる。

でお前が行かねば兄を連行すると言われ、連行されたというものでした。

全国各地から問い合わせの電話が来たということは、強制連行の問題は解決されずにそのまま放置されている。被害を話す場所もないということです。林徳圭氏は1965年条約締結時の外務部長官李東元氏とも会い、今からでも超党派で協力して取り組むべき、この連行の補償問題は人道上の問題、日本も対応するだろうと言います。

強制連行の問題解決は韓国でも放置されてきた事柄であり、今回の訪問がその解決への契機となればと思います。

金山教勇報告

佐渡鉱山に強制連行された朝鮮人の調査に行ってきました。この報告では、鄭炳浩さんの証言をまとめます。

鄭さんは1917年生まれ、74歳です。今は論山の江景に在住していますが、連行されたときは全羅北道の村にいました。1943年の1月20日頃でした。村長が令状もなく、徴用が来ている、行けといったのです。翌日には駆り出されました。佐渡から60歳くらいの日本人が来ていました。当時小作農で2、3反歩の田畑を耕していました。麦を植えたばかりで、その麦が雪の下にある頃、日本に行ったのです。村からはもう一人が佐渡に行きました。

鄭さんは20歳で結婚し、満2歳くらいの娘が一人いました。妻は泣いて引き留めましたが、集合させられました。江景の駅まで行き、そこから汽車で5～60人が麗水まで行き、一泊し、船で下関に行きました。船室を2段にして、数百人を乗船させていましたが、1月で海は荒れ、船酔いで吐いてばかりでした。下関から新潟まで汽車で行き、新潟から船に乗って佐渡に行ったのです。港からはトラックで佐渡の鉱山に行き、独身寮に入りました。朝鮮人は山之神の社宅、3つの寮にいました。

仕事は切羽での削岩夫です。3交替ですが、きつくて危険な仕事でした。1番方のときは朝・昼の弁当を持って出勤しました。社宅の家族持ちの人は多い時には100円の給与でしたが、鄭さんは25円くらいでした。食事が少なく腹が減りました。下町に行っては、うどんを一杯食べました。坑内事故の落盤で九死に一生の目にあいました。左足はいまも疼き、寒いとズキズキします。事故で3か月入院し、その後1か月保養所にいました。春先から再び働きました。

解放後、給与は出ないのですが、食事は出ました。新潟から下関に行き、船で帰りました。徴用されて2年半後のことです。帰ると娘は亡くなり、妻は外に出て再婚していました。家庭はめちゃめちゃにされ、鄭さんは再婚することなったのです。その後、農業や行商で二

佐渡報告集会打合せメモ

1. 集会名　「佐渡鉱山・朝鮮人強制連行調査報告集会」
2. 主催　◇コリアン問題強制連行等新潟県調査会
◇佐渡コリアン問題研究会
◇協賛（佐渡地区評センター、相川地区労、新教組佐渡支部）
3. 日時・会場
◇1991年12月22日（日）午後2時～23日（月）午後1時
◇大佐渡開発総合センター　2F研修室（相川町栄町 TEL74-2332）
4. 交流会・宿泊
◇ホテル吾妻（相川町大浦548-1　TEL0259-74-3145）
5. 日程
◇第1日（12月22日）　※報告者は各自で自己紹介
・開会（午後2時）―― 10分　相川地区労
・経過報告 ―― 20分　伊藤岩
・現地（被連行者出身地）の対応と反響 ―― 30分　張明秀
・生存者の証言聞きとり等調査の報告
(1) 現地第1日目 ―― 30分　金山教勇
(2) 現地第2日目 ―― 30分　林道夫
・今後にむけての問題提起 ―― 10分　田中勝治
・意見交換 ―― 20分
◇第2日（12月23日）
・新潟県調査会会議 …… 午前8:00～9:30
・佐渡鉱山跡 ―― 現地視察（大佐渡センター集合）… 10:00出発
6. 島外参加者について
(1) 12/22　9:25（新潟）→ 11:45（両津着）…… ホテルのマイクロ迎え
9:50（直江津）→ 12:20（小木着）
(2) 帰りの船便（12/23）　15:05（両津発）→ 17:25（新潟）
13:00（小木発）→ 15:30（直江津）

人の息子を育てました。

鄭さんの話を聞き、強制連行が生涯癒すことのできない傷を負わせたことを知りました。その証言を聞き、お詫びと感謝をしました。このような歴史の事実を若い世代に語り伝えたいです。これまで私は日本と朝鮮の問題に正面から取り組めなかった。それが人生の目標ではなかった。この証言から勇気を与えられました。鄭さんの存在をみて、戦後は終わっていない、日本は歴史の清算をしていないと感じました。私の父の国は朝鮮で、母の故郷は佐渡です。私はこれまで何もしてこなかったのですが、今度の訪問で鄭さんたちの胸のなかの気持ち、悲しい思い出を知ることができました。生存者の証言を聞くことができてよかったと思います。地域で、個人で、本当の日韓の和解と友好のために何をすべきか、考えていきたいと思います。佐渡、相川での、本当の友好と和解のために、今後も力をかしてください。

⑵　佐渡鉱山で働いた韓国人を迎えるつどい 1992 年

①「中津川朝鮮人虐殺事件」など調査報告実行委員会、改め「コリアン強制連行等新潟県研究会」の経過報告と新たな取り組みについての呼びかけとお願い[27]

４年前の 1988 年、私達は、新潟県内における戦前、戦中の朝鮮人労働者の苦難の歴史の調査、発掘、特に「中津川ダム工事における朝鮮人労働者虐殺事件（現津南町）」に関しての調査、報告を皆さんに呼びかけ、快く賛同頂き、取り組みを行いました。４年前の県内各地（津南町、上越市、長岡市、新潟市、佐渡）の報告集会は、既にご報告してありますようにお陰様で成功を収めることができました。

その後、実行委員会としては、中心的に世話役をやって頂いた方々から今後の取り組みについて検討を頂きながら、長野県松本市の大本営跡の視察・調査などを行ってまいりました。

そして一定の検討をした結果、今後は県内の朝鮮人や中国人などの強制連行労働者の歴史の発掘について活動を進めることと致しました。特に新潟県の場合、朝鮮人問題が主要な課題となるため、名称を標記のように「コリアン強制連行等新潟県研究会」と改称することにいたしました。本来、改称問題を含め、活動計画について県内の多くの世話人、賛同人になって頂いた皆さんに充分にお計りすべきところでしたが、事務局機能が不十分のためこのように遅くなってしまいました。

ここに、お詫びを申し上げますとともに、この間の事情について御賢察頂きご了承を願いたいと存じます。

今回、改めて皆さんにお願いの文書を差し上げますのは、「佐渡相川の佐渡金山における朝鮮人労働者問題」に関する取り組みについてお願いをしたいと考えたからであります。

すでに新聞報道（同封記事参照）や６月４日のＮＨＫ特集番組「50 年目の真実・佐渡金山〝強制連行〟の傷あと」などでご承知かもしれませんが、佐渡相川三菱鉱山において昭和 19 年から日本終戦まで強制労働をさせられてきた朝鮮人労働者の名簿の一部が発見され、その名簿をもとに韓国における生存者の調査を開始致しました。この調査については韓国内でも大きな反響を呼び、韓国の新聞社や民主党などの協力により、数名の生存者を確認することができ、面接と聞き取り調査も行うことができました。（※この間の詳しい事情と経過については、同封してある林道夫氏と張明秀氏の報告書を参照ください。）

このような調査結果を受け、研究会としては今後次のような活動を行いたいと思い、準備

[27] 1992 年の呼びかけ文、中津川朝鮮人虐殺事件などの調査報告実行委員会は 1991 年にコリアン強制連行等新潟県連絡会と改称、佐渡鉱山の調査にも取り組んだ。

（一部行動中）を進めておりますが、皆さんのご協力をお願いしたいと存じます。

1）県内での朝鮮人強制連行の実態調査
　県と新潟市に「朝鮮人強制連行の名簿と調査と公開」の申入れ(92.1.30)
　旧佐渡金山（現ゴールデン佐渡）への資料調査と公開の申入れ（4.7)
2）相川町史において佐渡金山における朝鮮人の強制労働の事実を正確に記録記載させる作業
3）佐渡金山で強制労働させられた韓国の生存者の招待とその体験を聞く会の実施
　特に、3番目の韓国の生存者の新潟県（佐渡相川町など）への招待とその苦難の体験を聞く会の実施について、県内の多くの方々のご協力をお願いしたいと存じます。

現在佐渡の会員の林道夫氏や金山教勇氏などを中心に、9月 27 日～28 日をめどに相川町への招待のための準備がなされていますが、研究会全体としての取り組みとして位置付け、また少なくとも「新潟市」での「強制労働の体験を聞く会」を開催したいと考えています。＜全体日程 9.27～10.2 の計画＞

詳細な計画案は現在作成中ですが、総経費が約 150 万円ほど必要と考えられます。

県の民主団体や労働組合などに協力をお願いし、何とか実現、成功させたいと存じます。4年前「中津川朝鮮人虐殺事件」調査報告集会を行うに際し、ご協力頂いた皆様に格段のご支援・ご協力をお願い致したく、要請を申し上げる次第です。

後日正式な趣意書でお願いを申し上げますが、とりあえず以下のことをお願いをしたいと存じます。

※　韓国に在住する生存者の新潟県への招待と「体験を聞く会」を成功させるため、皆さんに１口２千円で、賛同人になって頂きたいと存じます。

以上、極めて簡単な経過の報告と今後の行動のお願いを致しました。皆さんと充分な論議もせず、計画を進めていることについて重ねてお詫びを申し上げるところですが、意のあるところを充分ご理解頂き、ご了承を賜りたいと存じます。

代表世話人　伊藤岩　申明鎬
事務局　小林正弘　高山千恵子　張明秀　林道夫　金山教勇

「中津川朝鮮人虐殺事件」など調査報告実行委員会、改め「コリアン強制連行等新潟県研究会」の経過報告と新たな取り組みについての呼び掛けとお願い

４年前の１９８８年私達は、新潟県内における戦前、戦中の朝鮮人労働者の苦難の歴史の調査、発掘、特に「中津川ダム工事における朝鮮人労働者虐殺事件（現津南町）」に関しての調査、報告を皆さんに呼び掛け、快く賛同頂き、取り組みを行いました。4年前の県内各地（津南町、上越市、長岡市、新潟市、佐渡）の報告集会は、既にご報告してありますようにお陰様で成功を収めることができました。

その後、実行委員会としては、中心的に世話役をやって頂いた方々から今後の取り組みについて検討を頂きながら、長野県松本市の大本営跡の視察・調査などを行ってまいりました。

そして一定の検討をした結果、今後は県内の朝鮮人や中国人などの強制連行労働者の歴史の発掘について活動を進めることと致しました。特に新潟県の場合、朝鮮人問題が主要な課題となるため、名称を標記のように「コリアン強制連行等新潟県研究会」と改称することにいたしました。本来、改称問題を含め、活動計画について県内の多くの世話人、賛同人になって頂いた皆さんに充分にお計りすべきところでしたが、事務局機能が不十分のためこのように遅くなってしまいました。

ここに、お詫びを申し上げますとともに、この間の事情について御賢察頂きご了承を願いたいと存じます。

今回、改めて皆さんにお願いの文書を差し上げますのは、「佐渡相川の佐渡金山における朝鮮人労働者問題」に関する取り組みについてお願いをしたいと考えたからであります。

既に新聞報道（同封記事参照）や6月4日のＮＨＫ特集番組「５０年目の真実・佐渡金山"強制連行"の傷あと」などでご承知かもしれませんが、佐渡相川三菱鉱山おいて昭和１９年から日本敗戦まで強制労働をさせられてきた朝鮮人労働者の名簿の一部が発見され、その名簿をもとに韓国における生存者の調査を開始致しました。この調査については韓国内でも大きな反響を呼び、韓国の新聞社や民主党などの協力により、数名の生存者を確認することができ、面接と聞き取り調査も行うことができました。（※この間の詳しい事情と経過については、同封してある林道夫氏と張　明秀氏の報告書を参照下さい。）

このような調査結果を受け、研究会としては今後次のような活動を行いたいと思い、準備（一部行動中）を進めておりますが、皆さんのご協力をお願いしたいと存じます。

1）県内での朝鮮人強制連行の実態調査
　県と新潟市に「朝鮮人強制連行の名簿の調査と公開」の申入れ（92.1.30)
　旧佐渡金山（現・ゴールデン佐渡）への資料調査と公開の申入れ（4.7)
2）相川町史において佐渡金山における朝鮮人の強制労働の事実を正確に記録記載させる作業
3）佐渡金山で強制労働させられた韓国の生存者の招待とその体験を聞く会の実施

特に、3番目の韓国の生存者の新潟県（佐渡相川町など）への招待とその苦難の体験を聞く会の実施について、県内の多くの方々のご協力をお願いしたいと存じます。

現在佐渡の会員の林道夫氏や金山教勇氏などを中心に、9月27日～28日をめどに相川町への招待のための準備がなされていますが、研究会全体としての取り組みとして位置付け、また少なくとも「新潟市」での「強制労働の体験を聞く会」を開催したいと考えています。<全体日程9.27～10.2の計画>

詳細な計画案は現在作成中ですが、総経費が約１５０万円ほど必要と考えられます。全県の民主団体や労働組合などに協力をお願いし、何とか実現、成功させたいと存じますが、4年前「中津川朝鮮人虐殺事件」調査報告集会を行うに際し、ご協力を頂いた皆様に格段のご支援・ご協力をお願い致したく、要請を申し上げる次第です。

後日正式な趣意書でお願いを申し上げますが、とりあえず以下のことをお願いをしたいと存じます。

※　韓国に在住する生存者の新潟県への招待と「体験を聞く会」を成功させるため、皆さんに１口２千円で、賛同人になって頂きたいと存じます。

以上、極めて簡単な経過の報告と今後の行動のお願いを致しました。皆さんと充分な論議もせず、計画を進めていることについて重ねてお詫びを申し上げるところですが、意のあるところを充分ご理解頂き、ご了承を賜りたいと存じます。

<代表世話人　伊藤　岩　　申　明鎬>
<事　務　局　小林正弘　高山千恵子　張　明秀　林　道夫　金山　教勇>

ベールに包まれる「朝鮮人虐殺」

来月五日の中津川事件報告集会に寄せて

張明秀

きたる十一月五日、六十六年前の大正十一年に信濃川の支流、中津川における発電所建設工事現場で起こった朝鮮人労働者の虐待・虐殺事件の真相調査報告会を、現地中魚沼津南町で、日本人と共同で行う準備を進めている。この事件は当時、朝鮮では大きな問題となり、在日同胞にかかわる事件としては、関東大震災の朝鮮人虐殺事件と共に「新潟県朝鮮人虐殺事件」として歴史に残されている。

慶尚南道の四百名

しかし、事件の舞台となった津南町では、町史編纂（へんさん）の過程で、事件を裏づける直接の目撃証言まで得られながらも、事件を「風聞」にすぎず、朝鮮人労働者に対する待遇も日本人と変わりなく、虐待の事実もなかったとされ、事件は再びベールに包まれようとしている。

事件は、東洋一を誇った中津川水力発電所建設工事に動員されていた朝鮮人労働者八百六十名のうち、大倉組（現大成建設）が、代理人を使って朝鮮の慶尚南道から直接「募集」してきた四百余名に対する虐待と、逃亡を図った朝鮮人労働者へのリンチ・虐殺事件である。

地獄谷と呼ばれて

この事件は、読売新聞の田村豊明記者が、虐殺現場を直接見た電力会社の使用人の証言に基づき、同年七月二十九日付の新聞で「信濃川を頻々流れる・鮮人の虐殺死体・"北越の地獄谷"と呼ばれて…」と大きく報じたことから知れ渡るようになった。

朝鮮に対する報道管制が徹底的に敷かれ、口コミでしか伝わらなかった一年後の関東大震災の時と違って、この事件は朝鮮でもすぐ知れ渡り、大きな社会問題となった。ソウルでは八月五日に各界団体の有志が「新潟県朝鮮人虐殺事件調査会」を結成し、現地（新潟）に調査員を派遣した。調査団には日本の内務省事務官、日本土木（大倉組）の重役、信越電気の技師長が、そして新潟県警察からも刑事課長、保安課長らが同行した。

調査の結果判明した事実は、次の通りである。大倉組は、代理人を使って朝鮮慶尚南道から直接募集してきた労働者に対し、極端な差別と虐待を行った。募集の時の契約に違反し、タコ部屋に監禁し、他の労働者より少ない賃金で、朝早くから夜遅くまで酷使した。現場では刃物やピストルを持つ人夫頭の絶え間ない暴力が朝鮮人労働者を威嚇した。事故や暴力によるケガについても、何の補償もされず、死亡者に対する弔慰金も支払われなかった。

このような虐待に耐えられず逃亡を図った者に対しては、見せしめのための残忍なリンチを加える事件が度々起きた。三人の労働者を裸にして鉄板の上に座らせてコンクリート漬けにし、真冬に木に縛りつけて、数十時間丸太で殴りつけるなど、残酷なリンチが加えられていたことが明らかにされた。

こうした非人道的な虐待の過程で虐殺事件が起きたが、虐殺の事実を報道した読売新聞記者は調査団に対して「国家的見地からみて、朝鮮人にその人の名を話すことはできないが、内務省当局者には詳細に話してある」と証言を拒否した。

真の友好築くため

調査の結果は、朝鮮の東亜日報に十二回にわたって連載され、四回の社説によって訴えられた。ソウルと東京で報告集会が開かれ、日本当局への抗議もなされた。また、朝鮮で「新潟事件―日本人による朝鮮人労働者虐待」摘発運動の展開などと同時に、朝鮮における近代的労働組合結成へとつながり、日本でも在日同胞の組織化への契機となった。また、これを機会に日本でもタコ部屋の取り締まり対策がたてられたという。

期待裏切る津南
町史の風聞扱い

それから六十余年が経て、津南町史編纂の過程で虐待・虐殺の現場を目撃した老人の証言が得られ、新聞でも報道された。私も町史調査執筆にたずさわる小出高校の佐藤泰治先生に同行して、当時の飯場跡の穴藤の部落で、老人たちの証言を聴くことができた。

その証言を聴きながら、六十数年前、関係当局の妨害で虐殺の証言を得られなかった調査団の無念さに思いをはせながら、この証言によってわが民族の受難の歴史が、加害者側の歴史にも事実として確認され、再び繰り返してはならない両民族共通の歴史的教訓として記録にとどめられると期待した。だが、期待は裏切られた。

幸い津南町の現地には、まだ事件を目撃した古老たちがわずかではあるが、生存しておられる。しかし、その歴史の証人たちも八十歳をはるかに超え、証言を得るのは年々むずかしくなっている。私たちに残された時間はあまりに少なく、いまが最後の機会かもしれない。歴史の闇（やみ）にもう一度光を当てなければならない。

この度の津南町での調査報告集会を機に、過去のわが同胞の苦難の足跡を掘り起こし、私たちと日本の共通の歴史として正しく伝えられるよう努力したい。これが私たち在日同胞に課せられた民族的責務であり、民族的団結と日本との真の友好を築くことになるはずである。

（中津川事件真相調査実行委員会委員・新潟市）

×　×　×

同実行委主催の「中津川朝鮮人虐殺事件調査報告集会」は、11月5日午後2時から、中魚津南町公民館で開かれる。

東亞日報

新潟縣朝鮮人虐殺調査會

「新潟県事件」を伝える大正11年8月26日付の東亜日報と、「事件調査会」への協力を訴える広告

新潟日報 1988年10月19日

②佐渡金鉱山強制連行生存者及び遺族の招請計画

1　日程〔1992年〕9月26日～10月2日
到着　9月26日　新潟空港　佐渡3泊 28日集会
新潟　9月29日 新潟宿泊　9月30日新潟集会　出発10月2日　新潟空港

2　招請対象

鄭炳浩 1918.10,10生（74才）　論山郡江景邑
名簿上は井上炳浩　第4寮
1943年12月、27才の時、面の区長から出頭を命じられ、同じ面から10人と共に連行。鉱山では削岩、44年秋、落盤事故で足を怪我し3ヵ月間入院する。今でも傷跡が残り痛むと言う。解放後、帰ると3才だった娘は亡くなっていた。足の怪我の保障は100円。
現在、大田市にいる息子二人から仕送りで老夫婦が暮らしている。当時強制連行され苦労した事と、怪我と犠牲になった事に付いては当然、補償要求する。

盧秉九 1923,3,26生（70才）　青陽郡青陽邑赤樓里
名簿上は河田秉九　第4〔3〕寮
18才の時41年9月に連行され未成年として金剛塾に収容され教育訓練される。教育訓練は朝8時からと夜8時からそれぞれ30分ずつ、皇民化教育と鉱夫の技術訓練。職場は削岩、佐渡で徴兵令状が来たが、敗戦のどさくさで取り消しされる。労務課には坂本以外にも朝鮮語の良くできる者が一人いて、それが同胞を探っていた。解放後、退職金400円を貰うが、帰るまでの食料費などで使い果たす。現在咳が酷く、病院に通っている。
同じ赤樓里からの連行者・李炳俊と清陽邑の崔ジョンイ、崔チョルヂュン、化城面の金氏の4名に付いて事故死を証言。

李相鎬　1913,10,2生（79才）青陽郡青陽邑清水里
名簿上は松本相鎬　第1寮
1941年9月に連行された。その時は論山から300人と清陽から190人の490人であった。連行の時、下関から名古屋までは窓を塞いでいた。職場は鉱石の運搬である。鉱山から逃げたが逃げ切れずに帰る。地元の人に発見されると「半島さんが来たぞ」と通報される。その報償金は2円だった。
一度花札を見ていて労務に襲撃され、その時第1寮長の「ハイカワ」に暴行され、反撃したが、その夜寮長室に呼び出され、集団リンチにされそうになったが、同胞労働者が一斉に立ち上り、警察の弾圧を受ける。（特高月報　S17,5の争議）
同じ部落から一緒に連行された李デホン(74)は、昨年6月に労咳で苦しみ亡くなった。自分も胸を患っている。夜になると咳と痰がでる。息子がソウルに居て、病院から薬をもらって送ってくる。帰るとき退職金970円が出る。

金平純（46才）　論山郡恩津面城坪里
1939年〔1940年〕1月の第一次連行者・金文国(1914年生）の長男
金文国は第3寮にいたが、家族を呼び寄せて山の神の社宅にいた。職場は削岩。解放後夫婦と娘3人で帰るが船の中で娘一人が亡くなる。金文国は36才で金、純平が9才の時に亡くなる。父親が亡くなる時の様子について金純平は「息が苦しくふとんを畳んでそれにもたれてやっと息をしていた」と証言する。父親の治療と家族の生活のためそれまであった田畑を売り払い、後には数千万円の借金を残して母親も4年前に亡くなる。

長男金純平は、親の残した借金のため、年に数百万円の利息を払い、兄弟の教育と結婚に苦労し、人の田を借りて米とトマトの二毛作でやっと借金を返す。トマトの種は仕方なく日本の物を使うが、その他は一切、日本製は使わず、子供達にも日本製の物には手を触れないようしつけているという。その理由は「親を苦しめた日本であるから」との事である。

李吉子（54才）青陽郡長坪面美堂里

父親の李炳俊が28才の時，盧秉九氏と一緒に1941年9月に青陽邑から連行され、翌年の旧暦6月に坑内で事故死にあう．父親の遺骨が届いた時は4才で、その時の記憶が残っている。巡査が遺骨を持って届けに来たが，母親とお婆さんが泣いて、夫を、息子を返せと叫ぶ。

李氏の事故死に付いては、盧氏が「ダイナマイトの爆風でカンテラの火が消え，300メートルの穴に落ちて亡くなった。葬式は同じ村の出身者が集まって行った」と証言。

また当時の労務が残した手記で、遺骨を届けて家族に泣き付かれて困った事と「障害補償金」300余円を届けた事を記している。

母親は300余円の障害補償金も親戚に巻きあげられ，頭に物を乗せて行商に歩き、自分を育ててくれた。その母親はその後再婚したが、何時も亡くなった父親の事を思い出して悲しんでいたが，昨年に亡くなった。

李さんは盧氏に父親の事故死に付いて証言を書類にして，郡庁と面事務所に補償の問題を提起したが、取り合って貰えず、我々に連絡してきた。

引率者　朴奉圭、金容燻〔民主党論山支部〕

③佐渡鉱山での労働体験を語る朝鮮人労働者と遺族 1992年9月

前列左から張明秀、鄭炳浩、李吉子、金平純、盧秉九、小杉邦男、後列左から三浦啓作、李相鎬、金三朱、林道夫、朴奉圭。（金平純保管写真）

1992 年佐渡訪問・集会収録ビデオテープ[28]　　動員被害者らの佐渡鉱山訪問

鉱山内で当時の労働状況を語る鄭炳浩　　鉱山を再訪した鄭炳浩、李相鎬

富田毅（煙草台帳保管）との再会・盧秉九

富田毅から鉱山の説明を聞く李相鎬

---

28 写真は 1992 年撮影未編集映像（つなぐ会所蔵）から

相川での戦時動員の状況を語る富田毅

朝鮮人動員を語る寺尾作治（相川住民）

大福寺で父の李炳俊を追悼する李吉子

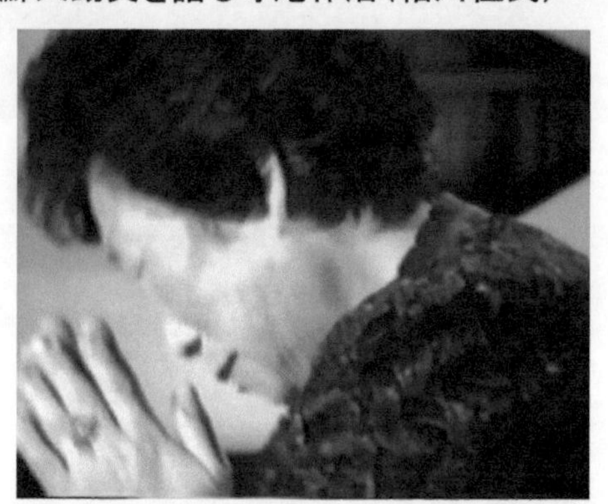
父への祈り・李吉子

鉱山周辺、相愛寮近くの見学

寮近くで当時の労働実態を語る李相鎬

1992 年佐渡での集会

報道関係者も多数参加

坑内労働の状況を語る李相鎬

朝鮮からの動員状況を語る盧秉九

父の死による家族の苦しみを語る李吉子

父金文国の帰国後の闘病を語る金平純

坑内での落石による負傷状況を語る鄭炳浩

佐渡集会参加者

戦時中、佐渡鉱山での労働に従事した韓国生存者招請についてのお願い

残暑ことのほかきびしい日々、みなさまにはいかがおすごしでしょうか。

いまから四十七年前の夏、日本は終戦を迎えました。――そののち私たちのまわりやそれぞれの生活にも大変なことがあったのですが、いつしか一人ひとりの心の中には、「もう戦争は終わったのだ」「いや、戦後と呼ぶ時代もおわってしまった」という考えが根づいてしまったかのようです。

ほんとうにあの終戦ですべてのことが片づき、そして戦後は終わってしまったのでしょうか。――私たちの将来には将来にはどんなにささいな気がかりも影を落としてはいないのでしょうか。

戦争の時代――佐渡鉱山で働かせるため、韓国からおおぜいの若者たちが連れてこられました。――当時のかれらの青春とか家族のこと、そしてその後の暮らしや運命がどんな途をたどったのか――これまで私たちは、このようなできごとについて思いおこすことさえなしに過ぎていました。

最近のテレビや新聞ですでにご存じのかたも多いと思いますが、昨年の末から今年にかけての韓国訪問と調査の結果、佐渡鉱山で働かされた三十人余りの生存者と遺族のいることがわかりました。

そして、この九月末から十月初めにかけて韓国の七人のかたを新潟市と佐渡に招くことにいたしました。また、同じころキリスト教会の牧師として佐渡に来ていた野村さんというかたも来島いたします。

つきましては、別添の「招請内容・今後の計画」等もご覧いただき、どうか募金のお願いもふくめまして、温かいご支援とご協力をたまわりますよう心からお願い申し上げます。

一九九二年九月

『過去・未来――佐渡と韓国をつなぐ会』(仮称)

《発起人》

富田　毅　(相川町)
本間寅雄　(相川町)
佐藤俊策　(相川町)
小杉秀雄　(相川町)
小杉邦男　(相川町)
塚本寿一　(両津市)
角田三郎　(佐和田町)
金山教勇　(佐和田町)
林　道夫　(小木町)

29

29 1992年9月の集会は「過去・未来 - 佐渡と韓国をつなぐ会」(仮称)が呼びかけた。

④「佐渡鉱山で働いた韓国人を迎えるつどい」・感想文

1．《今日の“つどい”への感想》

A．朝鮮の方の訴えを直接聞くことができて有意義でした。私はシベリヤ捕虜生活２年の経験をもつ者ですので、その苦しみはなおさら理解できました。
B．貴重な証言である。この事実を記録して、人々に広く公開する必要がある。戦中・戦前の事実が、あまりも消されていて，このような会を通じて過去に事実が明らかにされていくことは良いことだと思う。
C．今まで知らなかった歴史を知ることができた。日本は、従軍慰安婦問題など多くのあやまちをおかしてきたが、それを一切認めようとしない。今の堕落した政府では無理かもしれないが、今後この歴史に学び、自分の子供たちにも過去のことを忘れず引継いでいくようにしたい。
D．たいへんご苦労さまでした。
E．遠い韓国からおいでになった方､そのご協力をなさった方々、ご苦労さまでした。
私が、佐渡鉱山で韓国の人が働かされていたと知ったのはつい最近ですが、佐渡島民の多くも、戦時中の鉱山の様子にっついてはほとんど知らないと思います。戦争中の苦しい体験をなされた方々が、その思い出を話されるのはいたたまれないことでしょう。でも後世のため、ぜひ語り継いでいただきたいと思います。
F．集会の名称に、「強制連行」「強制労働」の文字が入らなかったことはとても残念です。韓国からの人達の報告は、言葉少なの中に無念がよくあらわれていました。日本人としては、国家および企業の責任追及と補償をさせる運動に加わっていきたいと感じました。
G．この集いが今後にむけて踏み出す第一歩になったと信じます。つらい話だったけど、過去のことをキチンと把握することは、未来へよき展望をひらくことになると信じながら、つらい体験談に耳を傾けました。
H．私は戦後生まれで、戦時中のことは何も解からないまま今日会場に来て、こんなことがあったということ、何も知るきっかけがないあまりにもひどいことがあったということ、それもわずか50年前のことなのに、日本では、佐渡では「知る」「聞く」機会さえなかったことにおどろいている。「ほんとうのこと」「あったこと」についてもっと知りたいです。
I.　韓国の方々の体験発表は、切実感にあふれ、たいへんよかった。
J．国が過去の事実や情報を国民に知らせまいとする傾向がつよいなか、民間の努力でこのようなことが実現できたこと喜びたい気持です。でも非常に重い課題であるため、多くの人に理解してもらうことがまず大変です。

2．≪「つなぐ会」への要望と意見≫

A．大変な事業と存じますが、会の発展と成功を心から願っています。
B．交流や集会などを今後も数多く，催してほしい。
C．いま状況では、なかなか手をとり合ってとはいかないまでも、つなぐ会が少しずつ発展するようがんばって下さい。
E．日本の教育は韓国についてあまり知らされていません。韓国との真の友好を結ぶには、戦前・戦時中の歴史をしっかり学ぶべきです。この佐渡の過去の事実を広く全国に知ってもらう必要がある。明らかに佐渡と韓国だけの問題ではない。日本政府にも知ってもらうべく努力をしなければと思う。「まだ戦争は終わっていない」。
F．ともにがんばりましょう!!

G．朝鮮・韓国に対しての日本の加害の歴史を正しく理解することのできるような集会もあわせて計画してください。日本の民衆がそれを正しく理解しなければ、良き隣国関係は築くことができないと思います。
H．なにも知らない私たちは、どんなことでもよいから過去の事実を教えてほしい気持です。

I．ご苦労さまです。会の発展を期待しております。
J．今回のとりくみでは、募金活動でささやかな支援をした者ですが、相手の人の反応がはっきりふたつに分かれたことで考えさせられました。理解を示す人と・・・。反発する人は、自分も差別された側であると主張するのです。加害者と被害者の関係をキチンと知るためには、過去の事実・歴史の勉強をしなければならないので、そのような地道なことを続けるのはとても大変なことでしょうが、やはりそれをしなければ前へすすむことができないのでは、と考えております。がんばってください。

⑶「過去未来－佐渡と韓国をつなぐ会」の活動

①「過去・未来－佐渡と韓国をつなぐ会」趣旨・基本方針

本会の趣旨および基本方針の確認

交流は、身近に、そして永く！

長い歴史によって深いむすびつきをもつ最も身近な隣国である韓国との交流をさまざまな形で展開していきたいと思います。そして今、人間と人間の国際的な交流が最も必要とされる時、佐渡にとって「鉱山労働」を通じて一番身近になった韓国との交流を深めることが相応しいと考えます。

この度の佐渡鉱山「朝鮮人労働者」韓国内生存者の招請を契機として佐渡と韓国とのこころからの和解と友好の関係を将来に向けてしっかりと築きあげていきたいものです。

そのためにも、今回を出発点に、みなさまの御協力をいただき、『過去・未来一佐渡と韓国をつなぐ会』を広げながら、共に学びあい、ともに生きるという視点を見失うことのないよう歩みをすすめたいとおもいます。また過去において韓民族に加えた抑圧や支配の歴史を、謙虚に振返り、過ちを認めることこそ、最初の第一歩だとかんがえます。そのようなことを通して、さまざまにその習慣習俗、生活様式も意識も異なる両国の人達がお互いにそれぞれの異なるところを認めあうことからはじめて、真の意味での和解と友好の道をひとりひとりが自らの力で一歩一歩あゆみ続けることを、私達の今後の課題とします。

『過去・未来一佐渡と韓国をつなぐ会』のこれからの歩み

〔93.9.28 集会における確認事項〕

1）『つなぐ会』の趣旨への賛同と協力の輪をひろげる。
2）聞取りなどの調査活動の継続、研究会など定期的な会合と会報の発行。
3）わたしたちの郷土の歴史をただしく学ぶために、ひかりがあてられない「負の歴史」もふくめた資料などを記録し、あとに続くひとたちにつたえるために公開展示する。
（公共施設等に書籍、パンフレット、ビデオテープを提供する）
4）取壊され、時間とともに記憶から風化してしまう建物など、そのゆかりの土地、場所への案内板、その歴史を刻みこんだ石碑、モニュメント等をたて、歴史教育、社会教育の学習の一助とする。（例　無宿人の墓、遊女の墓など）

5）国際交流の一環として佐渡の若い世代と佐渡鉱山<朝鮮人労働者>出身地の同世代との交流をすすめる。
6）映画、演劇等のイヴェントによる市民レベルの文化的交流をふかめる。
7）以上の事業をすすめ、継続するための「交流基金」の創設をよりおおくの人達の協力のもとにすすめる。

『過去・未来一佐渡と韓国をつなぐ会』
世話人代表　林　道夫　　小木町宿根木
事務局　金山教勇　　佐和田町中原
小杉邦男　　相川町羽田
郵便振替口座　佐渡と韓国をつなぐ会　新潟9－16147

②「過去・未来－佐渡と朝鮮をつなぐ会」正式発足1995年

「交流」1号　1995年11月25日（土）

過去・未来—佐渡と朝鮮をつなぐ会
佐渡郡相川町羽田町　☏（　　　　）

「強制」から「共生」へ／めざして交流を　《つなぐ会》正式に発足へ

最も非人道的な原爆をヒロシマに、ナガサキにと落とされ、更にはソ連の参戦まで引き起こして日本が破れたことで、佐渡鉱山に強制連行されていた朝鮮の人達も、ようやく「解放の日」を迎え、ほとんどが祖国へ帰った。その後どうしているのか、当時はどのように働かされていたのか、を知ろうとする佐渡での集まりが、4年を経たこの夏、「過去・未来－佐渡と朝鮮をつなぐ会」として、正式に発足した。

1991年に始まったこの集まりは、新潟のコリアン問題強制連行等調査会の働きかけに応じたもので、地元ながらその事について知る者は殆ど居らず、外から目を覚まされた思いを、多くの人が持ったのではなかったか。

遅ればせながら関心は高まり、その年の暮れには、韓国を訪ねての調査報告会が相川で開かれるようになり、相川町民だけでなく、全島の入達も関心を寄せはじめ、有志による研究会が事実上のスタートをした。

翌92年の秋には、韓国から一行10人の方達を招いて、心ならずも強制労働させられた体験談や、残された遺族の想いを聞く集いが、多くの人達の協力で開く事が出来た。

この4年の間には、テレビ、新聞等の報道もされるようになり、有志による集まりは重ねられ、昨年夏には正式の発足を目指し、仮称ながら、「過去・未来—佐渡と韓国をつなぐ会」名で、会則の討議を始めていたが、一年後に実現したことになる。

会の名称については、集まり始めた頃「韓国」をつなぐ会としていたが、会則の検討に入った時に、朝鮮半島の人達が併合、分断をいずれ自ら乗り越えて、統一に至る事を考慮し、現時点では地理的呼称に重点を置き、「朝鮮」としたものである。

因みに、「過去・未来」で歴史の流れ「時間」を、「佐渡と朝鮮」で人の流れ交わり「空間」を表し、更には、会に参集する人達中心の行動が、常に「現在」となるので、敢えて言えば、「つなぐ」に現在の意味を持たせて、「過去・現在・未来」とはしなかった。

去る8月9日の相川町で開催した会合では、昨夏の小木町で開かれた集会で、会則原案の討議、作成が済んでいたことから、設立総会として会則の確認をしたあと、正式の発足となったものである。

会則は目的を朝鮮との友好と親善をつくることに置き、次の骨子を中心に18条を定めた。

☆主な事業として、研究会、会報発行、種々の交流等を行う。
☆賛同する者は、誰でも会員になれる
☆運営はスタッフ制による。
☆会議は年一回の総会のほか、随時スタップ会議を開く。
☆財政は年額五千円の会費を柱に、事業収入、寄付等で賄う。

なおスタッフの内、運営の任に当たる事務局３名は、つぎの人達が選任された

林道夫（小木町）
金山教勇（佐和田町）
小杉邦男（相川町）

その中から互選により、会の代表として、林道夫さんが決まった。

以上により「佐渡と朝鮮をつなぐ会」は名実共に正式にスタートをしたが、当面の課題はいかに多くの賛同者をえられるかだろう。設立メンバー、発起人を中心に、各地での活動が要求される。その広がりによっては、各市町村に地区組織を置くこともできる。

地元佐渡で発足したこの会が、言わば市民運動としてどれだけ組織化されるかによって、国際化時代の今、最も身近に真の「交流」が実践出来るかが、決まるのではないだろうか。

負の歴史に向かう　　今夏の韓国訪問記

猛暑になろうとする少し前、今年七月に入って間もなく、佐渡と新潟から合わせて八名が韓国を訪れた。それまで少人数による数回の調査行はあったが、10 名近い訪韓は初めてのことである。

訪韓の目的は、加入も強制的だった「厚生年金の期間確認書」の交付請求のための本人、遺族の方達から、委任状を受け取ることだった。

七日に八人揃って大韓航空機で韓国へわたった。帰国は 5 人が 10 日に、3 人が 13 日と別々になったが、忠清南道を中心に行動を共にした。宿舎としたホテル（同一）で必要書類を作成し、訪ねてくれた人達から押印してもらった。

その前後には、住居訪問やレストランでの会食など、より「交流」を深める事も出来たが、反面随分の心遣いもして頂いた。改めて人々の純朴を感じ、「景色のやさしさ」に見られる風土と合わせて、日本の国策の非道さにも思いが至った。

前述の印鑑を貰ったことで、主目的は達成出来たが、合間には一行自身の交流会も種々開き、二ヵ所の古寺を訪ねるなど、古い時代の朝鮮に触れる時間もつくれた。無論のこと観光旅行ではないから見物への期待は持ってはいなかったが、思わざる訪れは貴重だった。

そうした滞在の中で、最初の日宿舎に入る前に寄った教会は、日本の人間にとっては衝撃的な所だった。

1919 年（大正 8 年）独立運動が盛んな当時の朝鮮で、併合していた日本の「軍警」が、京畿道華城郡南面堤岩里の教会に、住民を監禁して放火、発砲するなど、23 名を惨殺した遺跡だったからである。

その一帯には、墓地、教会、記念塔などが整備されていたが、直接交戦していた朝鮮でなくても、併合による植民地化に反対する者には、「狂気」を発する事もあるのを、身を持って知る地である。

かつて日本が過酷な状況を他国の人達に、力を持って強制した現地で、私達が直接見聞することが、そういう時代を再現しない為の「史眼」を、自分のものとすることに繋がるのではないだろうか。

冷戦終結後も、「自衛論」から軍備は必要との考えが、まだまだ根強いだけにもう一度しっかりと、軍備とは人間にとってどういうことか、ましてやそれの行使に正当な理由があるのか、思い想うべき時ではないのか。

ともあれ今夏の訪韓は、「年金」関連の目的があったとはいえ、市民的交流の側面も大きく、人に、風物に、そして歴史に触れ合う中で、それぞれがじっくりと日本人として、いかに歴史を観るべきかを、考えさせてくれる得難い機会ではあった。

音頭流

正式に発足したことで会則にある会報を早速発行しようということになり（しては遅かったが）、ささやかながら一応一号が出来た。一桁会員のスタートになったけれど、会報号数と合わせて2桁に、3桁にと増しての永続を願い、あとがきを兼ねて一筆する。コラム名はオンドルと読むが、「音頭」は鉱山のあった相川の地に因み、「相川音頭」から取り、「流」は会報名の交流から一字を当てた。総じてオンドルの読みは、朝鮮の暖房方法と知られる「温突」に合わせたものだが、足元から温みの伝わるような、ホンモノの心暖まる「交流」をつくり、永遠の未来へつなぎ続けたいものだ。

当面は、会を中心にした市民交流的なもので行こうが、重ね続ける内にはお互いの地から行政機関の参加を期待していいだろう。

いずれにしてもその時大事なのは、流れた歴史をそれぞれが身近かに寄せることで、人間に対して、意に染まぬ働きを強制する事を再現しない為に、何をしたらよいのか。又しなければならないのか、考える中から本当の「史観」がつくり出されよう。

文化の都市パリを背に自負を持っているだろうフランスが、抗議する世界の声に背を向けて核実験を重ねることで、自負そのものを爆発させて失おうとしているのは、本当の歴史観を自分のものとしていないから、と云えるのではないか。

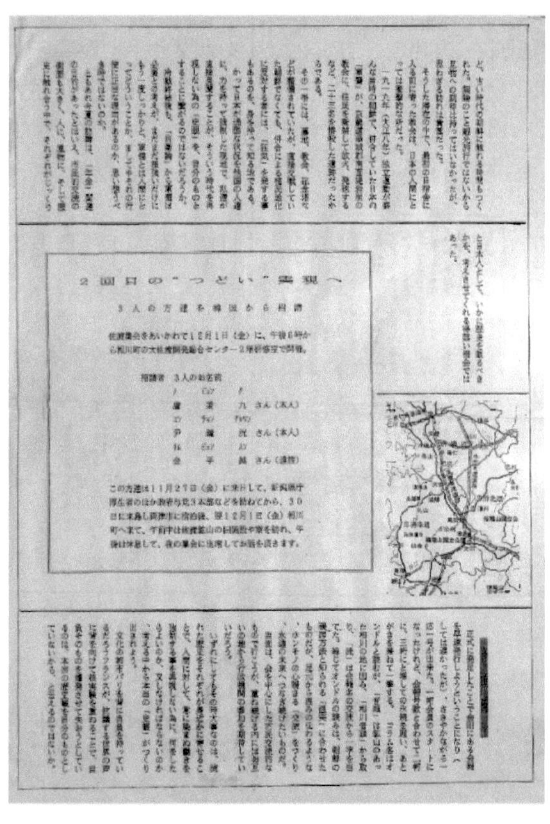

2回目の"つどい"実現へ

3人の方達を韓国から招請

交流

佐渡と朝鮮をつなぐ会　入会のおすすめ

1945 年日本の敗戦によって、40 年におよぶ日本による朝鮮支配は幕をおろしました。そして、戦後はまもなく 50 年の歳月を迎えようとしています。

この時にあたり私たちが考えるべきことは、敗戦にいたる朝鮮植民地支配の歴史の清算がこの 50 年の間に、十分に成しとげられたのかということです。

1965 年に日韓条約が結ばれましたが、日本はその植民地支配について、条約に基づく合意によるものであり、いっさいの謝罪は不要という態度をつらぬきました。さらに朝鮮民主主義人民共和国に対しては、この 50 年間なんの関係も結ばず、過去の侵略・支配の清算はまったくなされておりません。

日本にとっていちばん近い隣国朝鮮との関係は古く、とくに江戸時代における朝鮮通信使は両国間の平和と友好の歴史を浮き彫りにしています。しかし明治以降における日本の統治、朝鮮への抑圧・植民地支配とこれに対する朝鮮人の抵抗の歴史は、両国間の暗い関係をひきずったままです。太平洋戦争のさなかには、母国語の学習さえ禁止された朝鮮の人たちが大勢日本の炭鉱や鉱山へ強制的に連れてこられ、つらい労働に従事させられました。

現在、日本の政治の混乱のなかで、アジア各国の従軍慰安婦問題、戦後補償、朝鮮人被爆者問題など、国としての謝罪や責任のとりかたがクローズアップされています。これらのことが未だにとりあげられるのは、日本人が世界の人々とともに生きていくため、もっと早くに果たさなければならなかった非人間的な差別や人権蹂躙、抑圧、支配などの歴史の清算という重要な課題の解決を避けつづけてきたからではないでしょうか。

戦時中の佐渡（相川）鉱山へも 1,000 人を超える人たちが強制連行されてきた事実が数年前に明らかとなり、新聞、テレビなどで報じられたことは、記憶に新しいことです。そのなかには、いまの中学生・高校生くらいの年齢の子どもたちもいました。

91 年には連行された人たちの調査のため、韓国を訪問し、聞き取りを行い、その翌年には強制連行された人たちを佐渡に招いて、当時の相川鉱山での労働の実態や辛酸な寮生活を語ってもらう集会などを開き、その後、私たちは『過去・未来－佐渡と朝鮮をつなぐ会』を発足させることにいたしました。

戦後 50 年を迎えるにあたり、私たちはあらためて「戦前の軍国主義はその植民地支配によって、朝鮮の人たちに対し筆舌に尽くせぬ悲惨な体験を強制」し、「日本国民はこうした加害者としての歴史を片時も忘れてはならないし、忘れないことが両国にとって重要な視点」であることをふまえ、過去の歴史を真摯に振りかえり、ほんとうの和解と友好の関係をつくりあげるため、「いま何をなすべきか」について会員のみなさんとともに探っていきたいと考え、「つなぐ会」への入会をお願いするしだいです。

1995 年 8 月　『過去・未来－佐渡と朝鮮をつなぐ会』結成発起人

佐藤俊策（相川町）
小杉邦男（相川町）
塚本寿一（両津市）
池田亨　（佐和田町）
金山教勇（佐和田町）
林道夫　（小木町）

過去・未来 — 佐渡と朝鮮をつなぐ会会則

第1章　総則

第１条　会の名称は「過去・未来 — 佐渡と朝鮮をつなぐ会」(略称「つなぐ会」)とし、事務所を新潟県佐渡郡相川町大字羽田町61番地２に置く。

第２条　この会は、過去と未来にわたる佐渡と朝鮮の真の友好と親善を創りだす活動等を推進することを目的とする。

第３条　この会は、前条の目的を達成するために次の事業を行う。

1. 佐渡における朝鮮人労働者の労働と生活の実態の聞き取り、資料収集等の調査活動を行い、定期的に研究会を開く。
2. 会報の発行、情報の公開、展示、提供等を行う。
3. 朝鮮人労働者のゆかりの地への案内板、石碑等を建てる。
4. 映画、演劇等のイベント等による市民交流を深める。
5. 目的を同じくする諸団体との交流及び互いの往来による様々な交流を進める。
6. 交流基金をつくる。
7. その他この会の目的に沿う事業を行う。

第２章　会員

第４条　この会の目的に賛同する者は、会員になることができる。

第５条　会員は、会費を納め、会の目的達成のための事業及び活動を行う。

第６条　この会は、各市町村に地区組織を置くことができる。

第３章　組織

第７条　この会に次のスタッフを置き、その任期は１年とする。ただし、再任はさまたげない。

事務局スタッフ	3	会の事務を担当し、事業の運営、調整にあたる。
財務スタッフ	1	会の会計事務を行う。
監査スタッフ	2	会の事務及び会計の監査を行う。
顧問	若干名	活動、事業の相談にあずかる。

第８条　前条のスタッフは、総会において選出し、会の代表は事務局スタッフの中から互選により選任する。

第９条　事務局スタッフは、スタッフ会議の決議により若干名の事務局員を置くことができる。

第４章　会議

第10条　各種の会議は、現場を中心とする歩み寄りの原則に従い、運営は民主的に行う。

第11条　毎年１回総会を開く。ただし、必要ある場合は臨時に総会を開くことができる。

第12条　総会の招集は、事務局スタッフが行う。臨時総会は、スタッフ会議が開催を決議したとき、または、５分の１以上の会員の要求があったときに開催される。

第13条　スタッフは、事業運営のためにスタッフ会議を構成し、随時スタッフ会議を開く。

第５章　財政

第14条　この会の経費は、会費・事業収入。寄附金及びその他の収入によって賄う。会費は年額5,000円とする。

第15条　この会の会計年度は、毎年４月１日から翌年３月31日までとする。

第16条　この会に交流基金を設ける。

第６章　会則変更

第17条　会則の変更は、総会における３分の２以上の同意を必要とする。

第18条　会則の実施についての細則は、スタッフ会議で定める。

（附則）　この会則は、1995年８月９日から適用する。

⑷「戦後50年」佐渡鉱山で働いた韓国人を迎え証言を聴くつどい

2回目の“つどい”実現へ　3人の方達を韓国から招請

佐渡集会を相川で〔1995年〕12月1日（金）に、午後6時から相川町の大佐渡開発総合センター2階研修室で開催。

招請者　3人のお名前

盧秉九（ノビョング）さん（本人）

尹鐘洸（ユンチョングァン）さん（本人）[30]

金平純　（キムビョンスン）さん（遺族）

この方達は11月27日（金）に来日して、新潟県庁厚生省のほか政府与党3本部などを訪ねてから、30日に来島し、両津市に宿泊後、翌12月1日（金）相川町へ来て、午前中は佐渡鉱山の旧施設や寮を訪れ、午後は休息して、夜の集会に出席してお話を頂きます。

佐渡鉱山で働いた韓国人を迎え／戦後50年の証言を聴くつどい

―私たちの責任と戦後補償を考える―

〔1995年〕12月1日（金）午後6時～　相川町大佐渡開発総合センター　2階研修室
主催：　『過去・未来―佐渡と韓国をつなぐ会』（代表　林　道夫）

〔1995年11月27日新潟空港到着、28日新潟集会、29日東京・厚生省に年金掛け捨て問題の要請、夜、戦後補償市民グループと交流、12月1日佐渡集会、12月3日帰国〕

尹鐘洸証言[31]

尹鐘洸　ユンジョングァン（1922年生）青陽郡木面

名簿上は伊原鐘洸　第4寮[32]

19才の時、1941年9月、第2陣（青陽郡）として盧さん達と一緒に連行。父親は自営農家で、わずかばかりの田畑を父親と兄が耕し、農業をしていた。

尹さんは次男、16才で結婚、その当時、単身ソウルにでて、紡績工場に勤めていた。面からの割当があり、家に親、新婚奥さんを残し、日本につれてこられた。釜山から船に乗せられ、12時間かけて下関に、それから陸路新潟へ、再び船に乗せられ4時間ほどで佐渡につれてこられた。

最初は金剛塾で軍隊式の訓練を受ける。1年ほどして第4寮へ。仕事は削岩した岩を集めたり、バッテリーのトロッコを運転したりで、ひどい埃の中で作業させられた。若いころは身体が丈夫だったが、年を取るに従い、セキやタンが多くなっている。

当時コメが無かったのでソバがでたが、韓国にはソバを食べる習慣が無く、口に合わずお腹をすかせていた。そのころは自分だけでなく、みんなが大変だった。

30　韓国の強制動員被害申告資料では尹鐘洸の鐘は鍾である。以下、原資料のまま記す。

31　集会資料から引用、盧秉九・金平純は92年の集会資料と同じ内容であり、略。

32　第4寮とあるが、第1相愛寮煙草台帳に氏名がある。

最初２年という約束で来たが、その後、契約の更新に関しては何の説明もなかったし、休みを取ることも自由ではなかった。

今回、日本に来る２ヶ月ほど前まで、病院に入院していた。54年前を思い出して、奥さんが「日本に行かないでくれ」と泣いて反対された。

１９９５年１２月１日、韓国より連行され佐渡鉱山で働かされた尹鐘洸（当時７３歳写真右）さんと盧秉九（当時７２歳写真中）さんの二人が来島され、当時の相川町で朝鮮人労働者へのタバコや現金書留を扱っていた富田毅（当時９３歳写真左）さんと再会した。富田さんは終戦で帰る二人をトラックで見送った経験をもっており、「ご壮健でなにより」「国元へ時々送金したのを覚えている」などと、手を取り合いながら語り合った。

また、二人は当時の相川町長和倉政三氏を表敬訪問した。和倉町長は「当時は迷惑をかけたこともあったと思います。お詫びしたい。これからは理解と協力の中で交流を深めていきたい」と話をされ、表敬した尹鐘洸さんと盧秉九さんは「佐渡と相川のみなさんに招いていただき感謝している」とお礼を述べた。

韓国から尹鐘洸さん（当時７３歳）、盧秉九さん（当時７２歳）と金平純（亡父の代理で当時４８歳）さんの３人が佐渡鉱山で働いた期間の厚生年金（当時の労働者保険）の取扱いの調査のため、１９９５年１１月２７日新潟空港着で来日しました。翌１１月２８日新潟県庁を訪れ、さらに翌２９日厚生省を訪れて保険加入状況を調査し、疑問点の解明を要請しました。

翌１１月３０日尹鐘洸さんと盧秉九さんの二人が来島し、１２月１日に相川の大佐渡開発総合センターで開かれた「戦後５０年佐渡鉱山で働いた韓国人を迎え証言を聞く集い」（主催「過去・未来佐渡と朝鮮をつなぐ会」）に出席して、韓国からの連行の状況や佐渡鉱山での労働のつらさ、韓国への望郷の思いなどを証言しました。

１９９５年１２月１日

再会の懐かしさにお互いに涙ぐむ富田毅さん（左）と盧秉九さん（右）。

１９９５年１２月１日

尹鐘洸さんと盧秉九さんは、当時共同生活をしていた寮（相愛寮）の跡地を訪れ、当時のつらい思いを話された。

12・1 佐渡での証言を聴くつどい

11・28 新潟での証言を聴くつどい

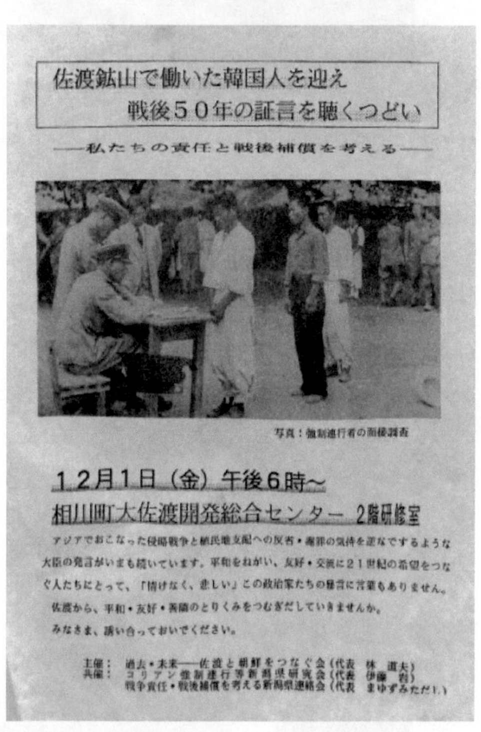

⑸厚生年金関係記録

①1992 年 9 月 30 日、新潟県知事宛・要請書

新潟県知事貴下　　要請書

私たちは、日本帝国主義の朝鮮に対する過酷な植民地支配時代の 1939 年から解放の年までに実施された、三菱鉱山佐渡鉱業所への強制連行されたその犠牲者とその遺族であります。

このたび私たちは、コリアン強制連行等新潟県研究会と、過去・未来―佐渡と韓国をつなぐ会の招きで、解放後 47 年ぶりにその強制連行され虐待を受けた佐渡鉱山の現地を尋ね、佐渡と新潟の人々と当時の苦難の日々を語り会うことができました。

私たちに対する強制連行は、当時植民地支配の官権力による有無を言わせぬ強制連行そのものであり、またこれには15才の未成年者までをも連行するという野蛮なものでありました。行き先も知らされないまま連行された私たちは厳しい監視の下、佐渡鉱山の暗闇と塵が充満する坑道に押し入れられ危険で苦しい労働を強いられて来ました。

２年間の約束で連行されましたが『戦況が厳しい』との理由でその約束も守られず、何時帰れるかの分からない不安な状況のもと毎日毎日の空腹と苦難の日々を耐え抜かなければなりませんでした。

中には坑道の中で事故にあい犠牲になってしまった者、重傷を負ってしまった同胞も少なくありません。

1945 年8月 15 日の祖国の解放を迎えて私たちはその奴隷労働からやっと解放され故郷に帰ることができましたが、故郷に帰りついた私たちの大部分は佐渡鉱山での坑内労働の後遺症である珪肺を患って苦しみ、多くの者が亡くなっています。そして今日生き延びている私たちの大部分の者もその珪肺で苦しんでいます。また坑道での事故で重傷を負った人はその傷で今も傷口が痛んでいます。

この苦しみは連行された当事者ばかりかその家族の生活を破壊しております。珪肺で苦しむ夫を、父親を抱えた家族は、現代的健康保険制度や医療制度が確立していない中で、病人の治療と看病においやられそのためにすべての財産を使いはたしたばかりか、莫大な借金を抱えて苦しんだ人も少なくありません。

しかしこの様な苦しみを強いられた私たちではありますが、この犠牲に対してはその加害者である日本政府からもまた企業である三菱鉱山からの謝罪と被害に対する保障は何もなされておりません。私たちは加害者である日本政府と三菱鉱山からの謝罪と保障を求めるものでありますが、私たちには当時厚生年金保険が適用され毎月の給与から掛け金が差し引かれていました事も知っています。

この厚生年金保険についても当然その救済がなされるべきでありますが、さしあたってその当時の資料が私たちに公開されるべきであると考えます。この件につきまして新潟県当局も私たちに必要な便宜を取り計らうようにここに要請するものであります。

以上

1992 年 9 月 30 日

佐渡鉱山強制連行被害者
鄭炳浩（井上炳浩）
盧 秉九（河田秉九）
李相鎬（松本相鎬）
金文国（金山文国）長男 金平純
李炳俊の長女 李吉子

②〔韓国〕第4回調査〔集会資料から引用〕

1995 年 7 月 7 日～13 日

林、伊藤等８名が韓国を訪問、聞きとり調査を行うとともに厚生年金加入記録の確認に必要な委任状と履歴申立書 19 人分をあずかってくる。

資料、新聞記事、「厚生年金掛け捨て問題について」参照

③戦時中、佐渡鉱山へ強制連行された韓国人の「厚生年金保険料掛け捨て問題」について

佐渡と韓国をつなぐ会

1. 厚生年金保険に加入していた事実関係
   ① 佐渡と韓国をつなぐ会で、平成7年7月に訪韓し、関係者からの聞き取り調査によれば、ほとんどの人が、昭和14年9月から昭和20年8月まで、佐渡鉱山（全員が坑内員）で働かされていた。
   ② 昭和17年6月から、「労働者保険」として、男子の工場労働者が年金制度に強制的に加入させられた。したがって、関係者は全員加入していたはずである。この制度は、「労働者の年金制度の確立」より、戦費を国民から調達するための制度であったといわれている。（東條内閣当時のことです）
   ③ 昭和19年1月から加入者の拡大が計られ、男子の事務職と女子の全労働者が強制加入とされました。そして、名称も「厚生年金保険」と変更され、現在の年金制度の基礎ができた。
   ④ この「厚生年金保険」は、昭和20年8月の敗戦で一時機能停止状態となりその後、全員に脱退手当金の支払いがなされたが、その時には、今度の韓国の関係者は、すでに韓国に帰ってしまっていた。
   また、この脱退手当金も、昭和17年6月から昭和20年8月までの加入者で約100円程度と低額であったため、戦後の厚生年金再加入者には、是正措置が講じられた。（昭和29年法改正。後述2—①）
2. 佐渡鉱山で働いていた人が、そのまま日本に在住していたと仮定すると、現在の「厚生年金」で、どんな扱いを受けるか。
   ① 昭和20年9月以後、「厚生年金保険」に再加入し、その被保険者期間が12月以上ある人には、昭和17年6月から昭和20年8月までの期間1ケ月当たり、3,047円（定額）の金額で、年金支給の際に上乗せして支給しています。ただし、戦後、国民年金加入のみの人には支給しない矛盾した点は残っています。
   ② 上記①の場合を、韓国の人に当てはめて計算してみると次のようになります。この場合、その人が受給資格期間を満たしているものと仮定します。
   期間計算・・・・・昭和17年6月～18年12月＝19月×4/3（A）＝25.33月
   　　　　・・・・・昭和19年1月～20年 8月＝20月×5/3（B）＝33.33月
   　　　　　　　　　　　　　　　　　　　　　　　　合計　58.66月
   年金額計算・・・・3,047×59月＝179,773円（毎年年額）
   ※（A）坑内員加算、（B）坑内員の戦時加算。
   （陸上労働者の場合）　3,047×39月（実期間）＝118,833円
   ③ 以上の通りであるが、現在の「厚生年金保険法」では、受給権が発生するのは、男子で40才以後の加入期間が15年間必要のため、この人達の受給権は発生しません。なを、坑内員の場合は、昭和21年4月1日以前に生まれた人は、年金支給の開始年令が55歳からで、他の人より早くなります。
3. 今後の運動の方向について
   ① 当面の取組みとしては、昭和17年6月から昭和20年8月までの間、被保険者であったかどうかの確認を請求し、資料を受取ることを重点とする。（厚生年金保険法第31条では、被保険者であった者は、被保険者期間の確認の請求をすることができるし、この請求があった場合には、行政庁は確認書を交付しなければならない。）

② 被保険者期間の確認書は、間違いなく交付されるものと思われるが、その後、どのような取組みをするかである。資料（A）に見られるように、脱退手当金の場合は、支給要件を満たしていると思われるが、約100円程度にしかならない。勿論、物価スライドなし。なを、この脱退手当金の請求は時効にかかっているという意見と、時効は中断されているという意見に分かれている。いずれにしても、脱退手当金の請求はしないほうが良いと思う。

③ この問題は「戦後処理の特別なケース」として「特別立法」を作らせるという方向での取組をすべきだと思う。そして、2―②で計算した額を、年金として毎年支給すべしとの問題提起の問題提起をすべきではないでしょうか。

④ 参考例としては、平成6年11月9日に国会は、「中国残留邦人」で日本に帰国した人に対して、国民年金保険料免除申請者と見なして、平成8年4月から国民年金を支給する「特別立法」を成立させました。年額で26万円が支給されることになったことなどを参考にしても良いと思います。

戦時中、佐渡鉱山へ強制連行された韓国人の
「厚生年金保険料掛け捨て問題」について

佐渡と朝鮮をつなぐ会

1．厚生年金保険に加入していた事実関係

①佐渡と韓国をつなぐ会で、平成7年7月に訪韓し、関係者からの聞き取り調査によれば、ほとんどの人が、昭和14年9月から昭和20年8月まで、佐渡鉱山（全員が坑内員）で働かされていた。

②昭和17年6月から、「労働者保険」として、男子の工場労働者が年金制度に強制的に加入させられた。したがって、関係者は全員加入していたはずである。この制度は、「労働者の年金制度の確立」より、戦費を国民から徴達するための制度であったといわれている。（東條内閣当時のことです。）

③昭和19年1月から加入者の拡大が計られ、男子の事務職と女子の全労働者が強制加入とされました。そして、名称も「厚生年金保険」と変更され、現在の年金制度の基礎ができた。

④この「厚生年金保険」は、昭和20年8月の敗戦で一時機能停止状態となりその後、全員に脱退手当金の支払いがなされたが、その時には、今度の韓国の関係者は、すでに韓国に帰ってしまっていた。
また、この脱退手当金も、昭和17年6月から昭和20年8月までの加入者で約 100円程度と低額であったため、戦後の厚生年金再加入者には、是正措置が講じられた。（昭和29年法改正。後述2－①）

2．佐渡鉱山で働いた人が、そのまま日本に在住していたと仮定すると、現在の「厚生年金」で、どんな扱いを受けるか。

①昭和20年9月以後、「厚生年金保険」に再加入し、その被保険者期間が12月以上ある人には、昭和17年6月から昭和20年8月までの期間1ケ月当り、3,047円（定額）の金額で、年金支給の際に上乗せして支給しています。ただし、戦後、国民年金加入のみの人には支給しない矛盾した点は残っています。

②上記①の場合を、韓国の人に当てはめて計算してみると次のようになります。この場合、その人が受給資格期間を満たしているものと仮定します。
期間計算……昭和17年6月～18年12月＝19月×4/3(A) ＝25.33 月
……昭和19年1月～20年8月＝20月×5/3(B) ＝33.33 月
合計 58.66 月
年金額計算…· 3,047×59月＝ 179,773円（毎年年額）
※（A）坑内員加算、（B）項内員の戦時加算。
（陸上労働者の場合） 3,047×39月（実期間）＝ 118,833円

③以上の通りであるが、現在の「厚生年金保険法」では、受給権が発生するのは、男子で40才以後の加入期間が15年間必要のため、この人達の受給権は発生しません。なを、坑内員の場合は、昭和21年4月1日以前に生れた人は、年金支給の開始年令が55才からで、他の人より早くなります。

3．今後の運動の方向について

①当面の取組みとしては、昭和17年6月から昭和20年8月までの間、被保険者であったかどうかの確認を請求し、資料を受取ることを重点とする。
（厚生年金保険法第31条では、被保険者であった者は、被保険者期間の確認の請求をすることができるし、この請求があった場合には、行政庁は確認書を交付しなければならない。）

②被保険者期間の確認書は、間違いなく交付されるものと思われるが、その後、どのような取組みをするかである。資料（A）に見られるように、脱退手当金の場合は、支給要件を満たしていると思われるが、約 100円程度にしかならない。勿論、物価スライドなし。なを、この脱退手当金の請求は時効にかかっているという意見と、時効は中断されているという意見に分かれている。いずれにしても、脱退手当金の請求はしないほうが良いと思う。

③この問題は、「戦後処理の特別なケース」として、「特別立法」を作らせるという方向での取組をすべきだと思う。そして、2－②で計算した額を、年金として毎年支給すべしとの問題提起をすべきではないでしょうか。

④参考例としては、平成6年11月9日に国会は、「中国残留邦人」で日本に帰国した人に対して、国民年金保険料免除申請者と見なして、平成8年4月から国民年金を支給する「特別立法」を成立させました。年額で26万円が支給されることになったことなどを参考にしても良いと思います。

⑤被保険者期間確認通知書の問題点
ⓐ労働者保険の準備期間（昭和17年1月～昭和17年5月まで）は在籍していたのに、その後昭和19年10月1日まで14名全員加入歴がない。
ⓑ被保険者が帰国した後に、脱退手当金が支払われたうたがいがある。

（27）〔社　会〕☆12版

日本経済新聞（朝刊）
H7年8月10日

年金の脱退手当金請求
強制連行の元徴用工　「時効で不支給不服」

朝鮮半島から広島に徴用工として強制連行され被爆した朴昌煥さん（72）＝韓国京畿道平沢郡＝が九日、三菱重工業が供託した未払い賃金と預金計九十二円五十四銭の還付を広島法務局に請求した。

また、朴さんら韓国人元徴用工三十人は同日、戦時中に加入した厚生年金の脱退手当金の還付請求に対し広島東社会保険事務所が「不支給」を決定したのを不服として、広島県社会保険審査官に審査を請求した。

いずれも「韓国の原爆被害者を救援する市民の会」の豊永恵三郎さん（59）らが代理人として請求。朴さんは六日の平和記念式典に在韓被爆者代表として参列後、体調を崩して広島市内で入院しており、「裁判を起こしてでも闘いたい」と話しているという。

請求によると、朴さんは一九四四年九月から四五年八月まで三菱重工業広島機械製作所に徴用されたが、被爆後、賃金の一部や厚生年金脱退手当金を受け取らずに帰国。今年二月になって、同社が四八年九月「債権者の所在不明」を理由に未払い賃金や預金計九十二円五十四銭を広島法務局に供託していた事実が確認された。

朴さんは今年四月、厚生年金脱退手当金四十三円九十五銭の還付を広島東社会保険事務所に請求したが、同事務所は「受給権は時効のため消滅している」として「不支給」を決定した。同事務所は他の二十九人についても、これまでに「不支給」を決定している。

日本経済新聞

1995 年 8 月 10 日

毎日新聞　（夕刊）

H7年8月11日（夕刊）

佐渡金山に強制連行の韓国人19人
国に厚生年金補償要求へ
保険料天引きから半世紀

第二次大戦中に日本に強制連行され、新潟県佐渡郡相川町の三菱金属佐渡鉱業所で働いた韓国人の元鉱山労働者十九人（遺族含む）が来月、新潟県内の市民団体を通じて、厚生年金保険加入記録の確認と補償措置を国に求める。賃金から保険料を天引きされながら、帰国したために掛け捨て状態となっていた。市民団体は「保険料支払いが確認できれば、脱退手当金の支払いなど国に何らかの補償を求めたい」としている。

国に補償を求めるのは韓国忠清南道などに住む元鉱山労働者十九人（本人六人、遺族十三人）。

十九人は、一九三九年から四二年にかけて日本政府に強制徴用され、敗戦まで佐渡鉱業所で金採掘作業などにあたった。そこで、四二年六月にスタートした「労働者年金保険」（二年後に厚生年金保険に改称）に強制加入させられ、四五年八月まで賃金から保険料「を徴収された」としている。

佐渡島の市民団体「過去・未来―佐渡と朝鮮をつなぐ会」（林道夫代表）のメンバーが七月、韓国を訪問して聞き取り調査したところ、労働や徴収の実態について本人や遺族の証言が取れた。

計十九人分の委任状と厚生年金手帳を添えて、来月下旬にも保険料支払いの記録確認を求める手続きを取る。韓国からも元鉱山労働者三人が来日する予定。

厚生年金保険法には国籍要件がなく、もともと日本国籍のようなケースは想定されていない。仮に加入記録が確認され、返還などを求められた場合、政府が戦後補償の枠組みのなかでどう対応するか注目される。

また戦争当時の年金法は、三年以上加入していれば、その後支払いをやめて年金受給資格を失った場合でも、掛け捨てを回避する意味から「脱退手当金」を請求できると規定していた。その後の四四年の制度の改編で脱退規定は廃止されたものの、「過去の支払い分について請求権は現在も生きている」との考え方もある。

佐渡・相川町史によると、四〇年から敗戦までに佐渡金山に徴用された朝鮮人鉱山労働者は約千二百人に上ったといわれ、家族を含めると三千人を超える朝鮮人が居住していた。

毎日新聞 1995 年 8 月 11 日(夕)

⑤ 新潟県庁保険課での折衝経過

〔1995 年〕 11 月 27 日韓国から盧・尹（本人）・金（遺族）さんの 3 名が来日した。

翌 28 日、新潟県庁保険課を訪問し、新潟西社会保険事務所から発行された厚生年金の加入期間確認証明書の内容について折衝した。

その内容は、

一、確認申請書の受理されたもの 14 名

一、うち脱退一時金の支払い処理のされている者　7 名

一、うち掛け金が掛け捨てとなっている者　4 名

一、台帳に記載されているが、加入期間のない者　3 名

の結果であった。

しかし、その証明内容には、いくつかの疑問点があった。

一つは、厚生年金の加入期間が勤務期間と相違していること。

一つは脱退一時金が支払われたことになっているが、該当者が受け取っていないことである。

特に、脱退一時金について当事者である盧さん・尹さんは「貰った覚えがない」と強く抗議をした。

これに対して、保険課の職員は、「確認書を発行した新潟西社会保険事務所は、書類の通過機関にすぎず元資料は厚生省（社会保険庁）にあるので、即答はできない」と答えた。

そこで私たちは、明29日厚生省で本日と同様の折衝をするので、疑問点に答えられるように、厚生省に連絡をとることを約束させ県庁折衝を終わった。

厚生省での折衝経過

翌11月29日朝、「つなぐ会」からの2名を含む総勢九名が新潟を出発し、午後1時から東京の厚生省での折衝に入った。

まず、韓国来日者3名の自己紹介を受けて、厚生省（社会保険庁保険課長）より「韓国の皆さんには、たいへんに迷惑をおかけした。心より謝罪します。」との、謝罪挨拶があった。

厚生省は、さきの新潟での疑問点に対して、厚生年金の元台帳の写しを提出した。

しかし、証明内容の疑問点は解消されず、むしろ疑問点は大きくなった。特に、本人が受け取っていない脱退一時金が支払われたようになっているが、この金はどこにいっているのか？

そこで、私たちは、このことを解明するには、連行韓国人労働者が働かされた三菱鉱山佐渡鉱業所に対する退職一時金支給の有無を確認する調査が必要であり、厚生省の責任で実態の調査を行うことを要求した。これに対する厚生省の調査を約束させ、2時間にわたる折衝を終えた。

新潟県庁保険課での折衝経過

十一月二十七日韓国から盧・尹（本人）・金（遺族）さんの三名が来日した。

翌二八日、新潟県庁保健課を訪問し、新潟西社会保険事務所から発行された厚生年金の加入期間確認証明書の内容について折衝した。

その内容は、

一、確認申請書の受理さけれた者　十四名

一、うち脱退一時金の支払い処理のされている者　七名

一、うち掛け金が掛け捨てとなっている者　四名

一、台帳に記載されいているが、加入期間のない者　三名

の結果で有った。

しかし、その証明内容には、いくつかの疑問点があった。

一つは、厚生年金の加入期間が勤務期間と相違していること。

一つは、脱退一時金が支払われたことになっているが、該当者が受け取っていないことである。

特に、脱退一時金について当事者である盧さん・尹さんは「貰った覚えがない」と強く抗議をした。

これに対して、保険課の職員は、「確認書を発行した新潟西保険事務所は、書類の通過機関にすぎず元資料は厚生省（社会保険庁）にあるので、即答はできない。」と答えた。

そこで私たちは、明二十九日厚生省で本日と同様の折衝をするので、疑問点に答えられるように、厚生省に連絡をとることを約束させ県庁折衝を終わった。

厚生省での折衝経過

翌十一月二十九日朝、「つなぐ会」からの二名を含む総勢九名が新潟を出発し、午後一時から東京の厚生省での折衝に入った。

まず、韓国来日者三名の自己紹介をうけて、厚生省（社会保険庁保険課長）より「韓国の皆さんには、たいへんに迷惑をおかけした。心より謝罪します。」との、謝罪挨拶があった。

厚生省は、さきの新潟での疑問点に対して、厚生年金の元台帳の写しを提出した。

しかし、証明内容の疑問点は解消されず、むしろ疑問点は大きくなった。特に、本人が受け取っていない脱退一時金が支払われたようになっているが、この金はどこにいっているのか？

そこで、私たちは、このことを解明するには、連行韓国人労働者が働かされた三菱鉱山佐渡工業所に対する退職一時金支給の有無を確認する調査が必要であり、厚生省の責任で実態の調査を行うことを要求した。これに対する厚生省の調査を約束させ、二時間にわたる折衝を終えた。

⑤厚生年金確認結果

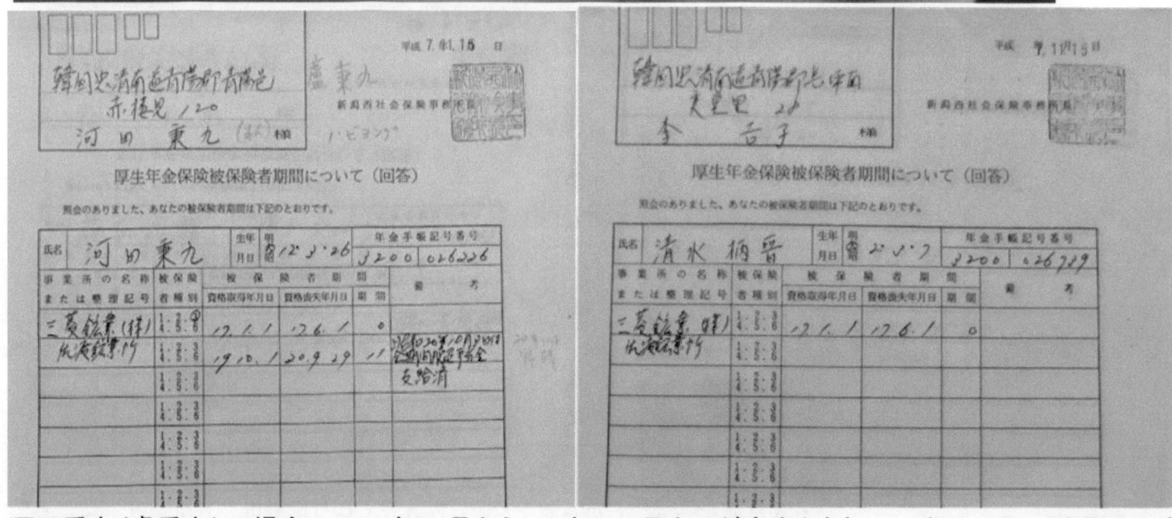

平成7年11月15日

韓国忠清南道青陽郡青陽邑
赤楼里 120
河田秉九 様

盧秉九

新潟西社会保険事務所長

厚生年金保険被保険者期間について（回答）

照会のありました、あなたの被保険者期間は下記のとおりです。

氏名	河田秉九	生年月日	明・大・昭 12.3.26	年金手帳記号番号	3200 026226

事業所の名称または整理記号	被保険者種別	資格取得年月日	資格喪失年月日	期間	備考
三菱鉱業(株) 佐渡鉱業所	1.2.3 4.5.6	17.1.1	17.6.1	0	
	1.2.3 4.5.6	19.10.1	20.9.29	11	昭和20年10月 脱退手当金 支給済
	1.2.3 4.5.6				
	1.2.3 4.5.6				
	1.2.3 4.5.6				
	1.2.3 4.5.6				

平成7年11月15日

韓国忠清南道青陽郡定山面
大王里 28
李 吾子 様

新潟西社会保険事務所長

厚生年金保険被保険者期間について（回答）

照会のありました、あなたの被保険者期間は下記のとおりです。

氏名	清水柄晋	生年月日	明・大・昭 2.2.7	年金手帳記号番号	3200 026729

事業所の名称または整理記号	被保険者種別	資格取得年月日	資格喪失年月日	期間	備考
三菱鉱業(株) 佐渡鉱業所	1.2.3 4.5.6	17.1.1	17.6.1	0	
	1.2.3 4.5.6				
	1.2.3 4.5.6				
	1.2.3 4.5.6				
	1.2.3 4.5.6				
	1.2.3 4.5.6				

河田秉九（盧秉九）の場合、1942年6月から44年10月までが空白とされ、45年10月に脱退手当金が支給済みとされていた。

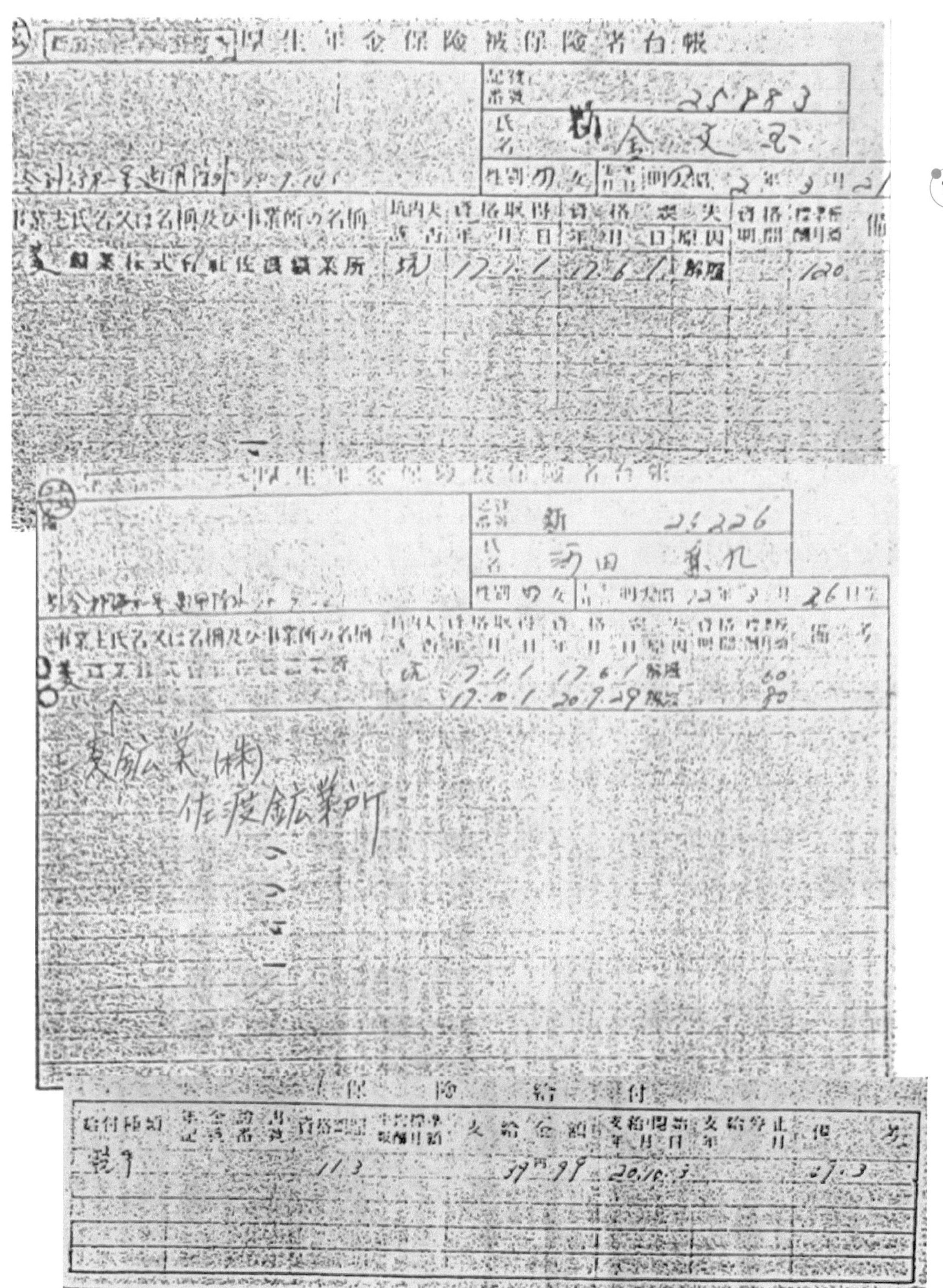

厚生年金保険被保険者台帳

記号番号 25883

氏名 金文国

生年月日 明大昭 2年9月21

事業主氏名又は名称及び事業所の名称	坑内夫	資格取得年月日	資格喪失年月日	原因	資格期間	標準報酬月額	備考
三菱鉱業株式会社佐渡鉱業所	坑	17.2.1	17.6.1	解雇		120	

厚生年金保険被保険者台帳

記号番号 新 25226

氏名 河田 秉九

生年月日 明大昭 2年9月26日

事業主氏名又は名称及び事業所の名称	坑内夫	資格取得年月日	資格喪失年月日	原因	資格期間	標準報酬月額	備考
三菱鉱業株式会社佐渡鉱業所	坑	17.2.1	17.6.1	解雇		60	
		17.10.1	20.9.29	解雇		80	

三菱鉱業(株)
佐渡鉱業所

保険給付

給付種類	年金証書記号番号	資格期間	平均標準報酬月額	支給金額	支給開始年月日	支給停止年月日	備考
脱手		113		39円99	20.10.3		27.3

上　金文国の厚生年金保険被保険者台帳　　下　盧秉九の保険者台帳、解雇が2回とされている。

三菱鉱業(株)佐渡鉱業所強制連行韓国人労働者厚生年金期間確認証明(厚生省資料から作成)

No	氏名	住所	生年月日	厚生年金番号	種別	資格取得	資格喪失	期間	備考
1	盧 秉九 (河田 秉九) 本人	忠清南道青陽郡青陽邑赤楼里 ☎	大12.3.26	3200-026226	3	17.1.1 19.10.1	17.6.1 20.9.29	0 11	昭和20年10月3日付全期間脱退手当金支給済
2	尹 鐘光 (伊藤 鐘光) 本人	忠清南道青陽郡木面安心里 ☎	大11.10.24	3200-026239	3	17.1.1 19.10.1	17.6.1 20.5.19	0 7	昭和21年1月22日付全期間脱退手当金支給済
3	金 文国 (同 上) (遺族) 長男 金 平純	忠清南道論山郡恩津面城坪里 ☎	大2.3.27	3200-025883	3	17.1.1	17.6.1	0	
4	李 炳俊 (清水 柄普) (遺族) 長女 李 吉子	忠清南道青陽郡長坪面美堂里 ☎	大2.3.7	3200-026739	3	17.1.1	17.6.1	0	
5	朴 準宅 (江水 準宅) (遺族) 子 朴 正来	忠清南道青陽郡定山面帝里 ☎	明44.12.18	3200-066942	3	17.3.17 19.10.1	17.6.1 20.9.29	0 11	昭和20年10月3日付全期間脱退手当金支給済
6	金 忠一 (金山 忠一) (遺族) 長男 金 豊縞	忠清南道青陽郡定山面帝里 ☎	大2.12.27	3200-066934	3	17.3.17 19.10.1	17.6.1 20.9.29	0 11	昭和20年10月3日付全期間脱退手当金支給済
7	金 浩炳 (佘山 浩炳) 本人	忠清南道青陽郡定山面帝里 ☎	大11.3.10	3200-066938	3	17.3.17 19.10.1	17.6.1 20.9.29	0 11	昭和20年10月3日付全期間脱退手当金支給済
8	李 成龍 (岩本 成龍) (遺族) 妻 金 小南	忠清南道青陽郡定山面帝里5 ☎	大9.7.20	3200-066943	3	17.3.17 19.10.1	17.6.1 20.9.29	0 11	昭和20年10月3日付全期間脱退手当金支給済
9	兪 燮鉉 (松村 同上) 本人	京畿道仁川市南区朱安五洞	大12.2.28	3200-026245	3	17.1.1 19.10.1	17.6.1 20.8.1	0 10	
10	金 壽業 (金城 壽業) (遺族) 子 金 載徳	忠清南道青陽郡定山面龍頭里 ☎	明40.3.15	3200-066935	3	17.3.17 19.10.1	17.6.1 20.9.29	0 11	
11	尹 魯遠 (伊原 魯遠) (遺族) 長男 尹 鐘一	忠清南道青陽郡木面新興里	大5.7.13	3200-026241	3	17.1.1	17.6.1	0	
12	尹 鐘甲 (遺族) 子 尹 鎮洙	忠清南道青陽郡木面新興里	大9.11.16	3200-026242	3	17.1.1 19.10.1	17.6.1 20.5.7	0 7	
13	尹 鎬京 (尹原 鎬京) (遺族) 子 尹 定洙	忠清南道青陽郡木面新興里	大4.12.1	3200-026240	3	17.1.1 19.10.1	17.6.1 20.9.29	0 11	昭和20年10月3日付全期間脱退手当金支給済
14	姜 喜泰 (岡田 喜泰) (遺族) 子 姜 鐘興	忠清南道青陽郡雲谷面茅谷里	明40.10.6	3200-066854	3	17.3.17 19.10.1	17.6.1 20.2.10	0 4	

⑹未払金資料

1946 年 10 月の佐渡鉱山での朝鮮人労務者の未払賃金の交渉記事。交渉により佐渡鉱山は労務者名簿を渡すことになった（新潟日報 1946 年 10 月 9 日）。のち、未払金は供託された。

佐渡鉱業所の供託史料　供託金額と債権者数が記されている。

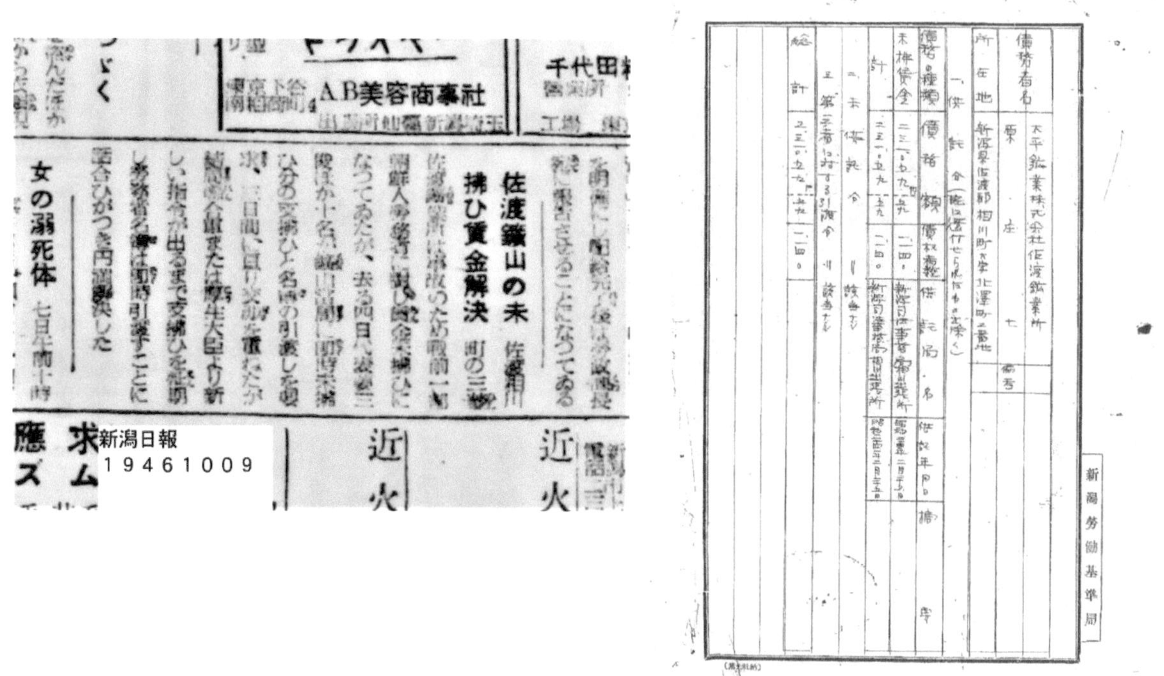
佐渡鑛山の未拂ひ賃金解決

女の溺死体

A.B美容商事社

新潟日報
19461009

新潟労働基準局

佐渡鉱山の供託史料　1949 年に未払金として供託された金額は 23 万円を超え、1959 年に時効とされ、国の歳入とされた。

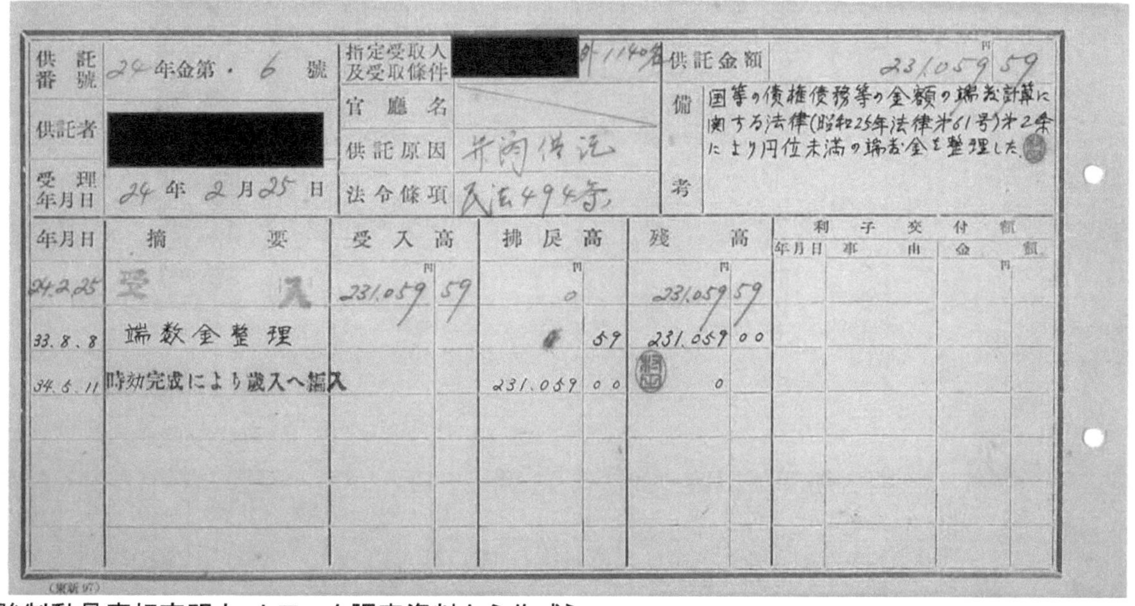

供託番號	24 年金第・6 號	指定受取人及受取條件	[黒塗り] 外 1140名	供託金額	231,059 円 59
供託者	[黒塗り]	官廳名		備考	国等の債権債務等の金額の端数計算に関する法律(昭和25年法律第61号)第2条により円位未満の端数金を整理した。
		供託原因	弁済供託		
受理年月日	24 年 2 月 25 日	法令條項	民法494条		

年月日	摘要	受入高	拂戻高	殘高	利子交付額 年月日	事由	金額
24.2.25	受入	231,059 円 59	0	231,059 円 59			
33.8.8	端数金整理		59	231,059 00			
34.6.11	時効完成により歳入へ編入		231,059 00	0			

〔強制動員真相究明ネットワーク調査資料から作成〕

⑺新聞記事

潟　12版▲　1995年(平成7年)11月27日　月曜日　朝日

「マイナスだった面はプラスにしていく」

あなたの隣で〈下〉

■「ポスト戦後50年」によせて

懸け橋

かつて、三菱鉱業佐渡鉱業所（佐渡金山）で働いていた朝鮮人は推定千二百人以上で、県内では一番多かったとされる。だが、「過去・未来—佐渡と韓国をつなぐ会」代表の林道夫さん(61)は、その事実を「子どものころから知らなかった」という。

寺を継ぐため、一九八六年に小木町へUターン。相川町の廃虚跡が朝鮮人用の作業員宿舎だったことを知り、調べ出した。

しかし、昔の佐渡金山の様子や生活ぶりなどが細かく載った資料や本は数々あるが、「強制的に連れてこられ、日本のために汗を流した多くの朝鮮人労働者の証（あかし）」を見つけるのが困難なことに驚いた。

▼▽▼

県内の市民グループや在日韓国・朝鮮人の仲間と手を結び、交流を始めた。九一年には韓国へ渡り、佐渡金山で坑内員として働いていた人たちを突き止め、聞き取り調査もした。

その一人、Aさんの場合は——。

結婚して生まれた子どもがヨチヨチ歩きのころ、「天皇のために日本で働け」と強制連行された。どことも告げられないまま着いたところが、佐渡だった。

きつく危険な労働。落盤事故で、足が不自由になった。終戦で帰国すると、子どもは死んでおり、妻は「（夫は）二度と戻ってこない」と思い、再婚していた。足は不自由のままで、思うように働けない……。

強制連行による悲劇の一端を、肌で感じた。

▼▽▼

また、朝鮮人労働者の厚生年金保険が、終戦などによって「掛け捨て」状態にあることも分かった。今年七月、再び韓国へ出向き、三菱鉱業佐渡鉱業所で働いていた十九人（遺族）から委任状をもらい、国に補償を求めることにした。

「つなぐ会」の会員で、保険制度に詳しい社会保険労務士の小杉秀雄さんは「単なる掛け捨てではなく、戦争という特異な例。戦後処理として、特別に補償すべきだ」と考えている。

韓国から当時の労働者二人と遺族一人を招請し、二十八日から、国（厚生省）や県に働きかけていく。来月一日には、相川町で集会も開く。今回招いた韓国の人から、当時働いていた現場などを訪ねながら話を聞くことにしている。

▼▽▼

朝鮮人労働者がほんでいた寮は現在、拘置所跡として残っている＝佐渡・相川町で

「かつて、佐渡の人たちの生活の中に朝鮮人労働者がいた。家族を含めると、二千人以上になる。しかし、五十年たった今、関係者はもちろん、学者や知識人で積極的に調べる人もおらず、何もなかったようになっていること自体が怖い」と林さん。

一方で、韓国からきたお嫁さんから学んだり、ハングル講座が開かれたりしている。「これからは韓国の人たちとの交流が盛んになり、観光客が佐渡金山を訪れる機会も増えるだろう。北朝鮮（朝鮮民主主義人民共和国）も、いずれそうなるでしょう。事実を究明して理解し、マイナスだった面はプラスにしていく努力が必要だと思う」

今後も調査や交流を重ねていくとともに、働いていた場所などに碑を建てたり案内板を出したりするなど、何らかの形で「朝鮮人労働者」の足跡を残していきたい、と思っている。

（小野沢　保夫、秘沢　達子）

朝日新聞新潟版 1995 年 11 月 27 日

12版▲　1995年(平成7年)12月12日　火曜日　朝刊

続・あなたの隣で ＜上＞

■「ポスト戦後50年」によせて

峠

「強制」から「共生」へ

時間や国超えて交流

「半年間、軍隊式の訓練を受けた後、寮に。食事は粗末だった。ご飯は五分間で食べ、寝ることまで統制下に置かれた。削岩の仕事をしたが、石ぼこりがひどかった。海の下まで行って掘った」

「強制的に連れて来られたため、日本人に監督され、隷属する地位にしかいなかった。労賃も、どうなっているのか分からないままに置かれた」

「振り返ると、当時働いていた韓国の仲間の大部分が亡くなった。私が今回、（佐渡に）来れたのは生きていたからで、奇跡としか言えない」

▼▽▼

こう語るユン・ジョンガンさん(七三)は戦時中、朝鮮半島から三菱鉱業佐渡鉱業所（佐渡鉱山）に強制連行された一人。終戦で帰国して以来、五十年ぶりに、住民グループ「過去・未来―佐渡と朝鮮をつなぐ会」（林道夫代表）の招きで佐渡島を訪れたのだった。

今月一日、当時住んでいた佐渡・相川町の寮跡地などを見て回ったあと、町内で開かれた「証言を聴くつどい」に出席。怒りを表面に出さぬよう気遣いながら、穏やかな口調で、つらかった半世紀前の暮らしぶりなどを紹介した。

「つどい」には十数人が参加したが、歳月の経過もあって「朝鮮人労働者がいたことは知らなかった」という町民もおり、「労働時間はどのくらいだったのか」「削岩のほこりがひどかったというが、珪肺（けいはい＝坑夫らがかかる職業病）の心配は」など、熱心な質問も出た。

▼▽▼

一方、受け入れ側の和倉政三町長は「当時の日本は総国民・総生産で、迷惑をおかけしたこともあった。過去のご苦労に感謝したい」と、ユンさんらに素直にわびた。

一行は、当時たばこの配給や現金書留を扱っていた地元のお年寄りとも再会。「記憶に残っている」「あの節は」などと言葉を詰まらせながら、固く握り合った手を離そうとはしなかった。そこには、半世紀という空白や国と国とのわだかまりを超越した「心の交流」が感じられた。

「日本に、そして強制連行されていた佐渡鉱山に来れるとは、夢にも考えなかった。皆さんの熱意によって夢をかなえてくれ、感謝しています」。来るまでの不安は消え去った、というユンさんは「私たちを心から迎え温かくもてなしてくれた、と皆に伝えたい」と言い残し帰国した。

▼▽▼

「つなぐ会」が佐渡に強制連行された労働者を招いたのは、二回目。

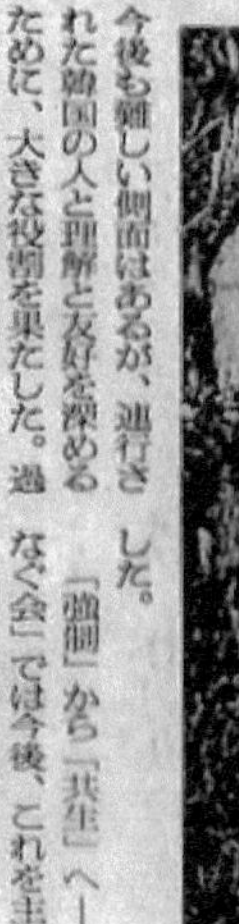

今回の通訳を担当したのは、在日朝鮮人で「コリアン問題強制連行等新潟県研究会」の張明秀さん(六三)だ。

「佐渡と相川の皆さん、『つなぐ会』の皆さんの熱意で実現できた。今後も難しい側面はあるが、連行された韓国の人と理解と友好を深めるために、大きな役割を果たした。過去の『峠』を乗り越えていく力になったと思う」と、訪問の意義を強調した。

「強制」から「共生」へ――「つなぐ会」では今後、これを主眼に据えた運動や交流を深めることで、賛同者が増えることを期待している。

佐渡鉱山の跡を見て回るユンさん（右）たち＝1日、相川町で

戦時中に強制連行

韓国人が佐渡再訪

鉱山跡訪ね知人と再会

お年寄りとの再会を喜ぶユンさん(右)と、ノさん（中央）＝相川町で

戦時中、強制連行により佐渡鉱山で働かされた韓国人二人が一日、佐渡・相川町を訪れた。町長を訪問した後、当時働いていた佐渡鉱山跡などを見て回り、知人らと再会した。

二人は、ユン・ジョンガンさん(七三)とノ・ビョングさん(七二)。

「過去・未来―佐渡と朝鮮をつなぐ会」（林道夫代表）が、厚生年金保険の掛け捨て問題で招待したもので、ユンさんは戦後初めての来島、ノさんは二回目となる。

和倉政三町長が「当時はご迷惑をかけたこともあったでしょう。おわびしたい。これからは理解と協力の中で交流を深めていきたい」と話すと、二人は「佐渡と相川のみなさんに招いていただき、感謝している」と述べた。

また、当時、朝鮮人労働者のたばこや現金書留を扱っていたお年寄り(九三)と再会した。お年寄りは、終戦で帰る二人をトラックに同乗して見送った経験を持つ。「ご壮健でなにより」「国元へ時々送金したのを覚えている」などと、手を取り合いながら語り合った。

ユンさんは、厚生年金保険の掛け捨て問題について「強制連行され、食べ物はない状況の中で働かされ、給料の中から掛け金を天引きされた。今日、日本は世界でも名だたる富める国。補償するのが当たり前だと思う」と語った。

朝日新聞　新潟版

1995年12月2日

同12月12日

潟 12版▲ 1995年(平成7年)12月14日 木曜日 朝日新聞

続 あなたの隣で <下>

■「ポスト戦後50年」によせて

親と子

寡黙な父親がカンパ

過去の真実を次世代へ

韓国・忠清南道で農業を営むキム・スンピョンさん([illegible])は、佐渡金山で強制労働に従事し四十年前に亡くなった父・ムングックさんの没後四十年の祭祀(さいし)を十八歳の長男らに任せ、「過去・未来―佐渡と朝鮮をつなぐ会」(林道夫代表)の招きで先月下旬、来日した。

長男であるキムさんは年に十回ほど、一族の祭祀を取り仕切っている。年長者を敬う気持ちの強い韓国で、夜を徹しての父親の祭祀は、優先順位が高い。一族の長男が出席しないというのは、余程のことだ。

しかし、父が味わった苦しみに何かの形で報いたかった。「出発の日が祭祀の日と重なることを知った時、父が『行け』と言ったような気がしました」と、キムさんは振り返る。

▼▽▼

長女([illegible])の結婚式が迫り、仲間より一足早く帰国することになったキムさんは帰国前夜、「つなぐ会」と親交のある新潟市の医師まゆずみ・ただしさん([illegible])に「五十年もたった今、なぜ旅費まで出して私たちを招いてくれたのですか」と、疑問を投げかけた。

まゆずみさんの父親([illegible])はかつて、中国大陸で戦った。が、まゆずみさんはそのことを、父親から一度も聞いたことがない。家庭にあって、父は常に寡黙だった。「若くて元気いっぱいに活躍した時代のことを、子どもに話せなかったんだと思う」

▼▽▼

強制労働の問題に携わって、その思いは強くなった。二年前に招いた中国人元捕虜の息子は、父から聞いた日本での生活を文章に書いていた。キムさんも、佐渡で吸い込んだ細かいケイ素片で肺をやられ病床に伏していた父から、日本での出来事を聞いている。

そんな中国や韓国の親子関係が、まゆずみさんには、うらやましくてならない。だから、機会があるごとに、自分のやっていることを父親に告げている。そうやって、溝を埋めたいと思うからだ。

今年の夏、群馬から来て孫たちに小遣いをやろうとする父親に、まゆずみさんは強制連行されていた人たちを佐渡に招くことを説明し、「小遣いもいいけど、カンパしてくれよ」と頼んだ。

父親は、黙って五千円札を息子に握らせた。

▼▽▼

キムさんも、多くの韓国人のように「日本が嫌い」だった。佐渡での重労働がたたって三十六歳で亡くなった父に代わり、一家の大黒柱として苦労してきたこともあって、どうしても手に入らないトマトの種以外の日本製品は使わないようにしてきた、という。

しかし、三年前に初めて日本を訪れ、「つなぐ会」の人たちと時を過ごすうち、気持ちが変わった。「自分の利益にならないことを、これだけ一生懸命やってくれる人と会って、憎む気持ちにはなれなかった」からだ。

いずれ家族五人全員で新潟に来たい、と考えている。「娘に通訳をしてもらいたい、と思っているんです。お世話になったのに、お礼の言葉ひとつ日本語で言えなかったから」

(小野沢 保夫、砂沢 董子)

父親の思い出を語るキム・スンピョンさん。次女には日本語のテキストを買い与えた、という＝11月下旬、県庁で

朝日新聞新潟版 1995 年 12 月 14 日[33]

---

[33] 記事ではキムスンピョン（金純平）となっているが、キムピョンスン（金平純）の誤記

強制労働の厳しさを切々と語る韓国人元労働者（右側2人）

生きてここに…奇跡だ

佐渡連行の2韓国人証言
強制労働の実態切々
相川町で集い出席

第二次世界大戦中、日本に強制連行され、佐渡相川町の佐渡金山（三菱鉱業佐渡鉱業所）で働かされていた韓国人元労働者二人が一日、佐渡を訪れ佐渡金山を見学した。夜には「証言を聴く集い」（過去・未来―佐渡と朝鮮をつなぐ会主催）が相川町の大佐渡開発総合センターで開かれ、参加者は強制労働の実態について耳を傾けた。

相川町を訪れたのは盧秉九（ノ・ビョング）さん（七〇）と尹鍾洸（ユン・チョングヮワン）さん（七三）の二人。盧さんは三年前に続いて二度目、尹さんは初めての佐渡訪問。

この日、二人は和倉政三相川町長を表敬訪問。その後、金山跡や生活していた寮を見学した。また、当時郵便局に勤めていた、旧知の同町大工町の富田毅さん（九三）と再会。お互いの無事を喜び合った。

夜開かれた「証言を聴く集い」では、尹さんが金山訪問を振り返り「働いていた大部分の人たちが亡くなった。今日まで生きてここに来ることができたことは奇跡だ」と感慨深く語った。掛け捨て状態になっている厚生年金に関して「何の権利もなく労賃がどうなっていたのかも全く分からない。戦後五十年。日本は、私たちのことを誠実に考えるべき」と強く訴えた。

厚生年金保険の掛け捨てに関してつなぐ会の報告では、帰国後に脱退一時金が支払われているケースや、厚生年金の被保険期間に加入していたもののその後、一年半にわたって加入[illegible]ないなど、厚生省の被保険者期間確認通知書に事実の不備な点があるという。

新潟日報 1995年12月3日

新潟日報

佐渡連行韓国人
国へ救済措置要請

第二次世界大戦中、日本に強制連行され、佐渡金山（三菱鉱業佐渡鉱業所）で働かされていた韓国人元労働者と遺族三人が二十九日厚生省を訪ね、戦時中に天引きで積み立て掛け捨て状態となっていた厚生年金保険について、救済措置を講ずるよう要請した。

厚生省を訪ねたのは韓国忠清南道の盧秉九（ノ・ビョング）さん（七〇）ら三人。市民団体「過去・未来―佐渡と朝鮮をつなぐ会」の林道夫代表らが同席し、国側は星野順・社会保険庁企画年金管理課長、間杉純・厚生省年金課企画官が応対。

一行は席上、県段階で確認できなかった厚生年金保険の加入記録など、台帳による支払いの事実確認を求めた。つなぐ会によると、国側は請求された十九人のうち書類が確認できた十四人について回答。台帳上、七人に終戦後に脱退一時金が支払われたことになっており、三人については台帳に名前があるものの加入期間の記入がなく、残り四人は掛け捨て状態になっていると説明した。掛け捨ての四人のうち、加入期間が短く資格なしとされた一人を除く三人への脱退一時金の支払いについては、社会保険審議会で審議中の時効の問題の行方を見守る―などとした。

一行は前後して政府与党を訪ね、この問題についての特別立法の努力を求めた。つなぐ会は、現行法でこうした人たちに年金受給の権利はなく脱退一時金が支払われても百円程度にしかならないことから、日本人なみの老齢年金が支給されるよう求めている。

新潟日報 1995年11月30日

佐渡連行韓国人

保険料返還求め確認申請

県「ムリ」国に要請へ

県に厚生年金保険支払いの事実確認を求める韓国人の元鉱山労働者とその遺族＝28日、県庁

第二次世界大戦中、日本に強制連行され、佐渡相川町の佐渡金山（三菱鉱業佐渡鉱業所）で働かされていた韓国人元労働者と遺族が二十八日県庁を訪れ、戦時中に積み立てていた厚生年金保険の加入記録など、台帳による支払いの事実確認を求めた。しかし県段階では確認ができないため、一行は二十九日に上京、厚生省と自・社・さきがけの政府与党に対し、台帳の閲覧とともに、保険料返還による早期解決を要請する。

この日、県庁を訪ねたのは、韓国忠清南道の盧秉九さん(七二)、尹鐘洸さん(七三)と金文国さん（故人）の長男平純さん(四八)の三人。四年前から強制連行の実態を調査、支援している市民団体「過去・未来―佐渡と朝鮮をつなぐ会」の林道夫代表らが同席した。

つなぐ会が七月、韓国で元労働者（遺族を含む）十九人から実施した聞き取り調査によると、十七年から終戦まで「労働者年金保険」に強制加入させられ、保険料を給料から天引きされていた。書類が確認できた十四人のうち、七人は台帳上は終戦後に脱退一時金が支払われたことになっており、残る七人は掛け捨て状態か、加入記録さえないという。

今回来日した盧さん、尹さんとも、台帳には「支払い済み」の記載があるものの、両氏に受け取った記憶はない。尹さんの場合、帰国後に一時金が支払われている矛盾点も明らかになっている。金さんの父は年金手帳があるのに、加入記録がないケース。

この日三人は「金をもらった覚えがない」「事実と違う」と口々に訴えた。また林代表は「関係者は高齢化が目立ち、亡くなるまでこの問題が引っ掛かるのは不幸なこと。一日も早い解決を」と県に協力を要請した。県は「事実の確認はできない」（関一男・保険課保険指導室長）としたものの、国に伝えることを約束した。

新潟日報 1995 年 11 月 29 日

韓国人元労働者ら

厚生年金返還など訴え

県庁訪問 国に調査要請申し入れ

戦争中、強制加入させられていた厚生年金の返還などを求めて来日した韓国人の元労働者と遺族三人が二十八日、市民グループ「佐渡と朝鮮をつなぐ会」（林道夫代表）の関係者とともに県庁を訪問した。社会保険事務所を通じて取り寄せた厚生年金の被保険者期間の疑問点を指摘するとともに、厚生省に対し、詳しい調査をするよう要請することなどを申し入れた。

来日しているのは韓国忠清南道のノ・ビョングさん（七三）、ユン・ジョンガンさん（七三）、キム・ムックグさん（故人）の長男、キム・ピョンスンさん（四八）の三人。ノさんたちは三菱鉱業佐渡鉱業所（佐渡金山）で、坑内員として終戦まで強制労働をさせられていた。

「つなぐ会」はこの夏に韓国を訪問、佐渡で強制労働をしていた元労働者とその遺族約三十人に聞き取り調査をし、十九人に関して委任状などを準備。厚生年金の被保険者期間確認を求める手続きを取った。

二十七日に来日したノさんとユンさんが、会が取り寄せた保険料支払いの記録を見たところ、二人とも脱退手当金を受け取っていないにもかかわらず、書類上は支払われたことになっていたことがわかった。

亡くなったキムさんの場合は一九四二年以降、保険料を支払っていないことになっていた。「強制加入だった保険料を支払っていないのは疑問だ」と、ピョンスンさんは指摘している。

このほか、手に入れた十四人分の資料を調べたところ、保険金が掛け捨ての状態になっているのが四人、脱退手当金を支払ったことになっているのが七人、残り三人は保険料を支払っていない——となっていた。

「つなぐ会」は「直接、我々が厚生省と交渉するのには限界がある」として、①脱退手当金支払いの実態がどうだったか②今回、確認された十四人分の保険金の支払い状況をもっと詳しく調べられないか——などについて、関係省庁への調査を求めた。要望について、県保険課は「できるだけのことはしたい」と答えた。

三人と「つなぐ会」は二十九日、厚生省と県選出の与党国会議員を訪ね、現状を訴える予定だ。

「脱退手当金は受け取っていない」と訴えるノさん（右）、ユンさん（中央）、キムさん＝県庁で

「佐藤巻町長にやってほしい」

東北電力新潟支店長

東北電力の有田浩三・新潟支店長は二十八日、マスコミ各社との懇談会で、原子力発電所建設を巡り、西蒲・巻町の住民団体が呼びかけている佐藤莞爾町長のリコール（解職請求）を求める署名が法定数に達する可能性が高まったことについて、「署名が相当数集まったとは聞いているが、（電気事業者の立場では）何ともいえない」と、明言を避けた。また、「佐藤氏には職務上の行過もなく、原発推進を掲げて当選した町長だから（引き続き）やってもらいたい」と述べた。

新潟

新潟支局（〒951）
新潟市川岸町1-47-2
☎025-266-2151
ファクス266-2155

長岡支局（〒940）
長岡市城内町 3-3-1
☎0258-35-1234

上越支局（〒942）
上越市五智 1-8-1
☎0255-43-6111

県内取材網

佐渡	0259-27-3516
柏崎	0257-22-2005
新発田	0254-22-2080
三条	0256-32-0529
六日町	0257-72-2620

きょうの降水確率
6—12時（%）12—18時

6—12時		12—18時
70	上越	60
70	中越	60
60	下越	60
20	佐渡	20

◇きょう【全県】北西の風やや強く
々晴◇あす【全県】北西の風のち強く
曇時々雨
【海上】きょう＝波は2・5㍍、あ
㍍

朝日新聞新潟版 1995 年 11 月 29 日

佐渡金山 朝鮮人強制労働の真相究明

韓国研究者が初の現地入り

精錬所跡など見学

第二次世界大戦中の朝鮮人強制労働の実態を調べている韓国の「民族問題研究所」研究室長の金敏喆さん(三九)と、太平洋戦争被害者補償推進協議会事務局長の金銀植さん(三〇)が十二日、多くの朝鮮人が働かされていた佐渡金山(三菱鉱業佐渡鉱業所)のあった佐渡相川町を訪れ、現地調査した。

精錬所跡を見下ろしながら、地元佐渡の研究家から説明を受ける金銀植さん(右から2人目)と金敏喆さん(左)=12日、相川町下山之神町

「新しい歴史教科書をつくる会」の教科書問題をめぐり議論が高まるなか、韓国では戦時中の強制動員の真相究明に向けた法制化の動きが進んでおり、そのための調査で来日した。

金山で働かされていた韓国人元労働者が再訪したことはあるが、研究者の現地入りは初めて。

二人は「佐渡と朝鮮をつなぐ会」代表の林道夫さん(五四)=小木町宿根木=らの案内で、朝鮮人労働者が働かされていた精錬所跡や沈殿槽跡、寮跡などを見学、地元研究調査グループの活動報告に耳を傾けた。

金敏喆さんは「日本人労働者についてはさまざまな記録が整理されているが、残念ながら朝鮮人の記録は少ない。それでも、日本にも地道に研究している人たちがいることに希望を持っている」と話した。

新潟日報 2001 年 9 月 13 日

佐渡金銀山

「朝鮮人労働者」風化に待った!!

在日ら「相愛寮」調査

痕跡撮影、次代へ資料作り

佐渡金銀山遺跡を見ながら当時の朝鮮人の様子の説明を受けた参加者たち＝18日、佐渡市相川北沢町の製錬場跡

佐渡金銀山で朝鮮人労働者が働いていたことを風化させないようにと、在日本朝鮮青年同盟新潟県本部のメンバーらが十七、十八の両日、佐渡市相川地区の朝鮮人労働者が住んでいた寮の跡地などを現地調査した。参加者は地元の専門家の説明を聞きながら、現地をカメラやビデオに熱心に収めていた。

同県本部では、在日コリアンの三世や四世のために、県内で働いた朝鮮人労働者らの歴史を伝えるビデオなどの資料集作りをしている。今回は県内最後の取材地点として、佐渡を訪れた。

同県本部のメンバー三人のほかにも、敬和学園大学のゼミ生ら十四人が参加し、佐渡で朝鮮人労働者の問題を調べている林道夫さんが、ガイドした。

十七日は、現地学習会として、林さんが一九九二年に韓国へ行き、佐渡金銀山で働いた経験のある韓国人を聞き取り調査したビデオを見るなどして当時の様子を学んだ。

十八日は、佐渡金銀山遺跡のほか、朝鮮人労働者も住んでいたといわれる寮「相愛寮」の跡地などを視察した。現在は荒れ地となり、草や木が生えていて、石垣や建物の基礎の跡だけが当時の痕跡を残している。参加者は、林さんの説明をメモに取ったり、石垣などの痕跡を写真に撮るなどしていた。

同県本部の呉泳珠委員長(三二)は「二十年前にはあった建物跡が、その後の環境整備によって、探さないと分からなくなっているものが多い。全部とは言わないが、立て看板などで残してほしい」と話していた。

新潟日報 2004 年 4 月 22 日

5　71号　2012年（平成24年）5月28日（月）　島の新聞

鉱山で働かされた朝鮮人労働者

強制労働と日韓交流の歴史

佐渡金銀山の世界遺産登録へ向けて華やかな歴史が伝えられる一方で、語られなくなった鉱山の歴史がある。水替人足として働かされた無宿者に次ぐ、もう一つの強制労働。日本全国の鉱山史に残る中国人・朝鮮人の強制労働は、佐渡鉱山も例外ではなかった。一九三九年から三菱鉱山が徴用して太平洋戦争が終わるまで、佐渡鉱山で働かされた朝鮮人は一二〇〇人以上にのぼる。

「共同浴場や炊事場、相愛寮の跡地などに、説明板を立てて保存するなどして、この歴史もきちんとわかるように残してほしい。韓国からの観光客も来るようになった今、佐渡と韓国の交流の歴史も伝えたい」

宿根木称光寺の林道夫住職は、このままでは忘れ去られてしまうと危惧している。

相愛寮は昭和八年に部屋制度がなくなった後の鉱山労働者の宿舎で、第一～第四まであり、朝鮮人労働者はここに入っていた。この寮で暮らす人たちの共同浴場や炊事場が大工町にあった。今はコンクリートの基礎だけが残る。

名簿発掘と日韓交流

一九九〇年代初頭、本間寅雄（磯辺欣三）さんがまとめていた記録を読んで、林さんはこの事実を知り、相川町史編纂室に本間さんを訪ねた。

その頃、津南町の信濃川発電所ダム工事で朝鮮人が事故死したことを津南町史に取り上げられていないことについて、在日朝鮮人が抗議しており、それがきっかけで結成された「コリアン問題等研究会」が津南町で映画会を開催した。それを新聞で知って参加した林さんが佐渡鉱山のことを話すと、そのグループが佐渡へ調査に来た。

質屋・たばこ屋・郵便局を兼ねていた富田家に保管されていた朝鮮人宿舎への煙草配給台帳を本間寅雄さんから渡される。そこには第一・第三・第四相愛寮に入っていた朝鮮人約四六〇人の名前と生年月日があった。姓は日本名に改名されていたが、名前は朝鮮名のままだった。

その名簿を基に在日韓国人ジャーナリストの張明秀さんと林さんは、訪韓して調査すること三回、佐渡鉱山で働いていた人々を探しあてる。

「過去・未来—佐渡と韓国をつなぐ会」を結成して、一九九二年には、元労働者やその家族を韓国から招いて相川で交流会を開催した。南朝鮮出身者が多かったため、朝鮮戦争で南北が分断されてからは、韓国籍となっていた。

坑内で珪酸の粉塵を吸い込み、その後遺症で珪肺を病む者が多く、呼吸困難に陥り、結核を合併して亡くなった人の家族の話もあった。

それから二〇年が経ち、同会の活動も途絶えている。

「来島したのは七十代がほとんど、存命の人は少ないだろう」林さんはつぶやいた。

昭和20年頃の写真　前列右：趙戴勝（松山戴勝）中の子ども2名は新潟教会役員の子息、左：日本キリスト教団相川教会野村穂輔牧師　後列右：盧秉九（河田秉九）左：不明
写真提供：林道夫（帰国した元労働者が所有していた写真）

佐渡鉱山での労働実態

昭和十四年（一九三九）に始まった「朝鮮人労務者移入方針」により、新潟県に連行された朝鮮人は、同十七年一月には一七〇八人、そのうち八〇二人が佐渡鉱山へ。二十年三月までに総勢一二〇〇人が佐渡鉱山へ来たとされ、なかには家族を呼び寄せた者もいた。戦後はほとんどの人が帰還したが、佐渡に残り、日本人と結婚して佐渡で生涯を閉じた人もいる。

「強制連行」とはいえ、中国人のように拉致に等しい連行ではなく、朝鮮人の場合は半ば強制、「だまされて」来た者が多い。昭和十三年は、南朝鮮は大干ばつで飢餓に苦しみ、日本行きを志願した者、また、植民地支配により、日本政府に農地を没収され、日本へ行けば仕事があると言われて来た者、地域に日本渡航者数を割り当てられて、応募した者、不本意ながら従った者など、さまざまだ。

労働者募集に朝鮮に出向いた佐渡鉱山の労務担当者は、坑内労務者に珪肺を病む者が多く、また内地の若者が軍隊にとられて労働力が不足したためと語っている。

十八年六月、佐渡を会場に「朝鮮人労務管理研究協議会」が行われた。このときの調査資料によると、同年までの四年間で、佐渡鉱山への朝鮮人移入状況は一〇〇五人。うち死亡一〇人、送還や一時帰国などで四二一人が減員し、現在数は五八四人。稼働率は八〇%を超え、朝鮮人はよく働いていたと記されている。

坑内の採掘に多くの朝鮮人が配置され、日本人より労働条件の悪い仕事に従事させられていた。賃金に差はなく、寮や共同浴場は無料で提供され、家族用社宅も無料だった。

しかし、昭和十五年二月、四〇人の朝鮮人が会社に待遇改善の要求をし、会社はこれを認めた。また同年四月、「応募時の条件と違う」として賃上げのストライキを決行し、首謀者三人が強制送還されている。食費や寝具代、作業必需品などが本人負担だったこと、労務課・勤労課の一部に差別意識を持った人がいたことなどが原因だ。

太平洋戦争が始まると、佐渡鉱山は軍需工場として銅の生産に全力を注ぐが、生産実績があがらず、労働力に余剰をきたす。敗戦直前には、朝鮮人を埼玉県と福島県の軍需工場に集団派遣している。

大工町にある炊事場跡

読書

佐渡の本

「島の新聞」2012年5月28日

4　佐渡鉱山・朝鮮人強制労働の証言

(1) 鄭炳浩　聞き取り資料

全羅北道益山郡望城面新鵲里から動員、論山郡江景邑在住。1917年10月10日、満74年
1991年11月28・29日の論山での聞き取りから構成。

1943年[34]　1月20日頃に全羅北道の益山郡望城面新鵲里から連行された。当時28歳、20歳で結婚して、娘が一人生まれ、歩き始める頃だった。3，4反歩の小作農民だった。その時、同じ里から二人で動員された。里長が私に令状も見せず「お前は徴用が決まったから行かなくてはいけない」と言った。状況は徴用が来たと言われれば、行くしかない。どこへ行くのかも教えられずに一日おいて次の日に、里長が来て「行け」と催促した。妻は泣いて私をつかんだ。当時は韓国の青年をたくさん連れていった。拒めるような雰囲気じゃない。巡査員にひどく殴られる。

益山から論山の江景駅に連れていかれた。佐渡から来た日本人の募集係、60歳くらいであだ名を「コンセ」が連れて行った。望城面から20人なら20人、こんなふうに行くじゃないか。そこで班長を1人選ぶ。その募集係が選ぶんだ。班長に逃亡者の責任を持たせるんだ。人が1人でもいなくなるとお前が責任を取れと言って、その班長が引率するので自由に動けない。汽車で麗水まで直行した。麗水で一泊して朝、8時に船にのった。龍岩面や三箕面からも来た。船が揺れて、船酔いで食べられなかった。

暗くなって下関につき、そこから新潟まで汽車で行った。夜中に新潟に着き、船に乗せられ、佐渡に連れていかれた。港でトラックに乗せられ、佐渡鉱山の寮に連れていかれた。

そこで給料を貰うためにハンコを作れと言われた。その時、日本人の寮長からあんたの姓は「井上」にしろと言われた。動員された李キブニ、金東喆、ジョチュヨンは同じ村に住んでいた。金東喆、ジョチュヨンは一緒ではなく、あとから来た。

寮には学校の教室みたいな部屋があった。部屋に10人、12人が寝る。金周衡氏とは同じ寮で、部屋が違った。日本人の寮長は寮のなかに部屋を持っていた。寮にはのみやしらみが多かったので、寮長はバケツに机の脚をいれ、その上で寝た。朝鮮人はそのままのみやしらみのなかで寝た。

佐渡鉱山では銅も金も銀も出たが、戦時中で銅の生産が強調されていた。島だから逃げることもできないが、日本語の上手な人が逃げた。

一番方、二番方、三番方があり、一番方は朝5時からで、8時間ずつの三交替だった。朝一番に出る時は弁当を2つくれる。朝食べて、もう一つは昼用に包んで持って行く。

私は削岩に配置され、切羽で仕事をした。最初は先にいた人たち、技術者の下で働いて学んだ。だいたい3～4か月学んだら、その人を移動させて私が技術者になった。私の下にも作業を補助してくれる人がまたいた。二人一組にした。別の組を呼んで、一つの坑内で4人で作業をすることもある。6人で作業することもある。坑内が広いから。坑内に入る

---

34 1944年はじめと推定

と、最初にすーっと地面の下に70mくらい入る所がある。死の穴の中に降りて行った。そこを降りてまた行く。入ると坑内は蜘蛛の巣のよう、あっちこっちに分かれている。入り口はひとつなんだが、中で道が分かれる。１坑に入って、２坑に入る。そうするとまた分かれる。

削岩するのにあの重い機械を背負って梯子で登って、また上にそれまで上げ、梯子を５～６つくらい登る。登ってそこで作業をする。カンテラを片手に持って、はしごを登って上に行くんだ。まったく…登っている途中にカンテラの火が消えると本当に真っ暗だから、マッチで火をつけてまた登って。外へは昇降機で上がる。落ちたら死んで出ることもできない。

勤労報国隊の日本人は２か月間の動員で、仕事はたいしたことできない。上の坑から下の坑に落とすための穴に落ちて死んだ人がいた。報国隊員は坑内を怖がった。山之神の社宅には家族持ちがいた。マッコリを作り、売った人もいた。

1945年に入って、落盤で足をケガした。３ヶ月間入院した。そのときに同胞が弁当の一部を持って見舞いに来てくれた。退院して１ヶ月は保養所に行かされ、歩けるようになったら、寮に戻された。一月25円で４か月分、補償金で100円が出た。今でも、踏ん張ると痛むし、冷えるとしびれる。鉱山に来てから３ヶ月くらいたって家族連れの人が落盤で亡くなったという話は聞いた。20年１月頃、益山郡の五山面の国本が逃亡して、新潟でつかまり刑務所に入れられた話は聞いた。

動員される以前に就労拒否をしたが、警察につかまり、棍棒の先に皮を付けたもので殴りつけられる拷問を受けたという。その話を聞き、とても恐ろしくて抗議などできなかった。

月に25日就労すると、月収で25円になった。山之神にいた家族連れで100円を得る人もした。家族連れへの待遇が違った。寮生は入ったばかりで収入は少なかった。

解放後、仕事はせず、１か月ほどたつと、帰してくれることになった。退職金などはなかった。新潟から汽車で下関に行き、船に乗り釜山についた。

解放されて家に帰ってみたら、娘は亡くなっていた。妻は実家に帰っていていなかった。家族は破壊され、私は再婚することになった。帰ってからは、米の担ぎ屋や行商をし、農業をして、２人の子どもを育てた。いま思いだしても、鉱山は死の場所だった。危険で、ケガもしたし、死ぬ人もいた。

日本が補償する気があるのなら感謝するが、あえて求めない。苦しくても私は生きていく。佐渡に行く計画があれば、喜んで行きたい。

⑵ 金周衡　聞き取り資料

金周衡（キム・ジュヒョン)、1927年生まれ、全羅北道益山郡望城面新鵲里から動員、論山郡江景邑在住。1991年11月29日の論山での聞き取りから構成。

私はいま66歳〔数え、満64〕だよ。忠清南道の公州郡で生まれ、10才の時、全羅道の益山郡望城面新鵲里に移った。そこから17歳の時に動員された。その時、お父さんは61歳、お母さんも同い年。兄は何歳だったかな、いま83歳、私とはかなり離れてる。お兄さんは１人だけ〔兄弟は２人〕。小作農家で私はいつも働いていたよ。〔所有する〕土地なんてない。

その時の徴用、16か17歳の頃だけど、望城面の方から行けと、面役場の募集係が呼び出すんです。面で募集係が命令する。募集係がやって来て、行くぞという。募集係１人じゃなくて、区長〔里長〕も来た。各村を回らないといけないじゃないか。それで募集係がお前はあそこに行って、誰々を連れて来いと。そうなると、その人についていくしかな

い。お前は兄弟２人のうち１人は徴用に行かないといけないと言うんだ。

募集係、ヤツらに言われたら行くしかない。最初に行けと言われたのは、1年ぐらい前だった。私は何度も逃げたが、仕方なく行くと言った。最後には人を無理やり連れて行くんだ。だから行くんだよ、耐えられなくて。お前が行かなければ、お前の兄を連れて行くと言うんだ。お母さんは大泣きして怒っていました。末息子を送らないといけないのだから、泣くに決まってるだろ。

1943年[35]、雪の降っている頃、2月末か、3月のはじめに、望城面事務所に集められた。50人から30人ぐらいいたけど、全員知っているわけないでしょう？鄭炳浩さんと金東喆さんが同じ村の人だったので、その人と2人くらい、それ以外には知らないよ。近所の人たち、だいたい５～６人くらい知ってる。もっと知っていたけど、すでに死んだ。

いったん集合させて、来なかった奴はそのままにして、来た奴を裡里に連れて行く。来なかった奴はその次に連れて行ったのだろう。一度捕まったら家でご飯も食べられない。募集係がトラックに乗せ、裡里に連れていった。毎日連れて行ったよ。こうやって連れて行く。準備なんてない。何も持っていけないよ。裡里に郡庁があるから。裡里で、閉じ込めておく。私は1日だったかな。先に来てた人たちが何日いたのかは知らない。裡里にいる時は旅館だから、旅館の門の前に人が１人〔監視して〕いれば、それでもう出られない。面会もさせてもらえない。部屋に閉じ込められた。自由がない。裡里にいる時も親が来て面会しようとしたのにさせてもらえなかった。

裡里で、連れて行く人のなかに日本人がいた、日本人が私たちを引率するんだ。その人が引率者だった。連れて行く仕事。その人は頭を振る癖があったんだ。私たちがあだ名で「コンセ」〔頭を揺らす鳥〕と呼んだ。労務係だった。こっちに来ると「おい、コンセが来た、コンセが来た」と言った。鄭炳浩さんは２～３か月前に行った。その時も「コンセ」が連れていった。引率の人は皆、日本語ができるじゃないか。だから誰が日本人なのかは分からないよ。日本に行ってから「コンセ」が確実に日本人だって分かったんだ。逃げた人を捕まえても、また逃げる。私は兄を連れて行くというので、仕方なく、ピクリとも動けなかった。他の人は様子を見ながら逃亡した。逃亡するのを見て怒っていた。コンセは、逃亡しないかを監視していた。

裡里で、ひとつの面から班長を選ぶんだ。「コンセ」が使えそうな人を選んで班長をさせる。日本語ができる人に班長をさせる。そうするとその人が真面目に働くんだ。いつも顔色ばかり窺ってるんだ。私の班は12人もいたが、何をするか分からない。班長が門の前で必ず見張る。

それで、裡里から汽車で麗水に行った。朝に出て、麗水で降りたが、着いたのは夕方。麗水で収容所のような旅館に一晩泊まったが、入ったら少しも動けない、出ることもできない。私たちの班には逃げた人がいなかった。他の班には逃げたやつも。麗水で船に乗った。船がいっぱいになると日本人が連れて行くんだ。

〔下関から汽車で〕新潟に行き、〔佐渡に向かって〕船に乗った。船の中？たくさん乗っ

---

35 1944年と推定。

てたよ。佐渡の港に船を泊められなかった。なぜかというと4時間で行けるのに、8時間もかかった。風で。船に乗って…、皆、船酔いで吐いて苦しんだ。夕方に船に乗って、夜も移動して、別の港に着いた。私はずっと寝ていた。〔佐渡に着くと〕トラック3台、人が乗っているトラックにシートをかぶせたんだ。外が見えないように包んでしまうんだ。金山までトラック3台で行ったんだ。着くと同胞が出迎え「なぜ来たのか」「どういうつもりか」と心配して言った。

とにかく一番悪いところが佐渡。全く抵抗できなくて、なんでも言われた通りにやった。島に閉じ込められて。気に入らなければ、殴られた。私たちが寝る場所〔佐渡の宿舎〕に入ると、ここがお前の部屋、誰々はこの部屋と〔指定された〕。私は2階に住んだ。金東喆と一緒に行き、同じ部屋を使った。一部屋に10人ほどがはいった。3交替だから全員が一度に寝ると言うことはない。わら布団を敷いたが、最初は綿の掛け布団だったが草の入った掛け布団になった。すき間から雪が吹きたまることもあった。寮のなかでは何時になったら故郷へ帰れるのかと話した。末の子として可愛がられてきたので、父母を思い、泣いて暮らした。

仕事？坑内でパイプの連結作業をして回った。〔削岩機の〕コンプレッサーの送風のためにパイプを繋げるんだ。技師の下で助手の仕事をした。技師は家族持ちの朝鮮人だった。助手で仕事をしていたらスパナが飛んで目にあたってケガをしたこともあった。朝5時に出発、朝ご飯を食べた。木の札を持っていくと、ご飯を貰える。金周衡と名前が書いてあるものを持っていくとご飯をくれる。食堂で食べる。一番方で行くと弁当を二つくれ、一つを食べて、もう一つを坑内に持って行った。詰所に行き、着替えてカーバイドのカンテラを持つ。配置表があり、どこに行くのかを指示される。その時から作業時間となる。3交替、朝5時から午後4時頃までの8時間勤務。他にも、切羽で削岩機の足場を作る、採掘した鉱石を集めるなどの配置表で指定された仕事をした。仕事が終ると坑内の労務係の事務所で印を押してもらう。

仕事が終ると風呂に入り、別の服に着替えた。下町には行けるが、島だから逃げられない。労務係は仕事に行かないと暴力を振るい、暴行を加えたりしたが、町の人がいやがらせをすることはなかった。麦や豆や馬鈴薯の飯で、米はわずか、腹が減って仕方がなかった。街に出てうどんを食べたり、山でノビルや行者ニンニクをとったりした。月に40円の賃金でも、腹が減って外で食べれば、所持金は20円ほどになり、貯金できない。賃金から食費、靴代、衣服代も引かれた。日曜に1週間分、勝鬨という煙草2箱、酒は2合が配給された。寮長の下の補助、手先に青陽出身の同胞を使った。佐渡で軍事訓練もした。死んだ人の名前は1人だけ知ってる。朝鮮を出てから死んだ。病気で、李ジョンフィ（国本）が。

労務係から日本が敗戦になった、故郷に帰す、逃げた人も戻ってこれば帰すという抗告をだした。3〜4人が戻ってきた。解放後、1か月間は鉱山のなかには入らなかったが、鉱山の持つ農場の仕事、ジャガイモを掘るなどの仕事をさせられた。

新潟から貨車に乗せられて移動した。駅に何日も止まることもあった。下関では20日くらい待った。200円ほど持っていたが、使い果たしてしまった。大きな船が沖にあり、小さな艀で運び、船に乗せた。釜山の上陸し、そこから汽車で江景に戻った。旧暦の10月3日に帰った。家族はみな健在で再会した。母は泣いて、泣いて、喜んだ。

⑶ 兪鳳喆聞き取り記録

1940年頃、論山郡恩津面城坪里から論山の学校の校庭に集められ、論山駅から釜山を経由して佐渡に連れていかれた。第1次の動員で100人だった。当時は22歳、旧暦の正月の頃、長男が生まれた後のことだった。

新潟から船で3時間と言ったのに、風波で8時間以上かかった。船酔いで死ぬ思いだった。着くと雪の中をトラックに載せて、幌で覆って、俺たちを載せていった。

同胞は佐渡に第1次、2次、3次、4次と送られてきて、全部で5～600人になった。2次も200人が来たが、論山などの人だった。寮長は杉本だった。

当時、鑿岩をすればお金を多くくれるというので、私は鑿岩をした。そこに3年いたが、長兄の病気を理由に途中で帰ってきた。お金は郵便局に貯金したんだが、その通帳を置いたまま来たんだ。預金が30円ぐらいになると思う。その時の30円は大きいよ。北出身の安という人が技術者でいた。学校を出た技術者だが、体操も教えた。

同じ面からは城徳里の金文チョルと城坪里の金文国が佐渡に送られた。二人は帰ってから亡くなった。恩津面蓮西里の裵明錫は高千鉱山に送られたが、3年前に亡くなった。当時、高千鉱山にも2～300名の同胞がいた。（動員の歴史を記すことは）ありがたいことだ。

（1992年4月聞き取り）

⑷ 朴昌淳聞き取り記録

1942年5月頃、日本人と共に元警察官の元村が来て、公設市場の近くの旅館に集められた。論山郡光石面から一緒に行った人は梨寺里の趙徳基と新堂里・白成基，葛山里の宋グンヨン、河テユン。本貫は順天朴家で、順天の古い地名が武平だったから、創氏名は武平吉春だった。

私は17歳で行った。行くときには涙が出た。当時は普通学校に行けない人が多かったが、私は普通学校も出ていて、年齢も若かった。だから鉱山の製錬所に配置された。コニカルボールという機械のある職場だった。二交替だった。金剛塾に入れられ、その後に諏訪町の第三相愛寮に入った。

1942年頃、同胞が死んでね、韓国式の葬儀をやった。喪輿を背負って輓章を書いて、こうして運んだ。落盤や機械、コンベアに挟まれるなど、死んだ人がいた。けがをした人も多い。

寮長は人間以下の扱いをした。坂本はその手先だった。日本側にくっついて、スパイみたいなことして。私たちは日本人が嫌いなんだ。強制的に引っ張って行かれた人たちが、日本の奴らを好きになるわけないだろ。その人はくっついてへつらっていたから、良くない感情を持っている。手先に使い、私たちを虐待した。いってみれば彼は被害者です。哀れな存在だ。生きるためにどうしようもなく、同調したんだから。賢かったから日本に利用されたんでしょう。（労務だったから）自分の罪は自分が知っているだろう。

私は佐渡に5年いて、解放される前、45年3月に相川で徴兵にあい、ソウル龍山の19師団から関東軍222部隊に配属され、8.15解放を奉天で迎え、帰ってきた。

鉱山では、人間以下の待遇で、殴られた。いま悔しいのはね、若くして日本に連れて行かれて、そこで獣以下の扱いを受けた。監視されていたから、逃げることもできないしね。「望郷」と故郷が懐かしくて壁に書いた。ああ、とても涙をたくさん流した。ただ、故郷のことを思った。飯が少なく、空腹で大きくなれなかった。腹が空いて死にそうだった。軍隊にとられ、満洲にまで行って、そこでも日本軍にやられた。(朝鮮の)農作物も全部奪われた。飛行機の代用油のために松が全部伐採された。あまりにも日本人にやられて。今も怒りが収まらない。だから感情が良くないんだ。恨だよ、今でもね。同胞なら同じ感情が皆あるだろうよ。

とにかく、私たちの世代は、一方的に日本人たちからいじめられたんですよ。悔しくてその怒りがいまも解けないんですよ。恨が強いんです。無視して、覆い隠して、日本人は今も私たちを見下している。昔、自分たちが支配してた時の考えをもったままです。死ぬほど腹が立つ。だから日本人への私の感情は良くない。　(1992年4月聞き取り)

⑸ 盧秉九　聞き取り記録

1941年9月頃、18才の時に役所から佐渡鉱山に行くように命じられました。断れば軍隊に行かされるというので、応じたんです。はじめは金剛塾に入れられました。金剛塾は未成年者を収容する寮で，毎日、朝と夜に皇民化教育と技術指導をうけました。朝、坑夫が全員集められ、天皇陛下を拝むんです。教育は寮長が担当しました。言う事を聞かないと 「気合い」を入れられました。日本人の「気合い」というのは、こうして手を挙げて殴るのが特徴です。

鉱山では採鉱夫として従事しました。労務課には朝鮮語を良く使う日本人がいて、同胞労働者の動きを探っていました。8・15解放後、退職金が支給されましたが、それは帰るまでに使い果たしました。

李炳俊さんは1942年の6月、第3坑にいましたが、ダイナマイトの爆風でカンテラの火が消え、深い坑口に落ちて亡くなりました。その死体が坑口から運び出されるのを目撃し、同じ村の出身者8名が下町の寺でお通夜をし、翌日葬式をしました。葬式には会社から労務係が一人出ただけでした。同じ村の出身者として遺骨を届けに行くことになっていたのですが、若くて逃亡の恐れがあるからと労務係が届けに行きました。

他に青陽郡化城面の金さんが昇降機に乗ろうとして、青陽邑の崔チョルジュンさんがダイナマイト事故で，崔ジョインさんがモーターの漏電で亡くなりました。。

帰ってから咳が酷く、病院の診断を受け、肺の薬を貰って飲んでいます。

〔誕生日に集まった家族に向かって〕韓国に戻ってきてから、52年の歳月を、お前らと一緒に…全く、苦労の多い人生だったよ。　(1992年4月聞き取り)[36]

---

[36] 盧秉九、李吉子、安国遠、尹啓重、林玉童、李鍾徳の写真はNHK新潟『50年目の真実 佐渡金山 強制連行の傷あと』から引用。

⑹ 李吉子（李炳俊の子）聞き取り記録

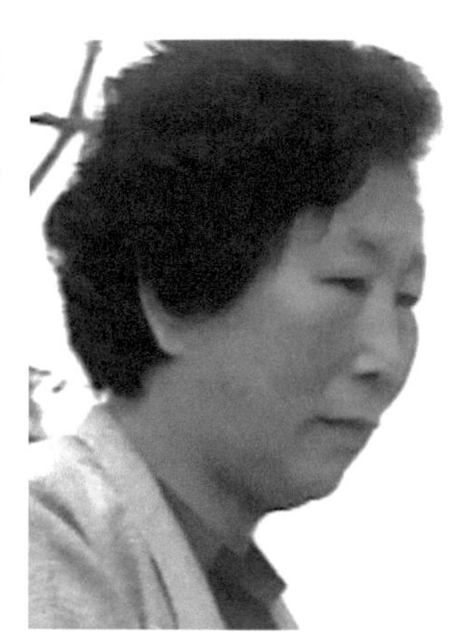

私は54歳で、住所は青陽郡長坪面美堂里です。父の李炳俊が徴用に行かれたのは28歳の時で、29歳で亡くなりました。今年でちょうど50回忌ですから1941年に徴用され、42年に亡くなったことになります。

父の本籍地は舒川の新谷里ですが、青陽から動員されたのです。わたしの祖母は崔惠子で戸主でした。舒川に戸籍が残っていると思います。

父が事故で亡くなった時のことを知っている盧秉九さんに会いました。父は日本語もよく使えて、何事もよく分かる人でした。本当に頭がよくて、その時、日本人と喧嘩もしたそうです。なぜなら朝鮮人を連れてきて苦労させ、お前たちはそんなことをするのかと抗議したそうです。

帰ってきた人たちは苦労したけど、生きて戻れた。私の父はこのように事故に遭われたじゃないですか。世の中で多くの人が傷つき、みんなただ悲しい思いをして生きたんです。父が徴用に行ってから、下の妹が一人生まれました。その妹は4歳の時に亡くなってしまった。だから父はその妹の顔も見ていない。

父の遺骨が、死んで帰ってきて、お母さんはもう泣いて泣いて暮らしました。その時は一人で生きるのが当たり前だから、母は行商して私を育てました。母は私が14歳の時、再婚しました。お母さんは74歳で昨年亡くなりました。

徴用で行って犠牲になった問題については受け付けないんですよ。面の事務所の人に聞いたら、挺身隊については面事務所で受け付けるけど、この徴用の問題はまだ受け付けないというんです。　　　　(1992年4月聞き取り)

⑺ 尹啓重（尹尋炳の子）聞き取り記録

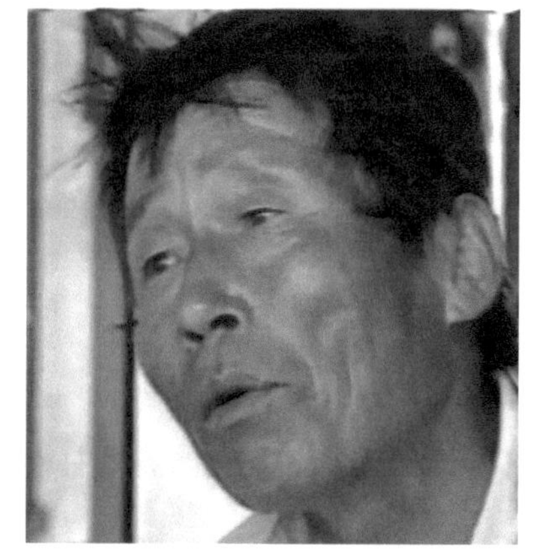

この名簿の「明本尋炳」が父です。父は論山郡上月面大村里の出身で、佐渡に動員されました。父が33歳、私が11歳の頃です。当時、他人の土地を耕していました。1941年頃、いい仕事があると誘い、行かなければ連行すると言われだったんでしょう。面の事務所から行けと言われ、配給を良くするなどと言われ、連れていかれたんだと思います。父は涙を流しながら行き、母はこれからどうやって生きるのと泣いて悲しみました。

2年で帰ってくるとのことでしたが、延長されました。日本の奴らに連れて行かれて労働をし、1945年の5月頃、リュックサックひとつ背負って帰ってきました。

帰ってきても、肺が悪く、仕事がまともにできない状態でした。暮らし向きが良くなく、病院にも行けなかったのです。私たちが成長し、論山の病院に連れて行きました。医者は鉱山で長く働いたのか、肺が鉱石の粉でつまっていると言いました。入院して3か月ほどでなくなりました。28年ほど前のことで、58歳でした。母は今82歳、健在です。

(1992年4月聞き取り)

(8) 安国遠（安希遠の弟）聞き取り記録

兄の安希遠はここ（論山郡城東郡）院南里から佐渡鉱山に連れていかれました。兄は23歳か24歳で、1940年頃、院南里の南寿龍、院北里の金鐘九らと行ったようです。行かないと決めていたのに、適任者だから必ず行ってくださいと、おそらく強要されて。行きたがらない人を、嘘をついて詐欺のように騙したんでしょう。そんな風に騙されて行ったんじゃないかと思います。

2年後、落盤事故で下半身に重傷を受け、1年2ヵ月間入院しました。そのため解雇され、帰る途中、愛媛県にいたおじさんの所に立ち寄り、そこで病気が悪化して亡くなったといいます。遺体もありません。墓もなくて、こんな不憫なことが・・・。母は亡くなって26年経ちますが、母がいた頃は、涙で歳月を過ごされました。

動員先での落盤事故については、この写真に写っている南寿龍さんが、帰国後に教えてくれました。隣に住んでいたんです。昇降機で地中に降りていき、当時は金よりも銅を採ったそうです。

すでに南さんは亡くなり、当時の状況を聞くことはできません。おじさんとはいまは連絡が取れません。尹泰重さんが健在なら、少しでも同情があるなら、あの時の状況についてちゃんと説明してほしい。何か助けになるような言葉で、嘘がないようにその状況を示してほしい。少しは反省をして。同じ民族の一人であるなら、この思いがわかるはずです。

（1992年4月聞き取り）

(9) 林玉童（林載喆の甥）聞き取り記録

私は林載喆[37]の甥の林玉童です。ここは忠清南道扶余郡外山面萬壽里です。私の父は叔父（林載喆）の兄で、ここが本家です。叔父は独身の時、新潟県で金鉱を掘るのに募集されて相川の鉱山に行った。

その時は全般が強制徴用です。私は今70歳、私も募集で行ったんだ、日本の北海道、千島の近くに。私はあの頃、本当に日本語が上手だった。今はすっかり忘れてしまったけど、聞き取りはできますよ。叔父は私より先に行ったんだ。

叔父は新潟県に行って暮らして約40年、音沙汰がなかったので、亡くなったと思っていた。ここの母が叔父の法事をしていた。そうしたら、突然生きていると。叔父は故郷に帰りたかったが、故郷に兄弟が生きているのか、甥っ子たちが生きているのか分からないから、とにかく一度故郷に行かなきゃいけないということで来たんです。長いこと音信不通だったのですが、面事務所から連絡が来た。家族が生きていたので、出てこられたんです。叔父が金浦空港に来るというので行ってみたら、カバン一つだけ持ってきたんです。着物、ライター、煙草、酒、それくらいです。ソウルで3泊4日くらい寄り道してから扶余に来るというので、扶余に迎えに行って連れてきたんです。

---

37 林載喆は1940年に扶余から動員と推定。1984年9月に帰郷。

日本で朝鮮総聯の活動をしたそうです。私が叔父を迎えに行ったら、言うまでもなく刑事たちがね、後を追いかけてきたんです。私たちの家に扶余警察署や刑事たちが本当にたくさん来た。しょっちゅう、うちに来たよ。

戻った叔父は1年ほどここで暮らした。叔父はお酒が好きでした。風邪、インフルエンザで亡くなりました。また日本に戻ろうとして戻れずに、結局亡くなったんです。叔父は佐渡の海辺に住んでいたと言ってました。叔父が佐渡に住んでいた頃、おかみさん（妻）と実子ではない娘が二人いたんです。それで婿や娘たちが、叔父によくしてくれたんです。その子たちが本当に叔父に一所懸命尽くしたんだよ。まちがいない。叔母が生きていると聞き、本当にすごく嬉しかった。私は叔母の顔を見たこともないが、甥っ子として、叔母に叔父によくしてくれて「どうもありがとうございます」とご挨拶申しあげます。

死期が迫ったせいか、俺は一度故郷に行ってみなければと出てきたけれど、戻れなかったのです。叔父が（叔母を）連れて出ようとしたのですが、ダメだったんです。一緒に夫婦で暮らしていたのに、韓国に出てきて妻に会えずに死ぬ。本当に言葉もありません。「ばあちゃん、私のばあちゃん」（妻）に会いたいという話しかしなかった。そして亡くなった。亡くなって連絡をすると、葬儀の後に、娘と孫娘が二人で来て、お墓に行って帰りました。いとこが見送りました。母親は病床にいて連れてこれなかったそうです。

叔父は「ばあちゃん」のことを何かと口にしていました。日本に戻られたら、甥っ子が心から、韓国に一度いらしてと言っていたと伝えてください。ここには、いとこたちが、兄弟がいます。叔母が来られたなら、空港に行ってお連れします。（叔父が遺灰を海に投げてくれといったのは故郷が恋しかったからと言いますが）そのとおりと思います。我が家に来て、ここで暮らすうちに亡くなられたら、叔父がいる所のお墓に入れて差しあげたいと思います。亡くなると遺体は火葬せずに墓をぴったり並べ、夫婦の間柄なら一緒に墓を並べます。私の父の兄、兄の嫁、叔父、叔母とここに一緒に並べようと思います。

（1992年4月聞き取り）

⑽ 李鍾徳　聞き取り記録

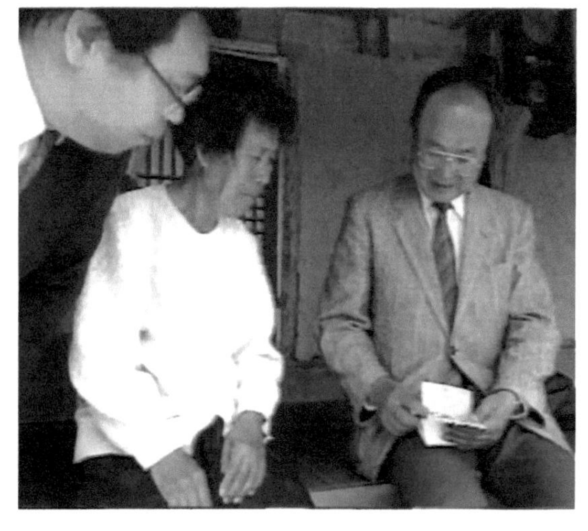

ここは城東面院南里です。うちの人〔尹泰重〕は知ってます。私がいることを。佐渡に行くときは、ただ、徴用に行くと。郡で働いていて、「スギノ」という人に言われて行ったんです。その人が日本にそのまま連れて行ったんです。その後、院南里にも募集しにきたんです。

佐渡に行った後、義父、義母とひとつ屋根の下で25年間暮らしました。ここに19歳で嫁に来ました。息子が産まれたのですが、産んですぐ亡くなりました。義父は6･25の時に虐殺されました。この世で、その人義母一人だけ見て、今日のこの時、73歳になったんですよ。

（解放後に日本の女性と結婚し）離婚したいと、写真も送ってきた。私がしてあげなかった。私がここに暮らしている間に、私がしてあげると思いますか？死んでもとにかくあの人だけ見て生きていこうとしたんです。いようがいまいが。私、こんな写真見ても、そんなことできはしないと。この世で、私、今まで戸籍ひとつだけ持って生きてきたんです。

（夫に）言いたいことなんてありません。うちの家に来て暮らせと言うしかないよ、もう。何を言うことがあるんですか。出て行ってからあまりに時間が経って、言うこともないですよ。ぞっとするし。ずいぶん苦労しました。ぞっとするほど、苦労しましたよ。悔しいこと？言ったら、終わりがないです。

（近隣の住民）

当時、韓国の人たちで、元気でちょっと口が達者な人たちをみんな送ったんだ。私にも当時「予科練」に行けと、通知が来たんです。海軍の下士官学校に行く道だ。そこに行けと言うけど、私は逃げたんだ。逃げていたら、その後、私にまた、北海道の炭鉱の募集が来た。私はまた逃げたんだよ。私は二回逃げて、解放になったんだ。

この方はね、(夫が)募集で行って帰って来ると思った、首を長くして待ってたのに、帰って来ない。(補償すべきって？）そうです。いや、夫に補償をではなく、私たちが日本の人たちから補償を受けないといけない。なぜかというと、日本の人たちが、この方の夫を募集で連れて行ったんですよ、強制的に連れて行ったんだ。自ら望んでじゃなく、強制的に連れて行ったんですよ。就職していたのを強制的に連れて行ったんです。それで行って、結局、その募集が、連れて行ったことが、原因になって、この方が一人になったんだ。夫が、この募集で行って、結局、その女と付き合った。だから、ここにいる妻は本当に可哀想に暮らしたんだ、だから、日本人が補償してあげないといけない、そうじゃないですか。

（1992年4月聞き取り）

⑾ 尹泰重　聞き取り記録

〔尹泰重は忠清南道の論山郡から1940年12月に佐渡鉱山に動員された。勤労課（労務）の通訳とされ、朝鮮からの労働者の動員にも関わった。鉱山により朝鮮人支配のために利用され、帰郷できなかった。尹も動員被害者の一人である。以下は、「佐渡扉の会」による2017年の聞き取りの要約である。[38]〕

私は昭和15年〔1940年〕に佐渡へ来ました。昭和20年、みな〔朝鮮人〕を帰した後、「お前は残れ、いろいろな仕事の関係で行っちゃあだめだ」ということで、鉱山のどこでもいいから好きな場所へまわれと言われ、多少は電気の知識がありましたので、電気に回ったんです。55歳で定年になって、嘱託で残れと言われ、8年間残りました。43年間勤めたわけです。

労働組合の執行部、委員長も15年ほどやりました。佐渡鉱山で一生生活してきたので、

---

[38] 鎌田慧「地方都市の光と影　夢の島・佐渡相川町　いくつかの道」(『月刊晨（あした)』1987年10月号所収）にも聞き取りがある。のち『日本列島を往く(2)』岩波文庫に収録。

佐渡金山のことなら何でも教えます。私は公民館の分館長もやったし、上（かみ）神社関係の仕事、相川の善知鳥（うとう）神社の総代、総代長として責任者をずうっと務めました。高齢者の交通安全推進委員もやりました。

朝鮮人の募集・徴用

昭和15年の3月、韓国に佐渡鉱山から募集に来たんです。その時は会社が面接しました。元気だと言っても、健康じゃない人はやっぱりはねる。作男は自分の田んぼがない人で、春に田んぼに来て、秋にコメをもらって帰る。私が子どもだった頃、うちにも1人いました。その人たちが募集に応じたんだ。15年の2月が100名、5月に200名、16年に150名、17年に100名、20年に100名ということで、合計すると750名になる〔実際には1500人〕。〔15年末頃に、〕山之神に社宅を造って100人の家族が来たんです。

私が佐渡へ来たのは昭和15年の12月です。私は郡庁に務めておった。労務課の方で通訳もいるし、手がいるし、手伝ってもらえんかということで、郡庁を辞めて現地採用で来たんです。労務課、勤労課で労務関係の仕事をしました。労務には外勤と内勤があり、外勤は特高のような役割でした。

国策の勤労〔労務〕動員計画というのがあり、それで労働者を集めることになっていたわけです。それで15年、16年、17年と募集し、そして徴用で連れに行った。19年は徴用だと思います。私と2人で連れに行き、20年も徴用で100人の予定で行くことになった。

18年に私は休暇で実家に帰ったことがあるんだが、私が乗ったのは興安丸で、〔アメリカに攻撃されて〕真ん中の崑崙丸というのが沈んだんです。18年は〔アメリカの攻撃の関係で〕募集はなかったんですよ。佐渡には連れて来ない。中国から捕虜が来るという話があったんですよ。そしたら航海中に潜水艦にやられて来なかったという。中国人が来た所は、秋田の尾去沢、そして小坂、〔米軍の捕虜も連行され〕ＢＣ級戦犯で労務担当者が処罰された。佐渡でもそういう危険があったわけ。

佐渡で強制連行というのは徴用のことでしょう[39]。徴用を出して、抵抗してもやっぱり連れてくるわけです。それを強制連行だと。それは19年に行ったわけ。17年までは募集で、こちらから3人も4人も行って、連れてきた。逃亡する者もおるんですよ。だから各鉱山をまとめて目的地まで特別列車を組んだことがある。

20年に空襲があったんです。新潟港は機雷を投下されて、1週間は船がストップしていた。掃海してきれいになったからと、船に乗った。横になっていたら、新潟港へ入って機雷にやられた。私ははねられて、何ともないと思っていたのに腕が上がらないようになって、新潟の病院へ行った。20年には1人で行ったんですよ。100何人だか連れてきた。連れて来た訳ですけど、〔攻撃が〕危ないもんだから、対馬に避難した。5月末までに〔連れて〕来なきゃいけないのに、6月15日ころ連れてきたわけ。そしたら2、3か月で、8月15日の終戦になっとるんです。徴用だと、どうしても組まなきゃいけない。抵抗しても連れてくる。それを強制連行と言うんだと思う。

佐渡鉱山での労働

〔朝鮮人の〕通訳は寮に3人いたんですよ。安村さん、京城の帝国大学の専攻科を卒業して選鉱課長代理だった。選鉱場を建設した時からおった。昔のシンガポール、昔は昭南と言ったが、その三菱の出張所に転勤になった。元村さんという人は、向こうの警察で、ここへ来て合わんもんだから1年で辞めて戻った。そして私ともうひとり。

説明する時は通訳してないと間違う、それは困るから通訳したんですよ。佐渡で徴兵検査があり、私は通訳をやっていたので立ち会って、新潟から司令官なんかも来て、朝鮮人の兵

---

[39] 尹泰重は、「募集」は強制連行ではなく徴用を強制連行とするが、ともに尹が言う国策の動員計画による動員形態である。「募集」も強制連行の一形態である。

士として6人くらい合格した。子どもが小学校に行く前に、勤労課の倉庫があってそこで私は3ヶ月くらい〔日本語を〕教えたんだ。教えると字も読めるし、しゃべるようになった。それから小学校へ出したんだ。

強制労働というのは徴用を言うんだ。18年から始まり19年だと思うんですよ。徴用は2年かそこらで、あとは募集なんだよ。坑外は8時間〔10時間〕、8時から4時まで。坑内は7時間半、8時から3時半まで。終わると帰ってくる、釣りに行く者もおる。4時に帰るでしょう。3時半に帰る人もいる。また日が明るいでしょう。農家の手伝いに行く人もいるわけ。農業できるんだもん。そんな通う中で一緒になっとる人もいる訳よ。

仕事は安い賃金って言うけれども、職種によって仕様がない。何も知らんのが鉱山へきてるし、やれっ！と言ってできる訳ないでしょ。だから一番いいのは坑内に行って運搬する。力があれば誰でもできる。技術はすぐにはできないですよ。だからね、坑内がほとんどだけれども、選鉱場にも手伝いが30人くらいおったかな。坑内には削岩、支柱、運搬っていう職種があるんですよ。削岩は掘る。日本人が3人おれば、そこに補助員を2人つけるとか。補助して慣れると今度はやらせる。そういうやり方しとったんだ。

死んだ人で覚えているのはね、ベルトコンベヤーに挟まれて、挟まってる人を逆に回せば出るんだが、電気が止まって、くるっと回って死んだ。1人は竪坑に落ちて死んだ。それから発破で1人死んだ。3人ははっきり覚えてとる。ケガした人もおるわけや。発破で目に石が入った。死んだ人はほとんど寺町の法然寺で葬式をやった。写真屋を頼んで写真を撮り、弔旗を入れて帰してやった。直接やると大変だから、気の毒で肉親の家まで行けず、警察に頼んで帰ってきた。骨はちゃんと届けました。

こっちへ来て工場とか、職種を比較する訳です。人がおらんから働くとこがいっぱいある。だから手紙で連絡して、逃亡する。船で、手漕ぎで。小木で2回ぐらい捕まって、両津で1回捕まった。船で逃げて捕まる訳ですよ。警察が私に小木まで連れて行ってくれという。特高と特別な関係にあったから。

朝鮮人寮

寮はね、第1相愛寮は拘置所がある新五郎町、そこに寮があったんですよ。それが最初にあって、できたのは昭和14年ころか。それで15年に2回募集してそこへ入れたわけ。そして12月には社宅を建てて〔家族を呼び寄せた者は〕そこに入った。第1相愛寮が約240人。それから第2相愛寮は山之神なんですよ。それはね、相川高等学校のグランドの横にあった。秋田とか岩手、佐渡の人でも交通の便が悪い人が入るわけ、独身の寮に。だから内地の日本人がおった。

第3相愛寮はね、大工町の〔向こうの諏訪町の〕万照寺の下に空き地があって石段になっとる。あれが第3相愛寮。そこには180人くらいおった。第4相愛寮はね、無宿の墓の近くに鐘があったでしょう。その上にいま東北電力の鉄塔が建っておる。〔次助町の〕あの広場に第4相愛寮。そこにも私はおったわけ、ケガするまではおった。第4相愛寮にね、130人くらい。〔鉱山の軌道の〕トンネルが2つあって、入口の横〔第3相愛寮の近く〕に金剛宿ってあったんですよ。大正時代の初めに建った家で、1つ廊下があって1棟だった。人がだんだん増えて社宅も建てられないもんだから、あそこをぶっ通して100人を入れた。それで750人。[40]

風呂は高任にあり、各職場にあるんですよ。大きな風呂があった。食費は取っていた。大工町に共同炊事場というのがあるんですよ。コンクリの跡があるんですよ。その横に女子寮があったんだ。30人くらいおった女子寮があった。その横に共同炊事場があって、そこ

---

[40] 朝鮮人の強制動員数は約1500人である。家族呼び寄せが100世帯以上あり、単身者の現在員数が400から500人、家族を入れた朝鮮人数を合わせると750人ほどとなったとみられる。

であの時分ボイラーで料理を作るわけ。そうすると第１、第３、第４、金剛と、４つの寮ごとに炊事場があるんですよ。女の人が４人か５人でご飯を運んで、みそ汁なんかでもね、樽の桶がある。それに入れて担いできて、みそ汁を担いで炊事場でご飯とおかずを個人個人に出しとった。各寮には札が書いてあって、ご飯を食券で売ってる。100人来ると、名前と顔が一致するのに１か月かかる。炊事はそのお勝手係の婆ちゃん達がやっとった訳ですよ。

白米だけというのはほとんど無かったね。ご飯は大体豆が多いんだ。ジャガイモや大根など入れた。お婆ちゃん達は自分たちで弁当持ってきて家に持って帰るんだ。家で食べる。まずいながらも寮の方が良かったんです。警察も外勤は昼になると回ってくるんですよ。お昼を出すもんだから。米４合だと十分だと思うけど、あの頃は何もないから、足りんと言ってたけども。昔は食べ物も少ないから。それでも米は１日４合ですよ。４合、今では余るけど、昔はやっぱり足りない。若いから。そうすると山へ行ってカボチャを盗んできて、坑内でかぶる鉄の兜で火を焚いて食べとったんだよ。[41]

⑿ 渋谷政治　聞き取り記録

渋谷政治　明治38（1905）年生まれ。1973年と79年の本間寅雄による聞き取りから整理。

当時、佐渡鉱山では三菱鉱業本社の雇用の事務、技師と三菱佐渡鉱山雇用の書記、技手があった。私は書記で雇用され、事務になった。賞与は本社雇いの方がよく、社宅の間数も違い、いい社宅に入ることができた。職員の下に助手（労務者）がいた。助手は月給制になった。労務者の朝鮮人は日給制だった。

佐渡鉱山には朝鮮半島から第一陣が昭和15（1940）年３月に入った。その連中が来たとき私は教員を止め、鉱山に入った。第一回目は論山郡（100人）、第１回目に連れてきた人が杉本。当初、紋平坂の寮、山本カサクさんの家の所に入った。

私は三回目の募集に横山、立崎、宇佐美、川島、杉本、元ギジョウらとでかけた。新潟から下関へ、釜山から京城に行った。募集をねらったのは忠清南道なので大田に行った。１回目が論山であり、鉱山としては北より南の方が、性格がいいと申し込んだ。年齢には制限はないが、50歳より下の人を集めた。３回目は300人の割当だった。、

昭和15年の10月から12月に行き、立崎、横山、私が大田に本拠を置き、京城の総督府で交渉した。どこで割当を得られるか、どこで募集させてくれるのか、許可をとるために交渉した。11月の半ばまでかかった。総督府から郡に通知が行った。道庁は論山と扶余からそれぞれ150人を割り当てた。

立崎は労務課外勤の主任、私は労務課内勤で、保安の仕事をし、日本語を教えたが、様子を見てきたらと送られた。佐渡鉱山では昭和17年頃に労務課から勤労課に名称が変わった。末綱（すえつな）〔磯吉〕副長が勤労課長だったが、京都大出身で、ドイツへの個人留学経験もあり、佐渡で所長になって、本店の勤労部長になった。佐渡では副長が勤労課長を兼ね、課員は70人ほどだった。土地を買い、協和会館、山之神に朝鮮人の社宅、さらに総源寺の上の方にも社宅を作った。水を上に揚げることも試みた。

勤労課の外勤が募集、休む者の出稼の督励、勤務状態の悪い者への注意、逃亡者の捕え等をおこなった。外勤が坑内で稼働状況を判定した。外勤の助手もいた。外勤は警察官あがり

---

[41] 他に朝鮮人の証言には、林泰鎬の聞き取り記録が朝鮮人強制連行真相調査団編『朝鮮人強制連行調査の記録―関東編１』（柏書房、2002年）にある。その妻で佐渡に呼び寄せられた朴順伊の聞き取り記録（小林知子調査1998年）がある。

が多かった。内勤は保安の仕事（労働者のケガや病気の処理、公傷か私傷の見極め）、福祉事業(映画や運動会)、査定（日給の請負であり、稼働を認めて分を付ける）。勤労課は坂を下がった所、門の外にあった。

朝鮮での植民地政策は徹底していた。駐在所の巡査が二人いれば、若くても上は日本人だった。特高には朝鮮人はいない。特高は大田にいて思想に問題がないかをみた。朝鮮人の白衣を禁止していて、着ていれば警察関係者が後ろから墨を塗って着れなくした。

当時、個人では内地に入れなかった。募集されて来れば、渡れた。下関に渡ってくると逃げてしまう。小作のため生活が苦しく、内地の連中と連絡し、金儲けができた。別れを惜しんで泣く者もいたが、苦しい生活を抜ける思いで募集された。

金は３万円持って行った。うまく進めるために外交した。郡長を呼び、妓生のいるところで飲んだ。郡長とその下の２人、係の２人が来て、こちらは立崎、川島、宇佐美、杉本、元ギジョウら６，７人だった、90 円で接待した。また、警察官５人を呼んで、一人５円のお膳で、芸者の玉代を渡した。

立崎は論山、私は扶余を担当した。郡庁の職員が協力しないとできない。郡庁から面に割当、集めるように通知させた。郡の連中も面の係がアレする（手を抜く）と困るから面に来た。各面に医者を連れていき、身体検査した。検査が通ると何時にどこに集まれと指示した。面で名簿を作り、さらに郡の係が名簿を作り、写真は郡で撮って貼り付けた。名簿は査証用に二部、鉱山用に一部、さらに郡用、面用など五，六部作成した。連れていくにあたり、送っておいた服を渡した。

査証が面倒だった。釜山で名簿に判を貰った。査証の際には一人ひとりチェックした。写真で照合した。11 時に船に乗ることになっていて４時までに査証してもらう予定だった。乗れなければ、釜山に泊まることになり本土の貸切った車両の変更もしないといけない。が、大田から釜山行きの列車が４時より遅れて着いた。他の鉱山の査証が行われていて、明日にしろと言われた。一泊すると大変だから、廊下で税関の係官に 20 円の金を渡した。それで朝鮮人を表に整列させ、税関に帳簿、名簿などを渡し、税関で査証を得た。朝鮮人は釜山の旅館に夜 11 時まで置き、係官に夕食を接待した。

強制（徴用）で引っ張るのではなく、募集で連れてきた[42]。前渡金、支度金としては一人 20 円くらい。家族の生活費として。ここよりもっといい暮らしができると募集した。

扶余からは私と杉本(元巡査)の二人で連れてきたが、汽車が停車すると逃げるので、一つの汽車を貸し切り、杉本と私は両端にいて逃げないようにした。一睡もせず連れてきた。私達は一人も逃がさなかった。

佐渡に来てから逃げる者はたくさんいた。賃金に不満があり、バクチ好きで送金ができない。もっといいところを求めた。じっくり尻をおちつける連中もいた。あれは金があるから動かない、あるいは借金があり家族をおいて逃げるかもといった話が出た。

運搬、削岩、支柱の仕事をしたが、日当は一日３円から２円だった。給料日は 10 日だったが、１か月働き、４月に給料をやった時に朝鮮人が同盟罷工した。首謀者は主に日本語がわかる人が多かった。食費、カンテラのカーバイド代、地下足袋代、作業衣代などが引かれたが、いくら引かれるのか、事前に知らされず、連中にすれば、想像できない引き方だった。首謀者の 10 人くらいを帰した。給料の指導が悪かった。

労務の方でも朝鮮語がわかる者を求め、京城高等工業を出た職員の安（安村）を通訳にした。裵メイシャクは第一回目で連れてきた。日本語がわかり、性格がおとなしく、信用して助手にした。裵など朝鮮人 50 人ほどを細倉鉱山に転職させた。佐渡から背広を着て革靴を

---

[42] 渋谷は「募集」を強制ととらえていない。しかしこの時期の募集は日本政府の労務動員計画による朝鮮総督府が関与してのものであり、国家権力を背景とした強制動員であった。

履きボストンバックを持って移動したが、山奥の細倉はまるで違ったため、一緒の部屋になるのを嫌がった。朝鮮の元警察官の元ギジョウを職員にした。二回目の募集できたが、ダメでやめさせた。坂本は論山辺りの郡庁の給仕か何かだったが、連れてきて仕事をさせた。

安さんは日本語が全くわからない者に言葉を教えた。私は朝鮮の小4をでた日本語下級の組と文字を読める者の組の二組を教えた。紋平坂の寮の部屋、第一相愛寮の娯楽室で教え、定着した者には山之神の集会所でも教えた。教えたのは坑夫だけ。

朝鮮人は1000人くらいになった。いま拘置所になっているところに第一相愛寮、諏訪町に金剛塾、第三相愛寮があり、高田さんのところに共同炊事場があった。もう一つ、無宿の墓に行くところにあった。山之神の第二相愛寮は日本人だけだった。レイスイ寮には鉱山の若い職員が入った。

山之神の社宅には落ち着かせるために家族を呼んで居住させた。総源寺の上の方にもあった。私のその2か所の朝鮮人社宅、100家族ほどくらいの町内会長だった。朝鮮人は大乗寺から高校に行く方の道に沿って住んでいた。東照宮の前の左手にもあった。

独身寮は6畳くらいの部屋に4人、食事は割当のため少なく、普通の食事の下くらいのもの。高千にも派遣した。逃げれば探した。港のある両津や小木で探した。

事故になると、本人の過失か、こちらの過失かとなる。高千でケージが切れて落ちる大きな事故があった。竪坑の下の水に沈み、朝鮮人が死んだ。発破で死ぬこともあった。爆発しないで残るものに削岩機が当たることもあった。コンベヤの下に巻き込まれたこともあった。岩盤は固い。勤労報国隊員が亡くなったこともある。岩盤が固いから事故は少ない方だった。

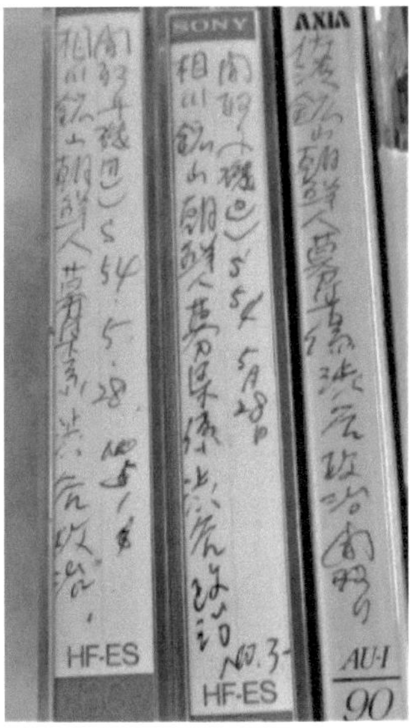

昭和 20 年7月ころ、私は埼玉に行った。埼玉は小川町のそばの陸軍の地下司令部の直轄工事だった。3つほどの山の中段を朝鮮人が掘った。宿舎は建ててあった。グラマン機をみたこともある。

その後の8月、私は福島に行った。福島は海軍管理の中島飛行機製作所の地下工場工事で、第一期工事が終り、第二期工事だった。旋盤を据え付けていた。佐渡からは福島へと地下の仕事や工作関係者など百数十人ほどが車両を貸し切り、削岩機も持っていった。四国や北海道、佐渡から 500 人くらいが来ていて、宿舎は福島市のはずれの競馬場にあった。日本人、朝鮮人、幹部の宿舎があった。派遣中に逃げた者もいた。そこで終戦となり、玉音放送を聞いた。福島から佐渡に8月中に連れて帰った。

だれが朝鮮に連れて帰るのかだが、勤労課の連中が連れて帰れば殺されるという話もあった。朝鮮人は20年の末から帰国した。

⒀ 杉本奏二　私信(書簡)

杉本奏二　佐渡鉱山労務係外勤（勤労課）、1974年7月の磯部欣三（本間寅雄）宛私信

旧字体は新字体とし、句読点を加えた。使用漢字はそのままを原則とし、明らかな誤字は訂正した。「しま志た」を「しました」、「やうに」を「ように」、「しやう」を「しょう」などに直した。〔　〕は掲載にあたり挿入した箇所を示す。

〔1・2、2 枚分欠〕[43]

3　朝鮮国内の情況

当時朝鮮には徴兵制度は施かれて居らず、志願兵制度はありましたが志願兵とて極めて少なく、且亦、工場鉱山とて僅かなものにて青壮年の労働力は十二分にありました。然し単独にて内地への入国は許されて居りませんでした。

尚、総督は殆ど軍人（大将級）道庁・郡庁共に内地人がその実権を握って居りました。何れも道長が半島人の場合は内務部長が実権を、郡守（郡長）が半島人の場合は内務部長（内地人）がそれぞれ実権を握って居たのです。

4 募集手続及方法

総督府に（労務課）所定の書類（1）募集人員（2）募集地域（希望地域）（3）雇庸期間（此の場合、書類の上は 1 ケ年）（4）職種等明記したものを提出し許可を受けるのですが、内地からの各事業者が殺到するので必ずしも希望地域の割当てを貰う事は保証できないので、外交戦術に依り地域の獲得を得る事が出来るのであります。総督府、道庁、郡庁何れも内地人、半島人各役人は外交戦術に依って大体希望地域を満して頂きました。

募集の方法は官庁斡旋なので、郡庁の労務係が面事務所（内地の町村に該当する）の労務係を督励して人員を集め、警察で身元調査をしてから思想の良いのを渡航さす方法になって居たので、私達は郡庁の係と一緒に面（村）に行き係を督励し、一方警察方面にも外交をして居れば良いのでした。

5 募集開始

第 1 回は昭和 14 年[44]　1 月 1 日、鉱山を出発しました。一行は労務課外勤主任立崎高治、外勤新保宗吉と私杉本奏二、それに先導役として羽田浜町に居住の林金次〔朝鮮人〕の 4 名でした。

関釜連絡船にて釜山に着き、忠清南道大田迄同行し、立崎外勤主任は大田より京城に直行（総督府に手続のため）、私達は目的地の論山郡論山にて内地人旅館にて待機して居りました。1 週間後立崎老は総督府及道庁（大田府）の許可を予定通り論山郡の指定を受けて論山に来ました。早速行動開始です。郡守は内地人にて快よく各種指示をして呉れました。早速当夜は郡関係者、翌晩は警察関係と密接な関係を持ちました。

労務係の郡庁杉野治作氏とは私殊の外意気投合し、あらゆる点にて便宜をはかって貰いました。募集人員百名。光石面（村）にて目標が立ち、私は団体輸送（関釜）の承認を得るため釜山の広島鉄道局釜山営業所案内係助役木下氏と接渉して、輸送日時のダイヤを組んで貰いました。当時、団体のダイヤは広島鉄道局釜山営業所に於いて一切を組んで居りました。

6 募集情況

昭和 13 年[45]　は、南鮮は大干ばつにて大ききんのため農民一般労ム者は困難その極に達して居りました。一部落 20 名の割当に対し約 40 名の応募がありました。之は必ずしも鉱山労働を希望するものでなく、内地へ行き先輩友人を頼りて自由に内地で暮らしたい望みを

43　編集委員会では欠落分を探索中。

44　この手記での動員状況の記述から、昭和 15 年（1940 年）の誤記と推定。『佐渡相川の歴史　通史編近・現代』相川町 1995 年もこの手記に依拠し、佐渡鉱山への動員を 1939 年とするが、佐渡鉱業所「半島労務管理ニ付テ」によれば、動員は 1940 年からである。

45　大干ばつは昭和 14 年（1939 年）に起きた。

持つ者も居て、下関大阪等にて団体から逃亡するものが何れの団体も跡を断たない所を見ても明瞭の事であります。幸にして佐渡鉱山に応募した連中は比較的思想も良く、僅かに下関にて１、２名の逃亡者を出したのみ、殆ど百％鉱山につきました。斯くして回を重ね、総数 1200 名の労務者を募集しました。昭和 20 年の３月が最終回でした。

7 募集地域
忠清南道 80%、忠清北道 20%、全羅北道 20%と記憶して居ります。

８稼働督励方針並に稼働状況
彼等労ム者の殆どは坑内夫として稼働せしめました。さく岩夫、運搬夫、支柱夫が殆どでした。彼等の稼働状況を説く前に彼等の習性を申します。半島人の殆どが郷里にある時は三日働いて得た賃金は三日食べて休み、金が無くなればまた三日も働き、また三日も休んで食べる、こうした事の連続すると云う習性が大部分にあったのです。殊に彼等は賭博が好きで五人も集まれば直ちに花札賭博を開帳するのが日課の様なものでした。此の習性は子供の頃からなのです。私達が半島へ行き一番驚いたのは子供達が遊んで居る時、銅貨を空に投げて落ちた銅貨が表か裏かを賭けてて居るのですから、如何に彼等が賭博好きかは想像する事が出来ましょう。
右のような習性を持つ彼等が一週一日の日旺だけに満足する筈はありません。殊に之に拍車をかけたのは山の神にある家族持ちの社宅です。労務者家族の妻君達は濁酒を造り彼等に販売し、酔えば賭博をし、勝って金が入れば大儘気取りで仕事を休み、負ければやけになりて仕事を休むという状態で稼働率は香ばしからざる状態でありました。乍然全部が全部そうした輩ではありません。中には金の取れるのがおもしろくて健康にまかせて内地人の二倍も働く連中も相当居りました。之等の連中は殆どが国元送金をする実直な者達でありました。
前述の通り稼働率は上が〔ら〕ないので、勤労課としては之等の対策として賭博の取締りと共に密造酒の取締を厳重にし、一方稼働の悪い連中に弾圧の政策を取り、勤労課に連れ来りなぐるける、はたでは見て居れない暴力でした。賭博をした連中も亦然りでした。私は之れにつき常に反対の立場を取り、賭博密造等については訓戒を主として来ました。（当時私は山の神の事務所詰でした。）賭博も密造も大目に見て非常時意識を持つ様に微細に亘り諭しました。
彼等とて人の子です。誠意を以て接すればやはり彼等も心から応へてくれました。時は太平洋戦争の最中、働き盛りの若者が配給の食料丈けでは完全な稼働の出来ないのは無理もありません。満腹する濁酒等を求めるのは当然の事でしょう。
第一回の募集 100 名は大工町の新保宗吉老が 50 名を預り、私杉本が紋平坂療にて 50 名を預りました。その際は米など充分にあった時で好きなように食べさせました。一日一人で一升一合を食した程ですから、配給制度になり、満腹する「ドブロク」等を求めるのは当然の事と思て居りました。
以上の如く弾圧に依る稼働と食事に対する不満は彼等をして嚢に内地に来て居る知人、先輩を頼り自由労務者の群に投ずべく次々と逃亡し、一時は十数人一団となり両津、鷲崎等より機帆船にて逃亡するものあり、勿論勤労課に於ては両津小木等の船着場には係を置いて警戒しては居りましたが、彼等は次々と巧妙に夜のうちに小機帆船にて脱出するので如何とも仕様がなかったのです。後で両津町湊の機帆船所有者の一人がつかまり、一人につき貮十円から貮拾五円にて（当時関釜連絡船は下関釜山間船賃ヽ円でした）、両津を脱出させた事が判明し客船法違反にて処罰された一幕もありました。
右の様な訳で次々と募集し、最終迠は 1200 名の募集を敢えてなさざるを得なかった次第です。

9当時鉱山の状況

太平洋戦争〔が〕始まると共に佐渡鉱山も軍需工場として銅の生産に全力を挙げては居ましたが、銅の生産〔が〕すくなく困って居りました。同じ三菱系の尾去沢鉱山の如きは昭和十八年には全国一の銅の生産を挙げ政府から表彰されたのに反し、佐渡鉱山は足許にも及ばず幹部は四苦八苦して居りました。確実な数字は鉱山博物館に何か資料が残って居りませんでしょうか。右の様な状態なので工場の特配も極めてすくなく、一番困ったのは地下足袋でした。(南方から「ゴム」が輸送されないので。)

第3回目の募集に立つ時、当時の未綱副長は私に募集人員300名に各地下足袋二足（一足ははかせ一足は彼等に持たせるやう）指示されたのです。(第1回目から2回目、従来一足づつは現地で求めはかせてきたのです。) 半島に着くと同時に此地に於て六百足を小売値で購入しました。募集も順調に済み、ダイヤ（輸送）の関係上私が150名を引率し同僚4名と先発隊として論山郡を出発し釜山に着きました。副長の指示通り、一足をはかせ一足を風呂敷に包ませました処、釜山ふ頭に於て経済警察につかまりました。(闇値の理由にて)。私はその当時の市価小売値で求めたのですが、警官は300足をまとめて買えば卸値で買うべきで闇買いと断定され、2、3日残る様申され、為に私の鞄の書類を同僚に渡し留置場入りを覚悟致しました。あの南京虫の多い留置場に、その際私が同僚に向い曽つては自分も人を留置場に入れたに今度は自分が留置場入りとは何たる皮肉かとこぼしたのを聞き付けたその警官は、それでは貴殿はと聞きましたので、曽つては新潟県に於て12年奉職した旨語りまし処、俄然態度を一変し風呂敷に包んだ一足即ち百五十足を卸値で警察に置く事で話は付き、釜山見学（輸送状況を）に来た同僚に後をまかせて乗船し、先発隊として任を果たしたのです。

その際、船中にていろいろ恩をはせ、警察は内地と云わず半島と云わず一脈通ずるものがあったものと思いました。

10募集に関係した事で一番困った事

鉱山労働は危険な作業も伴うので死傷者は絶えず出て居りましたが、坑内作業夫は半島人には出て居りませんでした。ただ年令関係にて坑内に入れる事の出来なかった（たしか19才だと思いました）一人が搗鉱場勤務にてべ

〔以下、10の続きと11の4枚分欠〕

仲々巧妙な金もうけに従事するものが殆ど大部分を占めて居りました。彼等、乳児を持つものは乳児用砂糖、その他地下足袋、カンテラ、その他配給のあらゆるものを持ち出す一方、内地人よりもはるかに多い金を出し物資を集めて居り、結局寮生の腹を満たして居たのです。

12半島労ム者間の信義

彼等は友人間の信義の篤い事は到底内地人の比ではありません。島外脱出の手引をする友人の名前等は如何なる弾圧にも遂に口を割らず、手引きせる労ム者が逃走してから始めて彼ではなかったかと今度は報告に来る始末でした。

彼等にすれば強制労働をしいられ、一年の募集が数年に延期され、半ば自暴自棄になって居た事は疑ふ余地のない事実だと思います。その一例として私の最も信頼して居た班長（家族持ち）が家族を友人にたのみ逃走した例さえありました。私は尾去沢鉱山をふくめ20数回

半島に行った関係上、半島の人情風俗を一番良く知って居ました。一例を話せば、彼等は老人を敬い父母に対する孝心の深さは到底内地人の比ではありません。父母祖父母の前では決して煙草を吸わないなどその著しい一つです。それ丈けにまた彼等に心から同情もし、指導もして居ました。唯弾圧丈けでは彼等は動きはしなかったでしょう。要するに蔭の力も必要であった事は否めない事実であったでしょう。

以上は大体御貴殿の質問に対する回答だと思いますが、何かまだ必要の事を忘れて居るのではないかと思うので、いろいろ考へてみても遂思い出せないので、このまま送りますが、外に必要の事がありましたら御一報くださらば、御回答申しますから遠慮なく申出で下さいませ。
ではまた後日に。回答がおくれて済みませんでした。

〔1974 年〕7 月 25 日　　杉本奏二

磯部〔欣三〕様

⒁ 富田毅聞き取り資料（1992 年）

〔聞き取りテープから要約、相川在住、「三菱相愛寮　煙草配給台帳」を保管していた富田煙草店(兼大工町郵便局)の経営者。〕

富田毅(つよし)、1992 年 9 月

煙草を配給するだけでなく郵便局もやっていた。朝鮮人が 10 円、20 円と送金したが、日本語が書けないので、代筆してあげた。朝鮮の住所や氏名が記された送り状などの書類が残っていたが、終戦になると、省から送金記録などは処分するように命令がきた。そのため、書類は焼却した。煙草の配給台帳は対象外なので、保管していた。

ひとつの寮に 200 人くらいが入っていた。寮長と事務員は日本人だが、ほかは全て朝鮮人だった。寮ができる前は民家を借り上げて入れていた。寮は戦争が始まった頃にできた。

配給は相川の町よりも鉱山の方が良かった。食が不足したので、朝鮮人は自分たちでどこからか豚の頭を仕入れてきて鍋に入れて食べていた。

当時は土地持ちの住民でも鉱山に徴用された。法然寺の和尚さんも中で働かされた。近くの法華の寺の僧正も第２相愛寮の事務員をさせられた。

帰国の時は相愛寮の寮長の広瀬さんが連れていき、木炭車のトラック数台で両津に送った。私も乗って、河原田まで行き、そこから徒歩で帰った。日本の女性と結婚して残った人もいた。

(15) 末田年雄「道遊の山に生きた人達」抄録

昭和14年白石副鉱山長兼務採鉱課長は尾猿〔去〕沢に鉱山長として栄転、そのあと関口保平主任技師が採鉱課長代理となるや、賃金の引き下げを実施、尚、更衣所入浴所に鍵をかけ、作業時間が終わる迄入れない様にして、作業員が入坑したあと道遊一番坑の坑口に柵をして鍵をかけたので、皆が怒りだして、高任坑外に桜の満開の下に各職種代表が集まり、協議の結果、本日は全員作業を休んで鉱山長の所へ御願いに行くと報告され、作業衣に地下足袋で下工場へ向かって歩きだした。誠に勇ましく見事なもので有った。

今の夕白町の近くに留木矢木の積んである付近で職種の代表に止められ、鉱山長に逢いに行くのは代表だけで全員ここで待つ様に指示、代表5名だけが鉱山長と交渉に向かった。待っている間に朝日新聞の記者をなのる人も取材に来ていたが、記事は差止となった様でした。午後の3時頃になって飯島平太郎さんが一段と高い留木の積んで有る山の上に昇って、今迄通りにしてもらうことに成ったと報告、明日より仕事をする様に交渉の説明のあと、清水東一さんが団結して行こうと話されて終になった。作業衣を着替えに高任に登った人、家に帰った人も有り、一応労働者側の勝利になった。

それから20日程すぎて関口課長代理は転勤となり、今度は社内でも有名な労働者弾圧の篠原課長があらわれた。

秋になると朝鮮の人達が送られてきた。山之神の相愛寮、下平に社宅が建てられ通勤に便利な橋が出来て、春になると大東亜戦争の景気にあおられて、坑内労働者で退職する人達が出て来た。人手不足で朝鮮の人達が次々と入って来た。昭和15年4月14日、桜の花の咲いている高任竪坑付近で朝鮮半島の人達が募集されて来た時の約束が違うと、入坑を拒否する集会を見て、篠原課長の弾圧が日増しに強まるのに耐えかねて居た人達が、昨年の夢を見て騒ぎだし、それを待って居た篠原課長は警察へ通報、警察と労務係外勤が多数乱入、検挙された人も10人程居た。前から不平不満を訴えて居た人達が居たがこんな騒ぎになって居るとは夢見る思いだ。夢を見て居るのではない。

現実は警察と労務の外勤係が多数みはって居り、これは大変なことになって居る、私は二の方出勤なので事務所に行った所、番割台の所に大西鉱夫係が居て、仕事するならよいが、お前は早く家に帰れと言われて、米屋町の家近く夕白町の所の角をまがった所で立ち止まった。嶋倉巡査と労務外勤係が張込んで待って居ると近所の人に教えられ、剣道の戸泉先生に伺った所、今は何を言い訳をしても無駄で有る、一時姿を隠せと言われた。

その騒動では大工町の杉山支柱員外数名の人達が警察に検挙され、杉山支柱員は死亡して家に帰ったと人の話で有った。長坂の渡辺源治運搬員も相当酷い目に逢ったと話すのも嫌だと、後に税務署に勤めて居る時に話をして居た。篠原課長の弾圧は日増しに強くなり、退職していく人が出て来る。そこで朝鮮半島の人が送り込まれて来る。

佐渡鉱山も大東亜戦争と大乱掘の坂道を走って、終戦の年には新鉱脈もなくなって居た。

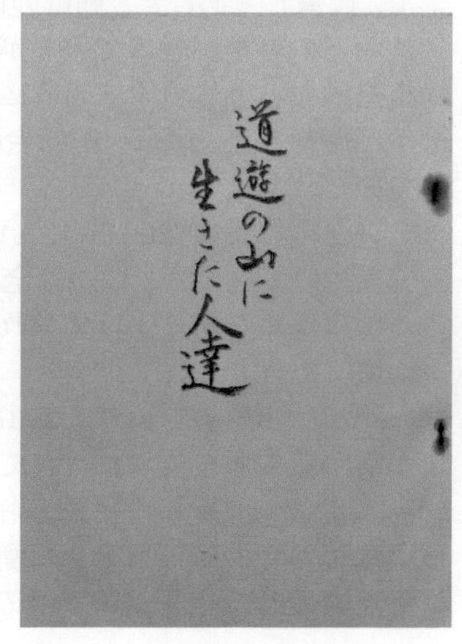

〔末田年雄「道遊の山に生きた人達」1993年から抄録。句読点と改行を加えた箇所がある。〕

参考資料

佐渡鉱山労働者賃金・日給 1939 年 1 月

職種	鑿岩夫	坑夫（手掘）	支柱夫	運搬夫・内	製錬夫	搗鉱夫	運搬夫・外	女従業員
最高	3 円 90 銭	1.89	2.20	2.33	1.47	1.50	1.535	0.72
最低	1 円 79 銭	1.65	1.02	1.15	0.47	0.45	0.72	0.35
平均	2 円 60 銭	1.78	1.78	1.61	1.048	1.075	1.22	0.55

坑内　鑿岩 2 交替 8 時間、支柱・運搬 3 交替 8～9時間、坑外　製錬 1 番 10 時間が主、2 交替 12 時間も。坑内夫には臨時手当 1 日 30 銭、精勤賞与 1 日 10 銭～25 銭、坑外は臨時手当 1 日男 23 銭、女 15 銭、精勤賞与男 1 日 8～15 銭、女 5～10 銭。公休は 2 日、4 日まで休ませる。

佐渡鉱山長加藤長吉講話「産金に就て」『世態調査資料第 20 号』から作成。

（16）野村穂輔「御霊によって歩きなさい」（抄録）

その年の初夏のこと、石谷庚得君が何か「特別に私に相談したいことがある」とのことで二人きりで相川会堂で話し合った。

「私は徴用で日本に来る時、二か年の契約であった。しかし私を国へ返してくれる気配がない。国には母と妻とが待っている。私は漁船に乗って、新潟へ出て逃げて帰ろうかと思う。漁船の手筈はすぐ出来る・・・」と彼は言った。

当時、半島の青年が時々逃げるので、相川付近の漁港には刑事が張り込んでいた。私は、半島の青年に日本の戦時下の状況を説明して、お国のために思い留まらせることは出来ぬと思った。また毎日のように怪我人があり、時々は死人の出る状況も知っており、将来の見通しの出来ぬ現状だった。

「御霊によって歩きなさい」103 頁、所収写真

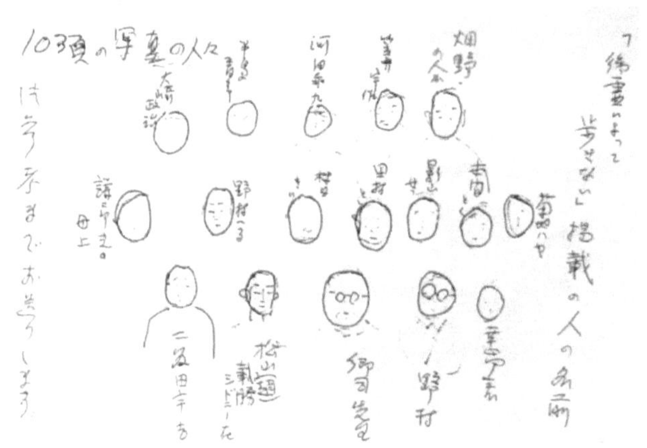

野村穂輔牧師による人物名表示。
前列左から二番目が趙載勝、後列に河田秉九ら

〔野村穂輔（けいすけ）『御霊によって歩きなさい』福音宣教会 1993 年から抄録。野村は 1944 年 9 月に佐渡鉱山に徴用された。同月、鉱車から鉱石を投下する作業中に鉱車に挟まれ、脊髄を痛めた。傷も癒えない中、45 年 1 月に新潟の工場への徴用を命じられ、主治医には診

断書を拒まれた。1992 年の佐渡での証言集会にも参加。〕

佐渡相川教会で撮影　前列左から野村穂輔牧師、日本人信者の子二人、
趙載勝、後列左から金ジュンギ、盧秉九。

野村穂輔牧師は1914年生れで、日本神学校在学時に当時の佐渡教会牧師の高橋久野先生のもとに夏期伝道のため来島。その縁で戦前から戦後の最も困難な時代に佐渡教会の牧会を担われました。当時の日本では、クリスチャンを全部殺すという、いまから考えれば全くおかしなことが本当に計画されていたのですから、佐渡のキリスト教の柱だった先生は、新聞に顔写真入りでスパイ扱いをうけたり、島から追い出そうとするさまざまないやがらせにあっておられました。徴用で金山の労働にかりだされ、そこで脊椎損傷という重傷を負われましたが、鉱山側は治療を先生自身の負担とし、そればかりでなく、直りきってない時に再徴用の命令まででたという仕末でした。このようなことを書いたのは、先生自身がそのような苦しみに会っており、悲しみを知っておられたからこそ、金山にはたらかされていた盧さんや趙さんなどと、クリスチャンとしても、共に苦しみを担うものとしても、心が通うことがあったのだと私は推察しています。

写真中の小学生、新潟におられる桝潟さん（父君が当時の第四銀行相川支店長だった）の一家も、彼等と親しく交わりがあり、こうした信仰者の交わりが、彼等への慰めだったことを今聞くことができて感謝しております。

野村牧師は戦後、体のけがの傷みが佐渡の冬に耐えられない状況の中で、暖地の高知へ転任され、その後、桜美林学園の宗教主任をされつつ横浜の羽沢に開拓伝道をされ今日に至っておられます。

戦中の最も困難な時代に、信仰と良心の節義を貫き通し、そのなかで苦しみにあっていた韓民族の方々との交わりを保たれた先生に感謝するとともに、今回の再会の意味を深く思うものです。　　日本基督教団佐和田教会　角田三郎牧師

1992 年 9 月の集会資料から

5　佐渡鉱山強制動員朝鮮人名簿　（相愛寮煙草配給台帳）

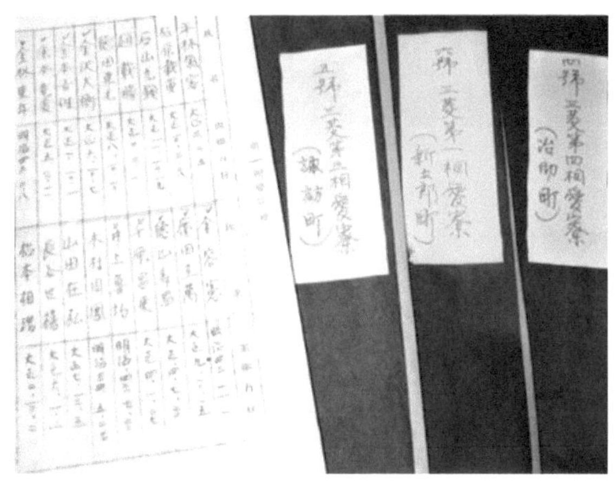

〔「三菱相愛寮 煙草配給台帳」は佐渡鉱山で朝鮮人を収容した相愛寮に関する史料である。この史料は佐渡鉱山に煙草を配給していた富田煙草店(兼大工町郵便局)に所蔵されていた。そこには、1944年10月から46年7月にかけての名簿や異動届などの書類が収録されている。この史料から収容された朝鮮人の氏名、生年月日、異動状況を知ることができる。現在、原本は佐渡博物館に保管されているが、3つの簿冊から一部の名簿が抜き取られ、そのコピーが別冊の形で保管されている。抜き取られた名簿原本の所在は不明である。ここではつなぐ会が所蔵する、名簿類が抜き取られる前の1990年代はじめに複写された資料を参考にした。なお、掲載は主なものとした。〕

⑴ 第一相愛寮名簿

煙草登録

第一相愛寮長　甲斐彌雄

昭和19年10月31日

相川大工町局 19.10.28

氏名	生年月日	氏名	生年月日
金基淳	大正八、二、一六	南相玉	大正九、九、二四
張在翼	大正七、八、一	平山丙源	大正九、二、二〇
平本俊変	大正九、三、三	國本汝奉	明治四四、七、一六
天鄭修福	明治四四、八、七	呉判吉	大正六、一三、五
松田義勲	明治四一、二、二	松原載玩	大正一一、三、五
國本竜雲	大正一一、一三、四	木原甲同	大正七、八、一五
金鐘錫	大正一〇、一、七	東村在男	大正元、七、二〇
金山鳳會	大正五、四、八	金長秀	明治四四、三、四
金振國	大正三、五、一六	伊原鐘珖	大正一一、一〇、二四

煙草登録

第一相愛寮長

氏名	生年月日	氏名	生年月日
竹原聖億	明治四一、六、二七	伊原鐘甲	大正九、一一、一六
杞山永膺	明治四四、九、二六	大林憲洙	大正四、一三、四
崔三童	大正五、一〇、一二	松村燕鉉	大正一三、二、八
金田般倍	大正六、二、二六	安永洙	大正四、九、二五
吉村六萬	大正三、四、七	光本寿鉉	大正六、八、二〇
李基永	明治四五、六、二六	木村大陽	大正元、六、六
平山達根	大正七、五、一	金光永福	大正一〇、三、八
李垣福来	大正八、三、一四	國本南錫	大正一一、三、一六
伊原鎬京	大正四、一三、一	野崎幸浩	大正四、二、二

1944年10月31日、第1相愛寮・煙草登録

煙草登録

第一相愛班長

昭和19年10月31日

氏名	生年月日	氏名	生年月日
和田吉璋	大正一〇・八・一二	金井鐘鮮	大正九・一二・三〇
川本榮錫	明治四四・一一・八	李本相純	大正五・九・二一
金容采	明治四二・八・一六	竹村乙點	大正一二・七・二一
文安壽炳	大正二・七・二	文山重甲	大正七・一二・三
宋秉周	大正五・六・二	廣田圭翼	大正八・八・五
金光永錫	大正二・一〇・五	西川金	
山本成鎮	大正四・三・二〇	石川鐘太	大正一〇・三・一四
中本東方	明治四三・九・九	崔石賢	大正三・五・六
朝元玉純	大正九・一二・二五	豊川連変	大正一二・三・三

煙草登録

第一相愛班長

昭和19年10月31日

氏名	生年月日	氏名	生年月日
大原職復	明治四〇・九・一二	岩本政吉	明治三四・八・一四
佳山明俊	大正八・二・一五	吉原秉玖	大正九・八・一八
秋田長吉	大正四・五・一三	金谷玉吉	明治四三・一〇・九
金城浩喆	大正四・一〇・二〇	宮本鐘鎮	明治三八・八・二六
青田恭郁	大正六・五・一五	白川銀喆	大正一三・八・一六
福井同淳	大正一〇・一二・二二	白川完基	大正一一・一・五
木村忠憲	大正一二・三・五	平山天童	明治四四・七・二五
和田東胤	大正四・四・二〇	松村壽昌	明治四四・一〇・四
岩村己鳳	明治四一・一二・六	眞山懿範	大正五・四・二二

煙草登録

第一相愛班長

昭和19年10月31日

氏名	生年月日	氏名	生年月日
水村性洙	明治三七・三・二	河本竜吉	明治三六・八・六
南啓容	明治四四・一二・三	武平鐘達	明治三九・一一・三
金山永錫	大正八・四・二九	林柳川志達	明治三九・八・八
山田福萬	大正三・八・一八	金彰洙	明治三九・一二・五
竹谷東根	大正五・一二・一八	平山六鳳	明治四二・五・一〇
平山鶴述	大正六・一二・六	山田福吉	大正八・七・二七
平松錫萬	大正九・一一・一六	平松政吉	明治四四・四・一〇
新井壽堂	大正一一・二・二〇	金村定萬	明治四四・一一・一五
木村正東	大正六・四・一三	李孫庚瑞	大正九・一二・一

煙草登録

第一相愛班長

昭和19年10月31日

氏名	生年月日	氏名	生年月日
平林氣容	大正三・二・五	金容憲	明治四三・一一・一
松原載英	大正一〇・三・二八	廣田圭萬	大正九・一〇・一五
石山九顯	大正一一・一二・一九	徳山壽昌	大正四・七・二〇
趙載勝	大正二・二・一	千原昌東	大正四・一・二七
徳田東元	大正八・一〇・一〇	井上魯均	明治四三・七・二〇
金沢大衡	大正六・一〇・七	木村周鳳	明治三四・五・二三
金本吉健	大正一〇・一二・一	山田在弘	大正七・一二・五
康本竜変	大正五・七・一一	長谷世禧	大正六・一・一
金林東年	明治四三・二・八	松本相浩	大正二・一〇・二

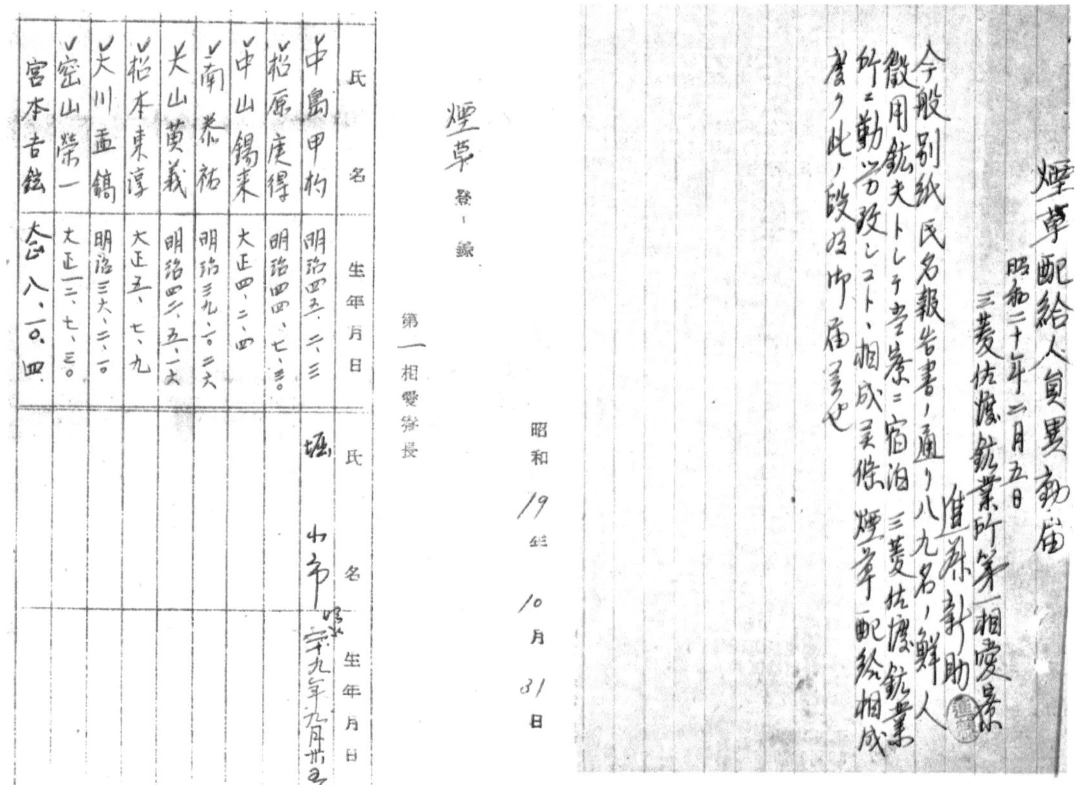

煙草登録

第一相愛寮長

昭和19年10月31日

氏名	生年月日	氏名	生年月日
中島甲杓	明治四五、二、三	堀 小弁	昭和九年九月廿五日
稲原庄得	明治四四、七、三		
中山錫来	大正四、二、四		
南巻祐	明治三九、一〇、二六		
大山黄義	明治四〇、五、一六		
松本東淳	大正五、七、九		
大川孟鎬	明治三六、二、一〇		
密山榮一	大正一二、七、三		
宮本吉鉉	大正八、一〇、四		

煙草配給人員異動届

昭和二十年二月五日

三菱佐渡鉱業所第一相愛寮

今般別紙氏名報告書ノ通リ八九名ノ鮮人徴用鉱夫トシテ当寮ニ宿泊 三菱佐渡鉱業所ニ勤労致シ候ニ付キ相成度候 煙草配給相成度ク此ノ段及御届候也

1945 年2月5日、徴用鉱夫 89 人の第1相愛寮収容を示す文書（以下の蔚珍の動員者）

指定年齢者連名簿

氏名	生年月日	本籍	居住ノ場所

朝鮮総督府

1945 年の蔚珍からの徴用者動員名簿、氏名・本籍・居住地を記載。本籍が蔚珍以外の者があるが、居住地である蔚珍からの徴用を示す。100 人が徴用され、89 人が着山した。

指定年齢者連名簿　朝鮮総督府

通番號	氏名	生年月日	本籍	住居ノ場所	追記
九七七六	南亀琮	大二.二.一三	北面古木里三七二	仝上	
九七七七	岩本鳳龍	大三.九.一九	鎮珍面華道里	仝上	
九七七八	杉村相振	昭四.五.二五	〃温洋里三二六	仝上	
九七七九	岩本正洋	大一.二.三〇	右全 九六	仝上	
九七八〇	昌本学仁	大一二.一〇.一九	〃鳳陽里三六	仝上	
九七八一	金本龍石	昭四.一〇.一三	西面三嶝里	仝上	
九七八二	~~金州吉龍~~	明四三.一二.二〇	鎮珍面松亭里 一〇八	仝上	
九七八三	金海有允	大一〇.八.一三	西面只北里	仝上	
九七八四	吉永聖雄	昭四.六.一三	鎮珍面北亭里	仝上	
九七八五	大山福淑	大一三.八.一七	右全 四〇三	仝上	
九七八六	吉村学龍	昭四.七.九	鎮珍面北亭里	仝上	
九七八七	郭致庸	昭二.一.一九	近南面徳新里 八四八	仝上	
九七八八	平山鍾三	大一三.七.二五	〃松花里八三	仝上	
九七八九	梅村炳純	大一〇.一〇.九	近南面松亭里 四八	仝上	
九七九〇	金本書石	昭四.一〇.二五	近南面老倉里 七〇	仝上	
九七九一	香山相哲	大一〇.八.一五	〃新山里 七〇四	仝上	
九七九二	金本周相	大八.一〇.一〇	〃 三九七	仝上	
九七九三	金川佐弦	大一二.一.一七	〃 三九七	仝上	
九七九四	森山書玉	大一〇.三.一〇	〃 四〇五	仝上	
九七九五	山城芳寿	大一三.四.四	近南面徳新里 四三三	仝上	
九七九六	南容学	大一二.三.一五	近南面老倉里 七七一	仝上	
九七九七	尹錫恒	大八.一〇.八	慶北青松郡化新面 六八山 三七八	近南面老倉里 七五六	
九七九八	米泉相弘	大一〇.六.一五	近南面古岩里 一八五	仝上	
九七九九	廣川錫文	大九.九.八	右全 四三〇	仝上	
九八〇〇	孫海龍	昭四.四.一九	近南面乗楠里 九一〇	近南面古岩里 六七三	

指定年齢者連名簿　朝鮮総督府

通番號	氏名	生年月日	本籍	住居ノ場所	追記
九八〇一	田森佃	昭四.九.一五	益城面三山里 一一八	仝上	
九八〇二	青川相甲	大九.六.一二	慶北青松郡巴川面新興里	近南面古岩里 六八五	
九八〇三	岩本得述	昭四.三.三	平海面金音里 三三五	仝上	
九八〇四	長山運炳	大一三.一二.六	遠南面高川里 五三五	仝上	
九八〇五	梁川八相	昭三.三.一八	〃甘陽里 四六八	仝上	
九八〇六	張東明	昭三.八.一五	遠南面甘陽里 四三八	仝上	
九八〇七	長泉龍得	昭三.一〇.一三	右全	仝上	
九八〇八	長田永道	大一二.一二.一五	〃新安里 五一	仝上	
九八〇九	井泉炳道	昭四.四.一五	右全 三九四	仝上	
九八一〇	金山幸龍	昭四.三.三	〃島宮里 一一三	仝上	
九八一一	松原東書	昭三.八.一三	〃 六三八	仝上	
九八一二	金海尚坤	昭三.三.一九	〃 一三八	仝上	
九八一三	郭有鉞	昭四.三.六	〃徳新里 八四〇	仝上	
九八一四	金曽達福	昭四.三.七	慶北松谷面 前坪 三二一	平海面月松里 七七二	
九八一五	新井龍亦	昭四.八.一四	義城面梨坪里 五六五	右全	
九八一六	金東康正	大九.四.二六	遠南面島宮里 九三五	仝上	
九八一七	金東中生	昭四.二.一四	平海面直接里 一〇六	平海面巨逸里 一六八	
九八一八	金田敦弼	大一五.三.一四	慶北義城郡安平面大同洞	平海面厚浦里 四四三	
九八一九	金川正見	昭四.三.三	近南面三渓里	仝上	
九八二〇	~~中山光福~~	~~昭四.~~	~~遠南面~~	~~仝上~~	
九八二一	永下德求	昭四.五.一九	遠南面南亭 一二	平海面厚浦里 三三七	
九八二二	金本永石	大三.三.四	温井面温井里 一九九	仝上	
九八二三	山本尼礎	大二.八.一七	〃 七八	仝上	
九八二四	安永光秀	大五.七.一九	〃 栖雲里 一三五	仝上	
九八二五	大岩德来	大二.一〇.一	〃 德山里 三	仝上	

指定年齢者連名簿　朝鮮総督府

通番號	氏名	生年月日	本籍	居住ノ場所	摘要

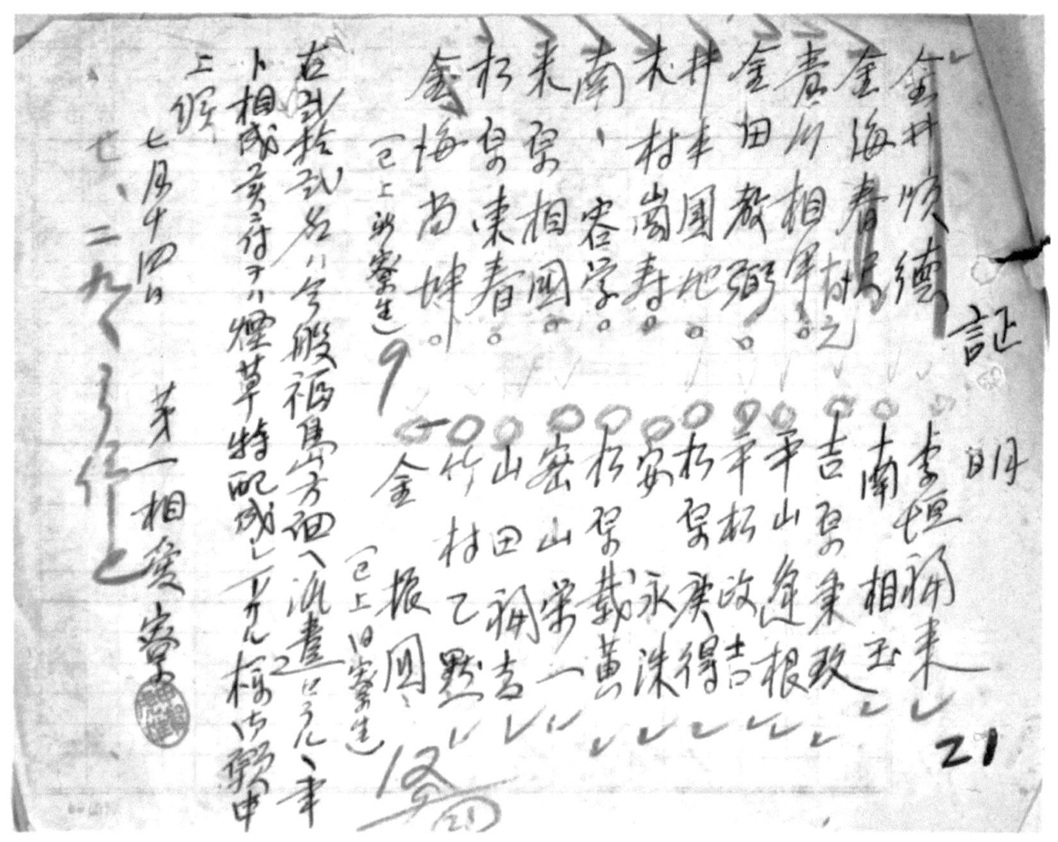

1945 年 7 月、佐渡から福島への派遣者名簿。上が旧寮生、下が新寮生（蔚珍からの動員者）

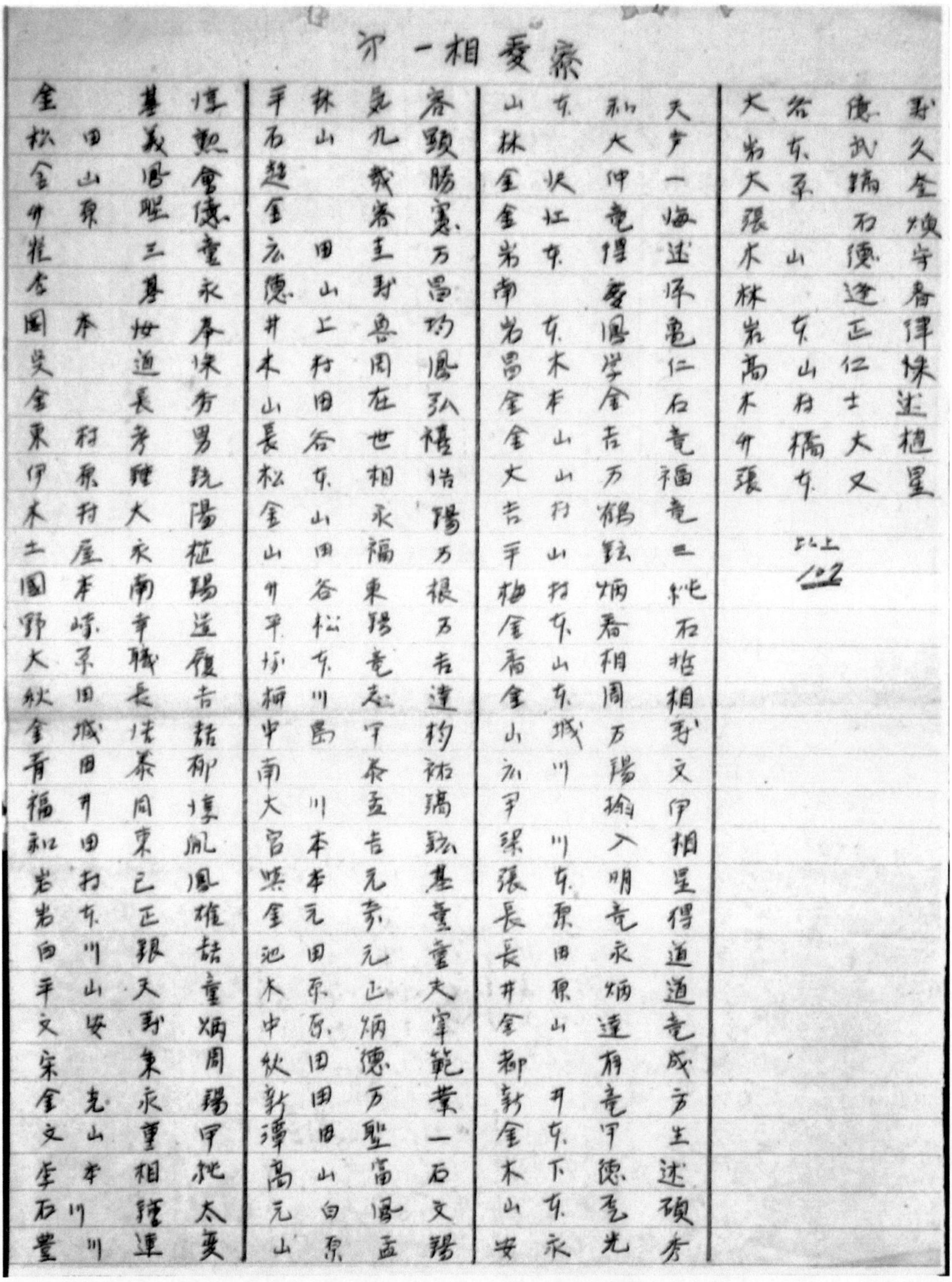

1945 年 8 月、埼玉、福島への派遣者などを除いた収容者名簿（107 人）

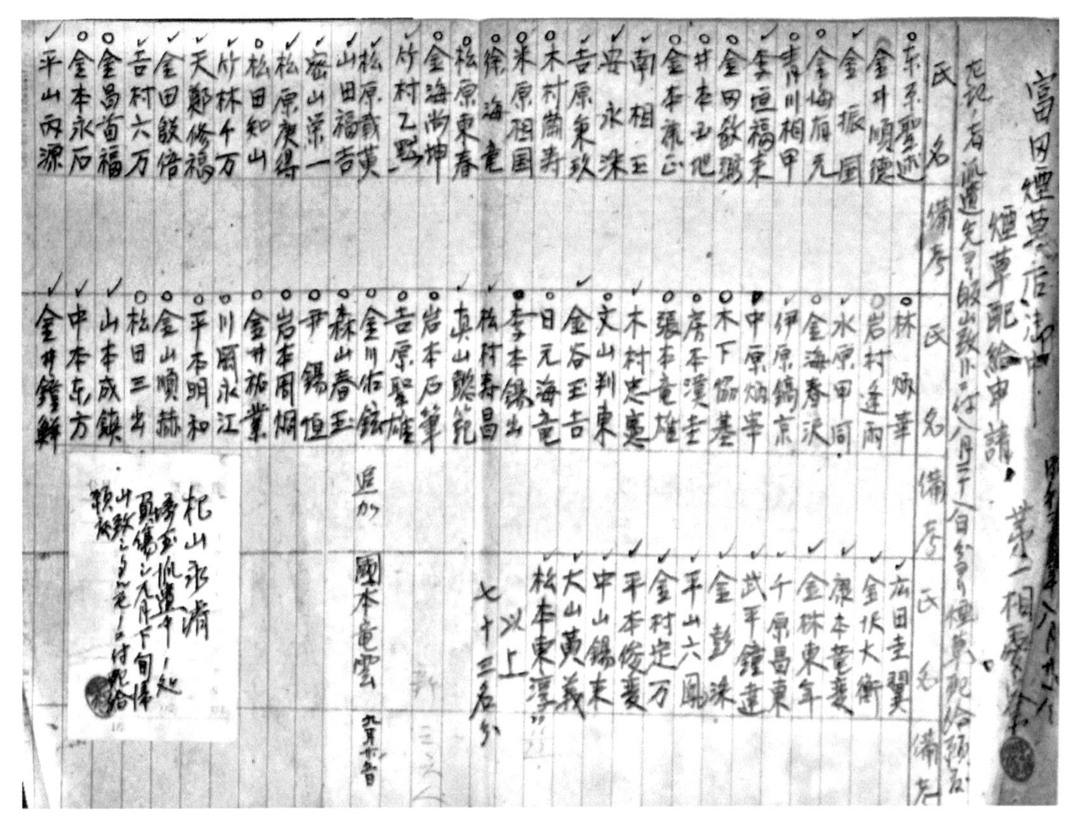
1945年8月、埼玉・福島への派遣者の帰寮を示す名簿

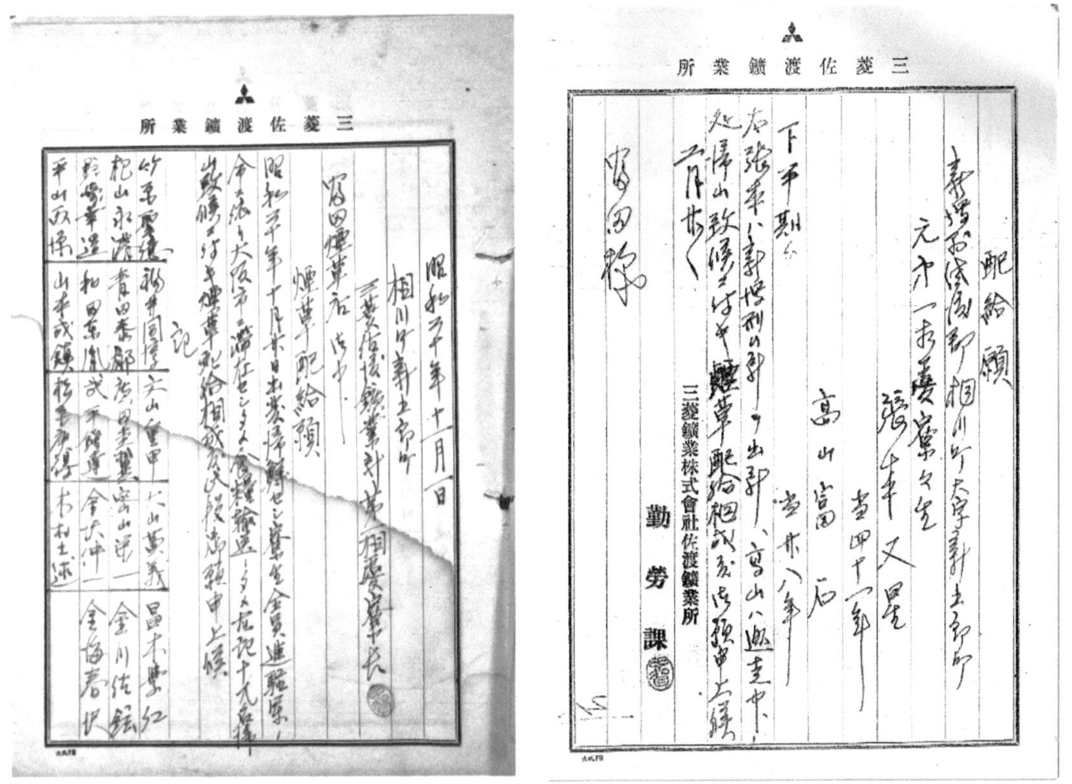
三菱佐渡鑛業所

三菱佐渡鑛業所

三菱鑛業株式會社佐渡鑛業所
勤労課

1945年10月20日出発、大阪での滞在を示す文書。　1946年2月の帰寮を示す文書。

⑵ 第三相愛寮名簿

登録

第三相愛寮長 廣瀬吉三郎（廣瀬）

昭和十九年十月廿五日

相川大工町局 19.10.28

119

氏名	生年月日	氏名	生年月日
廣瀬吉三郎	明治三五、一、三〇	伊坂洋吉	大正二、二、一
木岡康吉	大正四、五、六	石岡順甲	〃 六、八、二
中川康吉	明治三八、一〇、二〇	岩本命北	明治四三、一、五
新李舜奎	明治四五、三、二	岩本成龍	大正九、七、二〇
新李魯貞	大正四、二、二九	松水平宅	明治四四、一二、一八
新井詩鉉	〃 一二、一二、五	岡田乙男	大正四、二、九
明本亨炳	明治四〇、七、一七	内田喜永	明治四〇、十、六
青木炳来	大正一一、五、六	岡本奉玉	〃 四二、三、一四
安山葛玉	明治四五、三、三	金井学柱	大正九、六、二〇

登録

第 相愛寮長

氏名	生年月日	氏名	生年月日
金井圭吉	大正一〇、二、四	金栗行洙	大正三、二、一
金子丞栄	〃 元、七、一五	金原桓洪	明治四三、五、六
金澤鍾諾	〃 八、一二、二四	金光相憲	〃 三九、一、二〇
金澤秀燦	〃 三、一、一五	金光成玉	大正六、一、一〇
金城載尚	〃 七、九、二九	金村丙用	明治四〇、四、二〇
金城長榮	明治四〇、二、一五	金村鐘哲	大正四、七、二〇
金城宜弘	大正一〇、五、二八	金本洙甲	明治四四、八、一六
金城萬用	〃 一二、五、三	金山洪炳	大正一二、三、一〇
金岡昌旦	〃 一一、八、二五	金山相今	明治四〇、四、五

1944年10月25日、第3相愛寮・煙草登録　　受付10月28日

登録

第 相愛寮長

昭和 年 月 日

氏名	生年月日	氏名	生年月日
金太相玉	大正七、四、一〇	完季寧	大正一〇、三、一九
金山忠一	〃 二、一二、二七	韓斗洙	〃 九、四、八
金山丁鳳	〃 六、八、二八	木村性卜	明治三九、五、一二
金山德根	明治三八、四、二〇	木村萬鉄	〃 三七、九、八
金山仁鶴	大正一一、三、一二	金桂煥	大正四、一二、一五
金海大晋	明治三三、一一、一六	金寅柱	〃 二、二、一一
河田秉九	大正一二、三、二六	金順德	明治四三、三、一
完山平吉	明治三八、八、一六	金順童	大正三、九、九
神田袁山	〃 三九、二、二	金善益	〃 八、五、四

登録

第 相愛寮長

氏名	生年月日	氏名	生年月日
金東男	大正九、二、二五	秋奉龍	大正五、一二、一
金文培	〃 五、九、八	蘇永炳	〃 四、三、一
金炳斗	〃 二、七、二七	高橋判錄	〃 六、八、二八
金乙先	明治四二、一、一二	吉本信吉	明治三三、一二、一七
姜慶吉	大正四、一一、一三	達川廷根	大正二、三、三
梓村西萬	〃 三、八、二四	丁乙相	明治三七、一二、二六
崔載珠	〃 五、八、一五	鄭海鳳	〃 四、一、三
崔善炳	〃 四、一二、一三	鄭光益	大正六、五、一二
櫻井勝太郎	〃 九、七、二九	鄭三炳	〃 六、七、一五
		鄭道成	〃 四、三、三

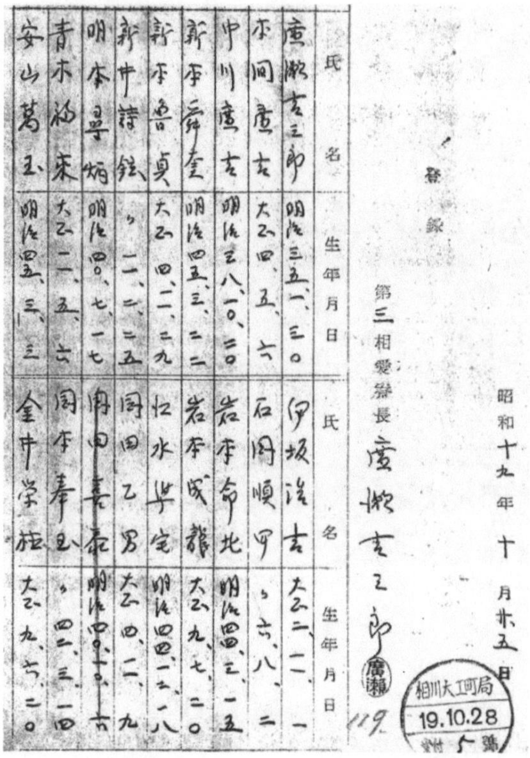

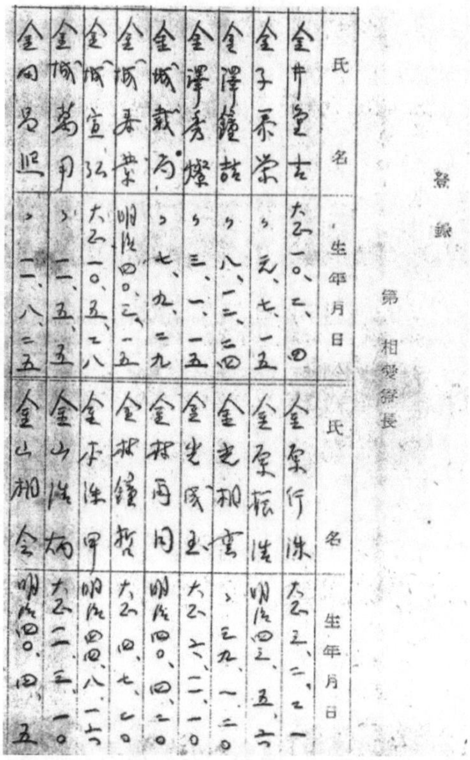

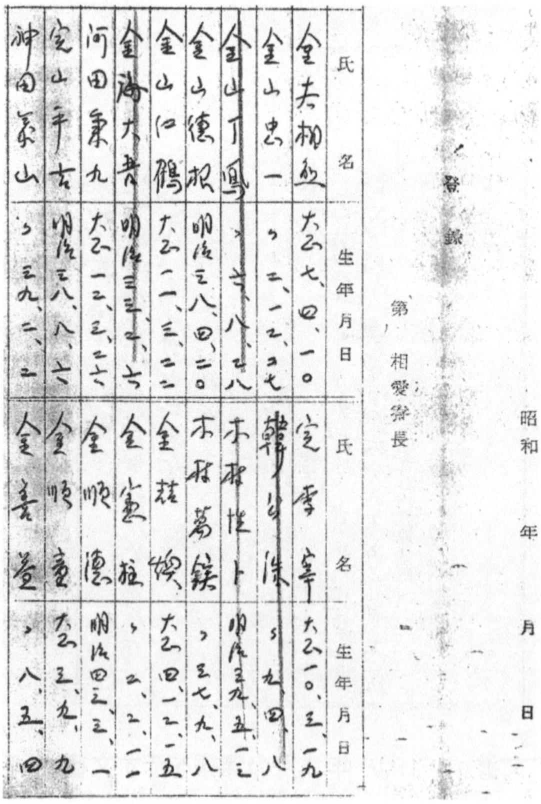

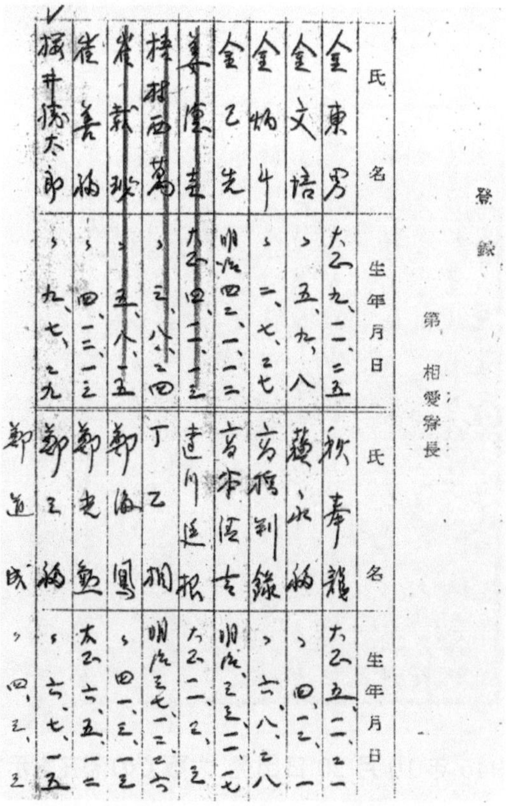

登録

第　相愛寮長

氏名	生年月日	氏名	生年月日
吉本昌先	大正四、三、七	~~林永澗~~	~~大正一〇、一〇、一七~~
李玉童	〃一一、一一、二二	~~林永圓~~	~~〃一一、三、一五~~
李鐘根	〃三、一二、八	林永大	〃六、五、一五
李成龍	明治四三、八、一七	成田義男	明治四一、一〇、二四
李泳南	大正七、七、一	松本甚震	〃四四、一、二五
李基用学	明治三〇、五、四	延宗在明	〃四二、五、二六
李秋三納	〃四五、二、六	林德植	大正一二、六、二九
~~崔炳俊~~	~~大正七、一〇、三~~	梁田南山	明治三九、一〇、六
李用乙童	大正三、九、四	平沢翼金	〃四四、三、二九

登録

第　相愛寮長

氏名	生年月日	氏名	生年月日
豊川徳治郎	明治三五、二、一九	松本秉萱	明治三八、一二、一九
豊田利錄	大正五、四、二	南東龍	〃四〇、五、一八
文玉男	〃五、一〇、八	光山登仙	大正元、一〇、一五
朴在春	明治四三、一二、一六	宮本永敦	〃四、九、二七
朴来九	大正六、三、一三	宮本鍾声	〃三、一、一五
~~金城崇煥~~	~~〃九、十、十八~~	~~中川宗甫~~	~~〃六、八、一二~~
石木鐘弘	〃一〇、二、一八	康平鶴均	〃七、五、一七
松本順德	明治四四、八、二一	~~慶金永鍍~~	~~〃八、一〇、一二~~
松本秉德	大正九、一〇、四	吉田海植	〃八、九、一〇

登録

第三相愛寮長　廣瀬吉三郎（印）

氏名	生年月日	氏名	生年月日
山本炳春	明治四五、三、二九	德山壽男	明治三七、三、一
方橋夢玟	〃四〇、一一、三	伊原官東	大正九、四、八
新家成圭	大正五、六、二二	~~吉中春命~~	~~明治三八、六、一七~~
松田静史	〃八、一〇、一〇	金鐘哲	大正五、八、一六
新本濬永	〃四、四、一四	岡村鳳吉	〃七、一二、一三
大山照洙	〃五、四、一四	德山洙錄	〃一一、四、一
金本命九	〃六、九、一三	平沢秉基	〃九、八、一〇
國本錦德	〃六、一一、一〇	方田昌植	明治三三、一〇、一〇
安東甲京	明治四三、四、七	金十七六	

昭和十九年十一月十日

登録

第　相愛寮長

氏名	生年月日	氏名	生年月日
平山俊	大正四、四、一一	平山君乙	大正一一、一、一七
平山東煥	〃五、六、三		
平山洪日	〃一一、六、一九		
廣田月昌	明治三五、一〇、五		
雪本性元	〃三八、八、七		
水井炳童	〃四一、一二、二七		
片山春書	大正五、一〇、一五		
朴永根	明治三四、九、二五		
黄山慶玉	〃三九、八、一		

昭和　年　月　日

1944年11月10日、煙草登録追加

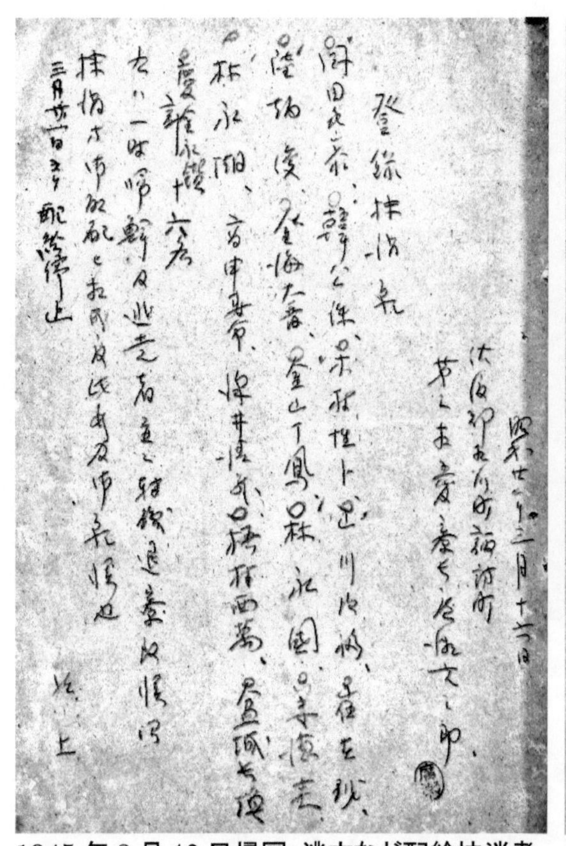

1945 年 3 月 16 日帰国・逃亡など配給抹消者

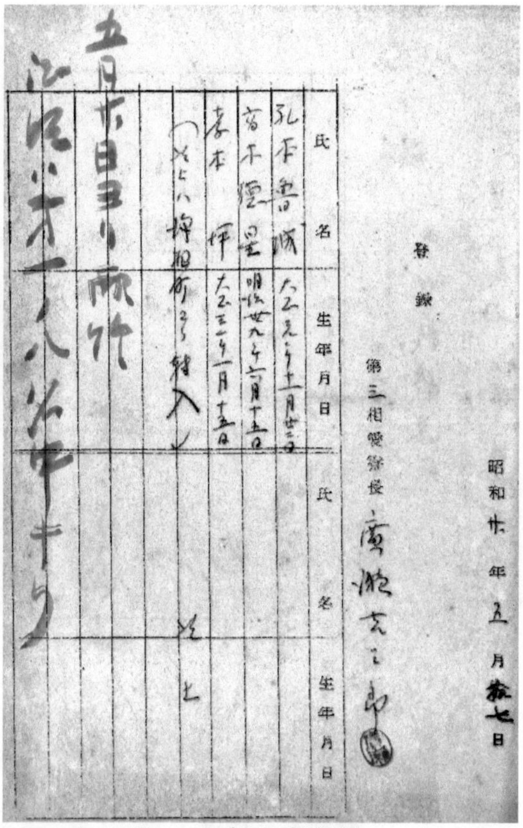

1945 年 5 月 17 日転入者登録

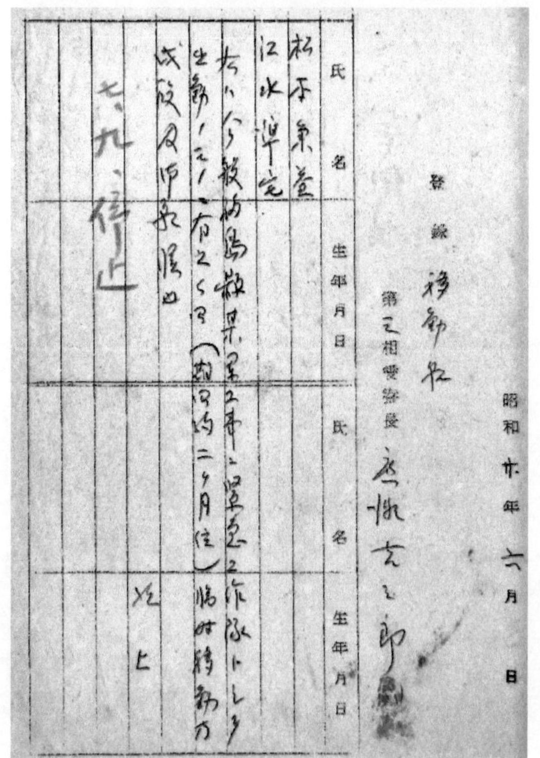

1945 年 6 月福島派遣者配給停止届

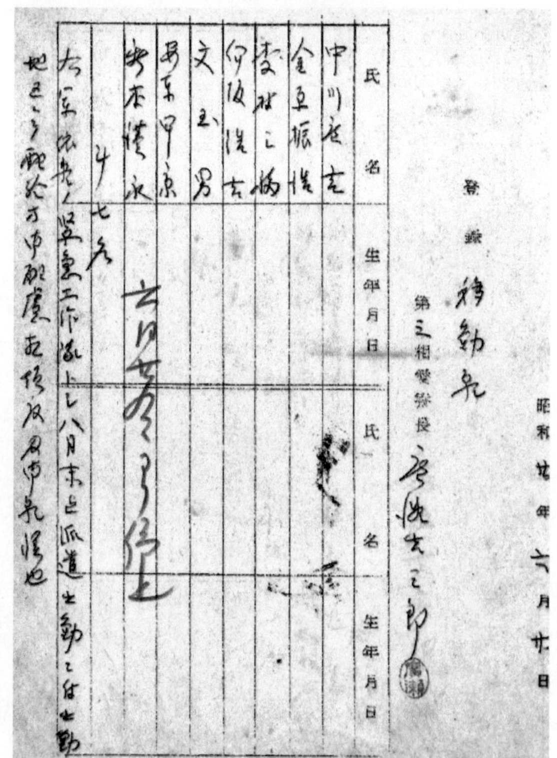

6 月 20 日緊急工作隊派遣者配給停止届

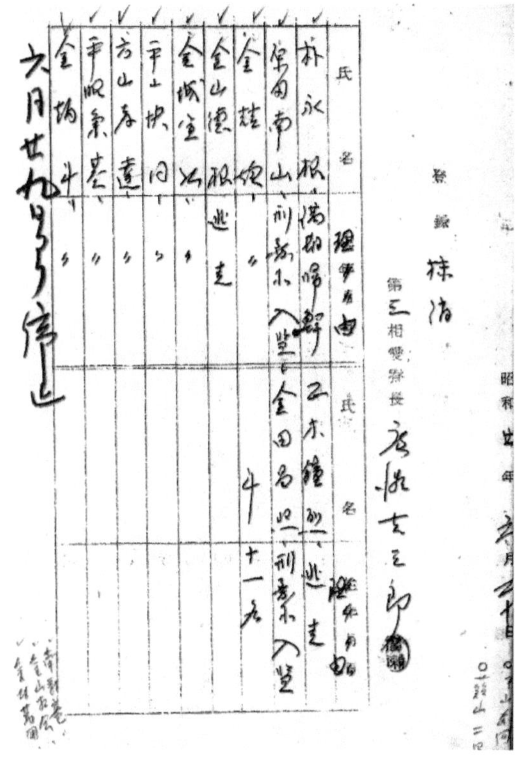

1945年6月20日入監·逃走など登録抹消届

1945年7月福島派遣者配給停止届

同、福島派遣者配給停止届

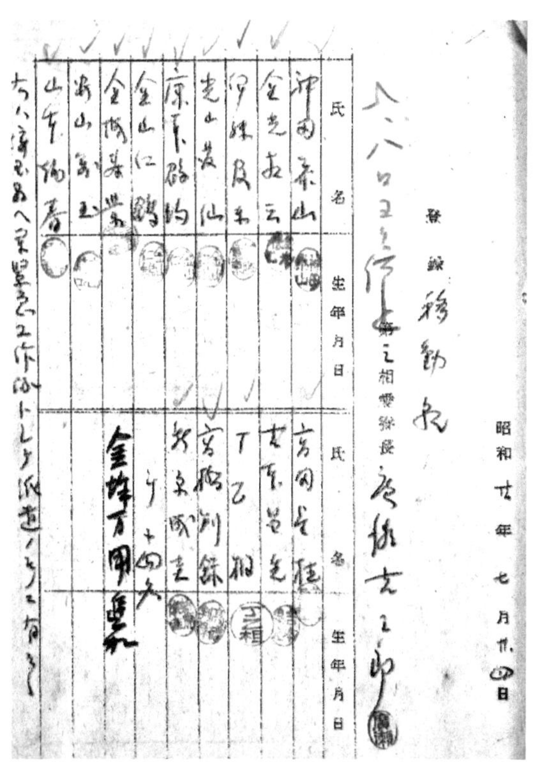

1945年7月24日埼玉派遣者配給停止届

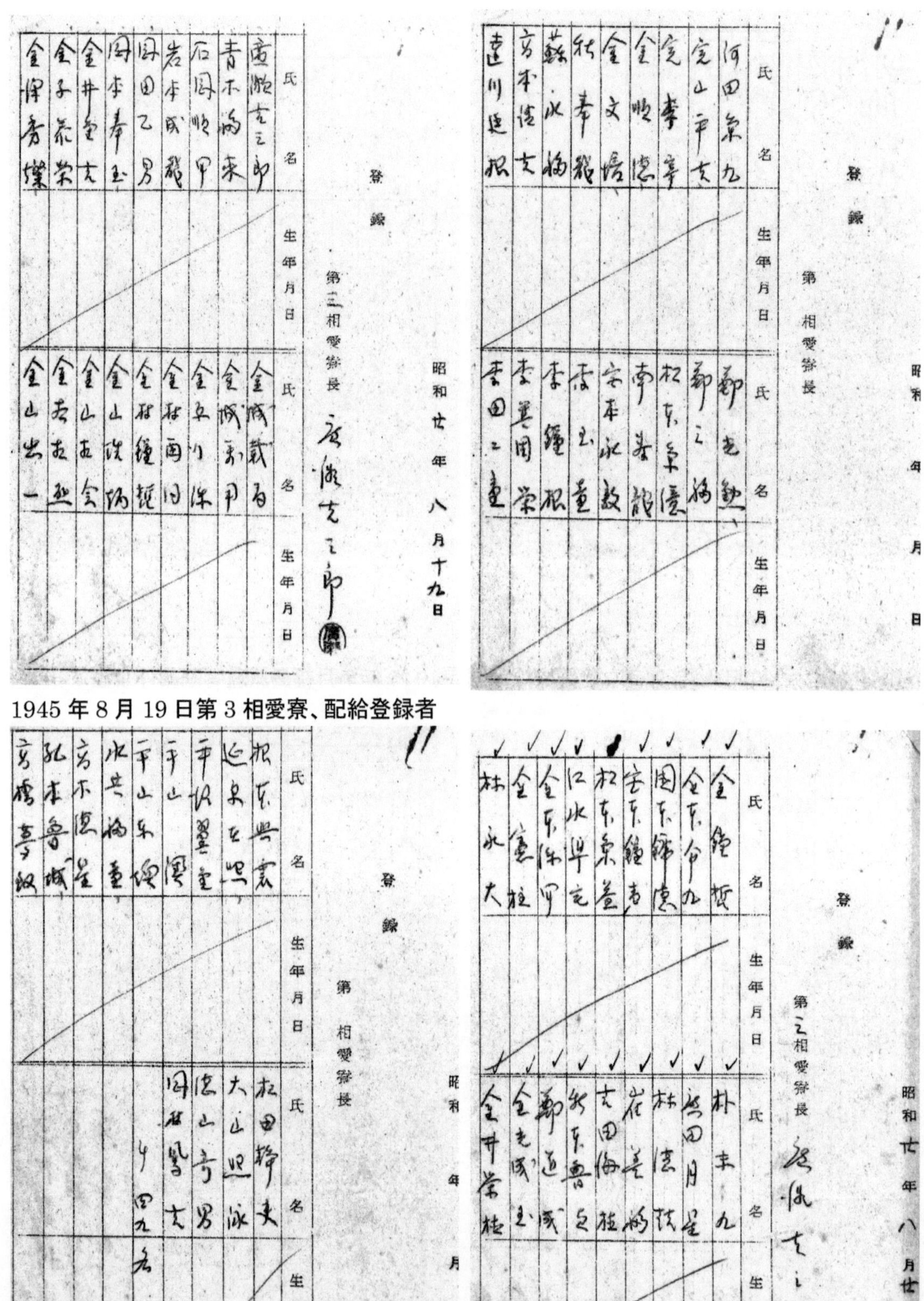

1945 年 8 月 19 日第 3 相愛寮、配給登録者

1945 年 8 月 26 日福島からの帰寮者

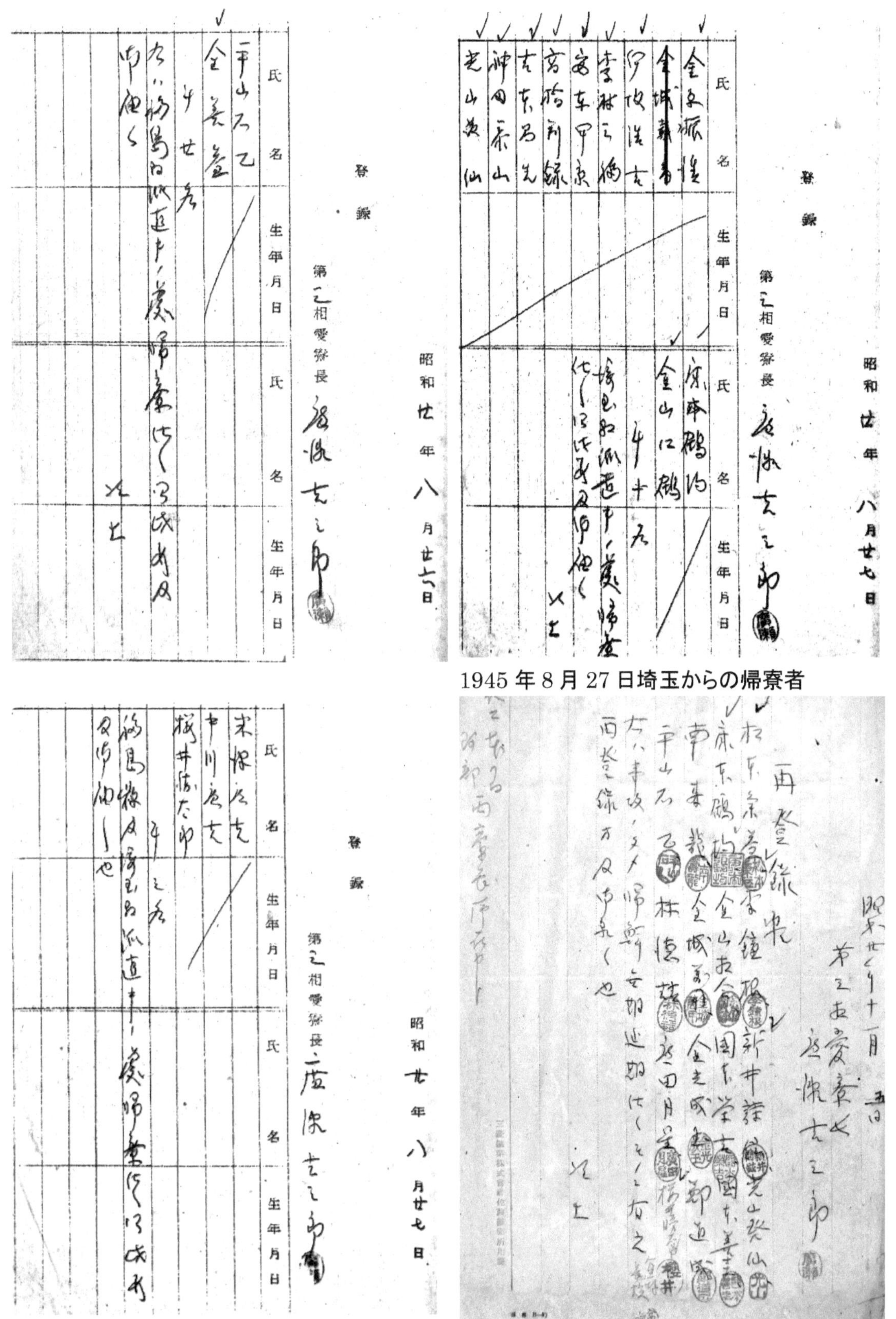

1945 年 8 月 27 日埼玉からの帰寮者

1945 年 8 月 27 日福島・埼玉からの帰寮者

1945 年 11 月帰国無期延期のため再登録

⑶　第四相愛寮名簿

1944年10月、第4相愛寮煙草登録者

富田煙草店･大工町郵便局受付 10月25日

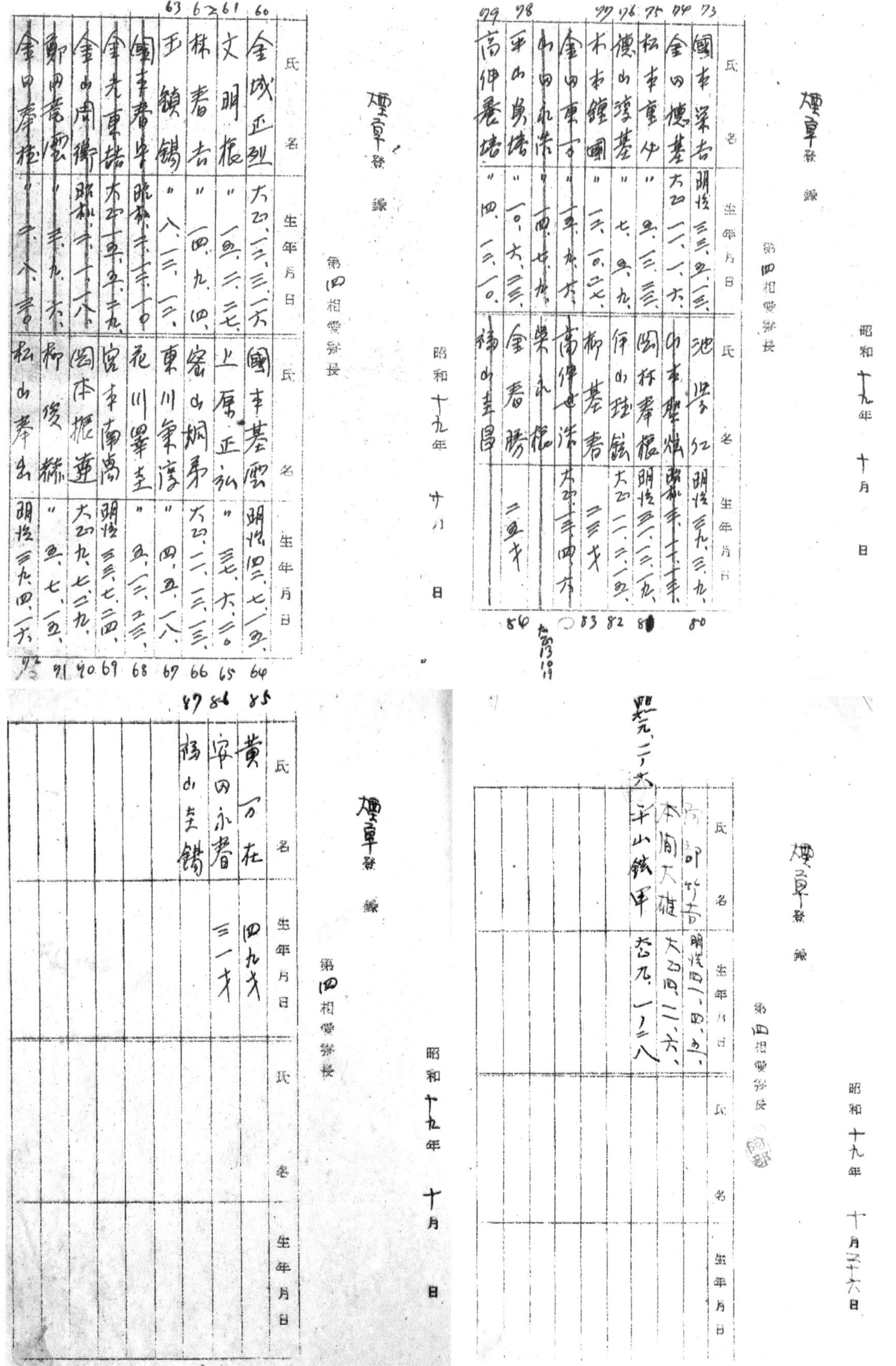

1944年10月26日追加登録者名簿

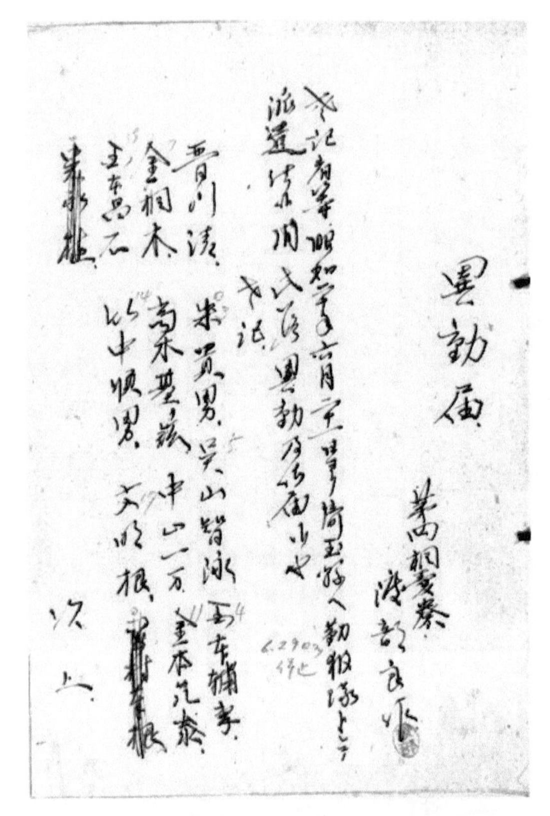

異動届

1945 年 6 月埼玉への派遣者、配給停止届

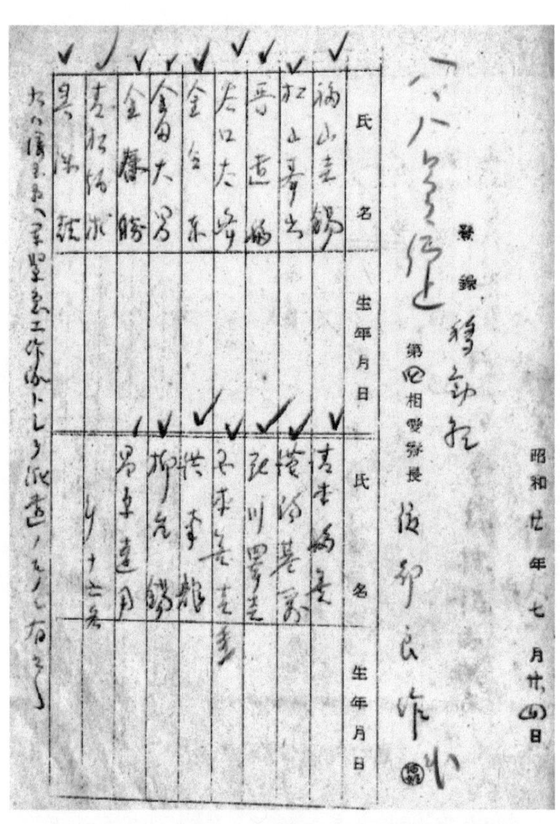

登録

第四相愛寮長

昭和廿年七月廿四日

氏名	生年月日	氏名	生年月日

1945 年 7 月埼玉への派遣者、配給停止届

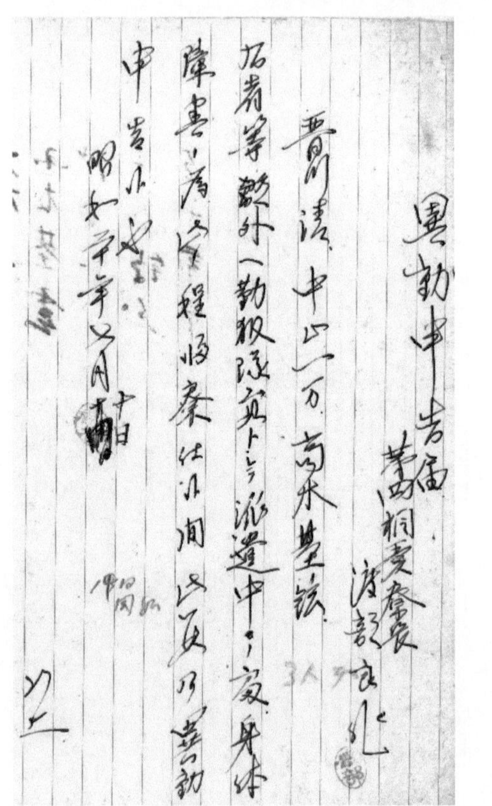

異動申告届

1945 年 7 月埼玉派遣中、障害による帰寮者

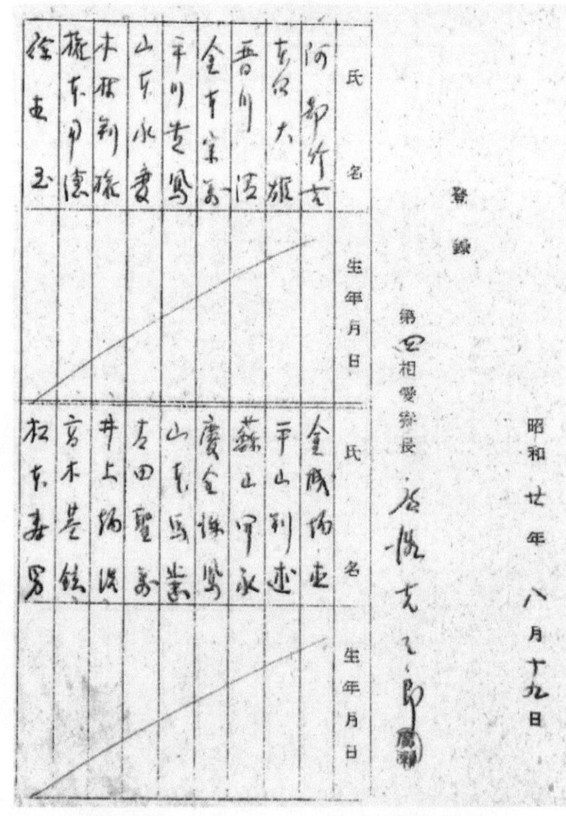

登録

第四相愛寮長

昭和廿年八月十九日

氏名	生年月日	氏名	生年月日

1945 年 8 月 19 日第 4 相愛寮収容者名簿

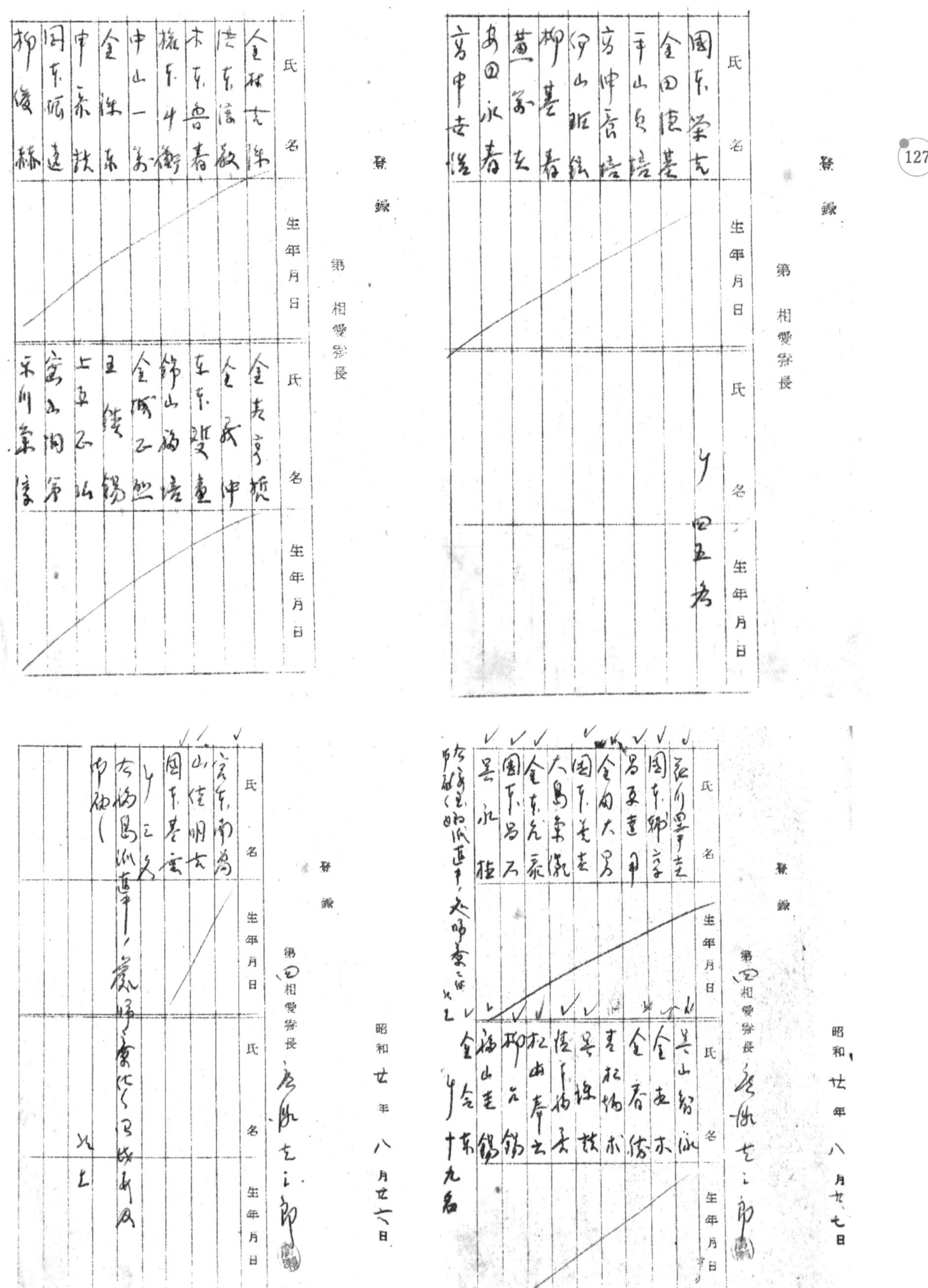

1945年8月26日福島からの帰寮者　　1945年8月27日埼玉からの帰寮者

⑷　佐渡鉱山強制動員朝鮮人名簿　（作成　竹内康人）

整理番号	寮	名前	生年月日	居住地	異動状況	典拠
1	第1	金 基淳	1919.2.16		45.8在寮	1
2	第1	張 在翼	1919.8.1		45.4帰国届	1
3	第1	平本俊変	1920.3.3		45.6末2か月出張,8末帰山	1
4	第1	天鄭修福	1911.8.7		45.6末2か月出張,8末帰山	1
5	第1	松田義勲	1908.2.2		45.8在寮	1
6	第1	國本竜雲	1922.12.4		45.7末派遣,8末帰山	1
7	第1	金 鍾錫	1921.1.17		45.3.20山ノ神転居	1
8	第1	金山鳳會	1916.4.18		45.8在寮	1
9	第1	呉 道洙			45.8在寮	5
10	第1	金 振國	1914.5.16		45.7福島派遣,8末帰山	1
11	第1	南 相玉	1920.9.24		45.7福島派遣,8末帰山	1
12	第1	平山丙源	1920.11.20		45.6末2か月出張,8末帰山	1
13	第1	國本汝奉	1911.7.16		45.8在寮	1
14	第1	呉 判吉	1917.12.5			1
15	第1	土屋永植			45.8在寮	5
16	第1	松原載玩	1922.2.5		45.7末派遣	1
17	第1	水原甲同	1918.8.15		45.6末2か月出張,8末帰山	1
18	第1	東村孝男	1912.7.20		45.8在寮	1
19	第1	金 長秀	1911.3.4		45.8在寮	1
20	第1	尹 鍾洸	1922.10.24	忠南 青陽 木　安心	45.8在寮,伊原鐘洸	1・11
21	第1	黄 聖億	1908.6.27	忠南 燕岐 錦南 丑山	41動員,45.3鶴子転勤,5.18帰山,竹原聖億	1・15
22	第1	杞山永濬	1909.9.26		45.7末埼玉派遣,負傷9月下旬帰山,	1
23	第1	崔 三童	1916.10.12		45.8在寮	1
24	第1	和田東胤				5
25	第1	金 殷倍	1917.2.26	忠南 扶余 世道 領詔院	45.3.鶴子転勤,5.18帰山,.6末2か月出張,8末帰山,金田殷倍	1・15
26	第1	吉村六萬	1914.4.7		45.6末2か月出張,8末帰山	1
27	第1	李 基永	1912.6.26		45.8在寮	1
28	第1	平山逢根	1918.5.1		45.7福島派遣	1
29	第1	李垣福來	1919.3.14		45.7福島派遣,8末帰山	1
30	第1	尹 鎬京	1915.12.1	忠南 青陽 木　新興	45.6末2か月出張,8末帰山,伊原鎬京	1・11
31	第1	尹 鍾甲	1920.11.16	忠南 青陽 木　新興	45.3.20帰国届、伊原鐘甲	1・11
32	第1	大林應洙	1915.12.4		45.6末2か月出張	1
33	第1	兪 變弦	1923.2.28	忠南 青陽	45.3.20帰国届、松村變弦	1・11
34	第1	安 永洙	1915.9.25		45.7福島派遣,8末帰山	1
35	第1	光本壽鉉	1917.8.20			1
36	第1	木村大陽	1912.6.6		45.8在寮	1
37	第1	金 永植	1921.3.8	忠南 論山 城東 院南	金光永植	1・15
38	第1	国本南錫	1922.3.16		45.8在寮	1
39	第1	野崎幸造	1915.2.2		45.8在寮	1
40	第1	大原職履	1907.9.12		45.8在寮	1
41	第1	佳山明俊	1919.2.15		45.6末2か月出張	1
42	第1	金 長吉	1915.5.13	忠南 青陽	45.8在寮 秋田長吉	1・11
43	第1	金城浩喆	1915.10.20		45.8在寮	1
44	第1	青田泰郁	1917.5.15		45.8在寮	1
45	第1	福井同淳	1921.3.22		45.8在寮	1
46	第1	李 忠憲	1923.3.5	忠南 燕岐 全東 美谷	41動員.7末派遣,木村忠憲	1・15
47	第1	和田同胤	1915.4.20		45.8在寮	1
48	第1	岩村己鳳	1908.12.6		45.8在寮	1
49	第1	岩本政雄	1901.8.14		45.8在寮　正雄	1
50	第1	吉原秉玖	1920.8.18		45.7福島派遣,8末帰山	1
51	第1	金谷玉吉	1908.10.9		45.7末派遣,8末帰山	1
52	第1	河本龍吉	1900.8.6			5
53	第1	宮本鍾鎭	1905.8.26			1
54	第1	白川銀喆	1924.8.16		45.8在寮,46.3帰寮,	1
55	第1	白川完基	1922.1.5		45.6末2か月出張	1
56	第1	平山天童	1911.7.25		45.8在寮,46.3帰寮	1
57	第1	松村壽昌	1911.12.4		45.7末派遣,8末帰山	1
58	第1	眞山懿範	1916.3.22		45.7末派遣,8末帰山	1
59	第1	興本元基	1920.8.23		45.5.18鶴子鉱山から入寮	5
60	第1	和田吉淳	1921.8.12			1

61	第1	金元寿童	1907.1.4		45.5.18鶴子鉱山から入寮.8在寮	5
62	第1	川本栄錫	1911.11.8		43.5.1逃走,5.3検挙,労務調整令違反送局、45.4.45帰国届	1・14
63	第1	池田元童	1907.7.4		45.5.18鶴子鉱山から入寮.8在寮	5
64	第1	金 容采	1909.8.16		45.4.45帰国届	1
65	第1	文安壽炳	1913.7.21		45.8在寮	1
66	第1	宋 秉周	1916.6.2	忠南 論山 陽村 新興	45.8在寮,	1・15
67	第1	金光永錫	1913.10.5		45.8在寮	1
68	第1	山本成鎮	1915.3.20		45.6末2か月出張,8末帰山	1
69	第1	中本東方	1909.9.9		45.7末派遣,8末帰山	1
70	第1	朝元玉純	1920.12.25			1
71	第1	金 鍾鮮	1902.12.30	忠南 論山 陽村 鳴岩	45.6末2か月出張,8末帰山金井鍾鮮	1・15
72	第1	李 相純	1916.9.21	忠南 論山 陽村 新陽	41動員,45.8在寮,李本相純	1・15
73	第1	竹村乙黙	1923.7.11		45.7福島派遣,8末帰山	1
74	第1	文山重甲	1918.12.3		45.8在寮	1
75	第1	廣田圭翼	1919.8.5		45.7末派遣,8末帰山	1
76	第1	石川鐘太	1921.3.14		45.8在寮	1
77	第1	崔 石賢	1914.5.6		45.4.45帰国届	1
78	第1	豊川連変	1923.2.3		45.8在寮	1
79	第1	李 気容	1914.2.5	忠南 論山 陽村 鳴岩	45.8在寮,平林気容	1・15
80	第1	松原載黄	1921.3.28		45.7福島派遣,8末帰山	1
81	第1	石山九顕	1922.12.19		45.8在寮	1
82	第1	趙 載勝	1913.2.1	忠南 青陽 大峙 九峙	松山載勝、45.3～4,1か月勤労訓練所出張、45.8在寮	1・15・17
83	第1	徳田東元	1919.10.10			1
84	第1	金澤大衡	1917.10.7		45.7末派遣,8末帰山	1
85	第1	金本吉雄	1921.12.1		45.2.20帰国届	1
86	第1	康本龍変	1916.7.11		45.7末派遣,8末帰山	1
87	第1	金林東年	1910.2.8		45.7末派遣,8末帰山	1
88	第1	金 容憲	1910.11.1		45.8在寮	1
89	第1	廣田圭萬	1920.10.15		45.8在寮	1
90	第1	徳山壽昌	1914.7.20		45.8在寮	1
91	第1	千原昌東	1914.1.27		45.7末派遣,8末帰山	1
92	第1	井上魯均	1910.7.20		45.8在寮	1
93	第1	木村周鳳	1901.5.23		45.8在寮	1
94	第1	山田在弘	1918.12.5		45.8在寮	1
95	第1	長谷世禧	1917.10.1		45.8在寮,46.2新潟刑から帰寮	1
96	第1	李 相鎬	1913.10.2	忠南 青陽 青陽 清水	41.9動員,松本相浩,45.8在寮	1・11
97	第1	木村性洙	1904.3.2			1
98	第1	南 啓容	1911.12.3			1
99	第1	金山永錫	1919.4.29		45.8在寮	1
100	第1	山田福萬	1914.8.18		45.8在寮	1
101	第1	竹谷東根	1916.12.18		45.8在寮	1
102	第1	平山鶴述	1917.12.6			1
103	第1	平松錫萬	1920.1.16		45.8在寮	1
104	第1	新井壽童	1922.2.20			1
105	第1	木村正東	1917.4.12		45.3.20帰国届	1
106	第1	河本竜吉	1900.8.6		45.8在寮	1
107	第1	武平鐘達	1906.1.22		45.7末派遣,8末帰山	1
108	第1	柳川志達	1906.8.8		45.8在寮.12新潟刑から帰寮	1
109	第1	金 彭洙	1906.12.5		45.7末派遣,8末帰山	1
110	第1	平山六鳳	1909.5.10		45.7末派遣,8末帰山	1
111	第1	山田福吉	1919.7.27		45.7福島派遣	1
112	第1	平松政吉	1911.4.10		45.7福島派遣	1
113	第1	金村定萬	1911.1.15		45.7末派遣,8末帰山	1
114	第1	李原庚瑞	1920.11.1			1
115	第1	中島甲杓	1912.2.3		45.8在寮	1
116	第1	松原庚得	1911.7.30		45.7福島派遣	1
117	第1	中山錫來	1915.2.4		45.7末派遣,8末帰山	1
118	第1	南 泰祐	1906.10.26	忠南 論山 伐谷 検川	45.8在寮、帰国後も後遺症	1・15
119	第1	大山黄義	1909.5.16		45.7末派遣,8末帰山	1
120	第1	松本東淳	1916.7.9		45.7末派遣,8末帰山	1

121	第1	大川孟鎬	1903.2.10		45.8在寮	1
122	第1	密山榮一	1922.7.30		45.7福島派遣	1
123	第1	宮本吉鉉	1919.10.4		45.8在寮,46.3帰寮	1
124	第1	堀小市	1896.9.30		45.5.1退寮	1
125	第1	木山哲和			45.3.20帰国届	5
126	第1	林川華英			45.3.20帰国届	5
127	第1	竹林千萬	1911.10.1		45.4.1鶴子から入寮.7末派遣,8末帰山,	5
128	第1	岩村逢雨			45.8末派遣先から帰山	5
129	第1	木原正夫	1917.10.16	慶北 蔚珍 北 羅谷	45.1末入寮.8在寮	2
130	第1	中原炳宰	1918.3.20	慶北 蔚珍 北 徳邱	45.1末入寮.6末2か月出張,,8末帰山	2
131	第1	秋田徳範	1920.4.9	慶北 蔚珍 北 斗川	45.1末入寮.8在寮	2
132	第1	新田万業	1915.12.27	慶北 蔚珍 北 新花	45.1末入寮	2
133	第1	潭田聖一	1915.10.8	慶北 蔚珍 北 古木	45.1末入寮.8在寮	2
134	第1	高山富石	1919.6.1	慶北 蔚珍 北 徳川	45.1末入寮,逃走,8在寮,46.2帰寮	2
135	第1	木下協基	1912.9.4	慶北 蔚珍 平海 三達	45.1末入寮.7末派遣,8末帰山	2
136	第1	松田知山	1917.5.5	慶北 蔚珍 西 三斤	45.1末入寮.6末2か月出張,8末帰山	2
137	第1	東原聖述	1921.3.27	慶北 蔚珍 西 広回	45.1末入寮.6末長期出張,8末帰山	2
138	第1	房本漢奎	1922.6.27	慶北 蔚珍 西 前谷	45.1末入寮.6末2か月出張,8末帰山	2
139	第1	元白鳳文	1914.2.27	慶北 蔚珍 西 雙田	45.1末入寮.8在寮	2
140	第1	張本龍雲	1917.8.13	慶北 蔚珍 西 三斤	45.1末入寮（龍雄).6末2か月出張,8末帰山	2
141	第1	山原孟錫	1913.6.30	慶北 蔚珍 蔚珍 明道	45.1末入寮.8在寮	2
142	第1	文山判東	1912.7.14	慶北 蔚珍 蔚珍 古城	45.1末入寮.7末派遣,8末帰山	2
143	第1	松岡周均	1913.1.3	慶北 蔚珍 蔚珍 湖月	45.1末入寮.7末派遣	2
144	第1	山本和夫	1902.6.16	慶北 蔚珍 北 富邱	45.1末入寮.8在寮	2
145	第1	林 大聲	1923.1.4	慶北 蔚珍 北 上塘	45.1末入寮.8在寮	2
146	第1	金澤仲一	1922.5.22	慶北 蔚珍 北 徳川	45.1末入寮.8在寮	2
147	第1	木村崗壽	1908.11.29	慶北 蔚珍 北 周仁	45.1末入寮.7福島派遣,8末帰山	2
148	第1	江本炳雇	1906.3.29	（慶北蔚珍蔚珍邑内）	45動員時人物変更	2
149	第1	金江龍海	1913.9.5	慶北 蔚珍 蔚珍 邑内	45.1末入寮,.8在寮	2
150	第1	日元海龍	1908.10.14	慶北 蔚珍 蔚珍 邑内	45.1末入寮.6末2か月出張,8末帰山	2
151	第1	李本錫出	1913.8.5	慶北 蔚珍 蔚珍 邑南	45.1末入寮.6末2か月出張,8末帰山	2
152	第1	林 炳華	1919.11.11	慶北 蔚珍 蔚珍 蓮池	45.1末入寮.7末派遣,8末帰山	2
153	第1	南 慶源	1913.2.13	慶北 蔚珍 北 古木	45.1末入寮.8在寮	2
154	第1	岩本鳳亀	1914.9.19	慶北 蔚珍 蔚珍 蓮池	45.1末入寮.8在寮	2
155	第1	玉村相振	1912.5.13	慶北 蔚珍 蔚珍 温洋	45.1末入寮.6末2か月出張	2
156	第1	岩本石筆	1912.2.20	慶北 蔚珍 蔚珍 温洋	45.1末入寮.6末2か月出張,8末帰山	2
157	第1	昌木學仁	1922.10.19	慶北 蔚珍 蔚珍 鳳坪	45.1末入寮.8在寮	2
158	第1	金本金石	1909.10.12	慶北 蔚珍 西 王避	45.1末入寮.8在寮	2
159	第1	金山吉龍	1910.2.2	（慶北蔚珍蔚珍後亭）	45動員時人物変更,45.8在寮	2
160	第1	金海有元	1921.8.15	慶北 蔚珍 西 召光	45.1末入寮.7福島派遣,8末帰山	2
161	第1	吉原聖雄	1912.6.12	慶北 蔚珍 蔚珍 竹辺	45.1末入寮.6末2か月出張,8末帰山	2
162	第1	大山福淑	1913.8.17	慶北 蔚珍 蔚珍 竹辺	45.1末入寮.8在寮(大山万福)	2
163	第1	吉村鶴龍	1911.7.9	慶北 蔚珍 蔚珍 竹辺	45.1末入寮.8在寮	2
164	第1	都 致庵	1927.1.9	慶北 蔚珍 遠南 徳新	45.1末入寮	2
165	第1	平山鉉三	1916.7.5	慶北 蔚珍 遠南 梅花	45.1末入寮.8在寮	2
166	第1	梅村炳純	1921.12.9	慶北 蔚珍 遠南 梅花	45.1末入寮.8在寮	2
167	第1	金本春石	1910.10.5	慶北 蔚珍 近南 老音	45.1末入寮.8在寮	2
168	第1	徐 相哲	1921.8.27	慶北 蔚珍 近南 守山	45.1末入寮,香山相哲.8在寮	2・15
169	第1	金本周相	1919.10.10	慶北 蔚珍 近南 守山	45.1末入寮.8在寮	2
170	第1	金川佑鉉	1913.1.7	慶北 蔚珍 近南 守山	45.1末入寮.6末2か月出張	2
171	第1	森山春玉	1921.3.20	慶北 蔚珍 近南 守山	45.1末入寮.7末派遣,8末帰山	2
172	第1	山城万壽	1914.4.4	慶北 蔚珍 遠南 徳新	45.1末入寮.8在寮	2
173	第1	南 容学	1922.2.15	慶北 蔚珍 近南 老音	45.1末入寮.7福島派遣	2
174	第1	尹 錫恒	1919.12.8	慶北 蔚珍 近南 老音	45.1末入寮.7末派遣,8末帰山	2
175	第1	米原相国	1921.6.25	慶北 蔚珍 近南 杏谷	45.1末入寮.7福島派遣,8末帰山	2
176	第1	廣川錫文	1920.9.8	慶北 蔚珍 近南 杏谷	45.1末入寮.8在寮	2
177	第1	徐 海龍	1909.4.19	慶北 蔚珍 近南 杏谷	45.1末入寮.6末長期出張,8末帰山	2
178	第1	尹 瑜甲	1911.9.15	慶北 蔚珍 箕城 三山	45.1末入寮.8在寮	2
179	第1	青川相甲	1920.6.11	慶北 蔚珍 近南 杏谷	45.1末入寮.7福島派遣,8末帰山	2
180	第1	岩本得術	1912.3.3	慶北 蔚珍 平海 金音	45.1末入寮.8在寮	2

181	第1	梁川八相	1901.11.18	慶北 蔚珍 遠南 基陽	45.1末入寮.8在寮	2
182	第1	張本明星	1903.8.15	慶北 蔚珍 遠南 基陽	45.1末入寮.8在寮	2
183	第1	長原竜得	1904.10.11	慶北 蔚珍 遠南 基陽	45.1末入寮.8在寮	2
184	第1	長田永道	1922.11.15	慶北 蔚珍 遠南 新興	45.1末入寮.8在寮	2
185	第1	井原炳道	1912.4.15	慶北 蔚珍 遠南 新興	45.1末入寮.8在寮	2
186	第1	金山達龍	1907.3.3	慶北 蔚珍 遠南 烏山	45.1末入寮.12新潟刑務所から帰寮	2
187	第1	松原東春	1905.1.2	慶北 蔚珍 遠南 烏山	45.1末入寮.7福島派遣,8末帰山	2
188	第1	金海尚坤	1907.2.29	慶北 蔚珍 遠南 烏山	45.1末入寮.7福島派遣,8末帰山	2
189	第1	都 有成	1911.2.6	慶北 蔚珍 遠南 徳新	45.1末入寮,45.8在寮	2
190	第1	金昌首福	1912.3.7	慶北 蔚珍 平海 月松	45.1末入寮.7末派遣,8末帰山	2
191	第1	新井龍方	1909.8.24	慶北 蔚珍 平海 月松	45.1末入寮.8在寮	2
192	第1	金本康正	1920.4.26	慶北 蔚珍 遠南 烏山	45.1末入寮.6末長期出張,8末帰山	2
193	第1	金本甲生	1909.11.14	慶北 蔚珍 平海 巨逸	45.1末入寮.8在寮	2
194	第1	金田教弼	1916.12.14	慶北 蔚珍 平海 厚浦	45.1末入寮.7長期出張,8末帰山	2
195	第1	金川正國	1910.12.16	慶北 蔚珍 西　王避	45.1末入寮.6末2か月出張	2
196	第1	木下德述	1910.5.19	慶北 蔚珍 平海 厚浦	45.1末入寮.8在寮	2
197	第1	金本永石	1914.3.4	慶北 蔚珍 温井 温井	45.1末入寮.6末2か月出張,8末帰山	2
198	第1	山本乭碩	1916.1.17	慶北 蔚珍 温井 温井	45.1末入寮.8在寮	2
199	第1	安永光秀	1916.7.29	慶北 蔚珍 温井 操琴	45.1末入寮.8在寮	2
200	第1	大谷億壽	1922.10.1	慶北 蔚珍 温井 徳山	45.1末入寮.8在寮	2
201	第1	岩本周炯	1921.5.6	慶北 蔚珍 遠南 新興	45.1末入寮.7末派遣,8末帰山	2
202	第1	岩本武久	1899.10.13	慶北 蔚珍 温井 金川	45.1末入寮.8在寮	2
203	第1	大原鎬奎	1917.1.5	慶北 蔚珍 温井 外仙味	45.1末入寮.8在寮	2
204	第1	張 石煥	1923.10.7	慶北 蔚珍 遠南 基陽	45.1末入寮.8在寮,46.1新潟刑から帰寮	2
205	第1	井本国地	1916.12.24	慶北 蔚珍 平海 平海	45.1末入寮.7福島派遣,8末帰山	2
206	第1	金井裕業	1921.12.12	慶北 蔚珍 西　三斤	45.1末入寮.7末派遣,8末帰山	2
207	第1	金海春沢	1922.7.8	慶北 蔚珍 西　王避	45.1末入寮.7末派遣,8末帰山	2
208	第1	川岡永江	1922.5.17	慶北 蔚珍 西　王避	45.1末入寮.6末2か月出張,8末帰山	2
209	第1	平本明和	1915.3.4	慶北 蔚珍 箕城 沙銅	45.1末入寮.6末2か月出張,8末帰山	2
210	第1	木山德守	1906.2.2	慶北 蔚珍 箕城 望洋	45.1末入寮.8在寮	2
211	第1	林 逢春	1906.2.29	慶北 蔚珍 遠南 基陽	45.1末入寮.8在寮	2
212	第1	張本又星	1909.7.30	慶北 蔚珍 箕城 邱山	45.1末入寮.8在寮,46.2新潟刑から帰寮	2
213	第1	岩本正律	1914.12.31	慶北 蔚珍 蔚珍 鳳坪	45.1末入寮.8在寮	2
214	第1	高山仁洙	1911.11.11	慶北 蔚珍 蔚珍 竹辺	45.1末入寮.8在寮	2
215	第1	木村士述	1909.11.23	慶北 蔚珍 蔚珍 竹辺	45.1末入寮.8在寮	2
216	第1	竹橋大植	1922.5.18	慶北 蔚珍 蔚珍 蓮池	45.1末入寮,45.8在寮	2
217	第1	木村鳳山	1909.10.20	慶北 蔚珍 蔚珍 蓮池	45.1末入寮.6末2か月出張	2
218	第1	金山順赫	1912.4.7	慶北 蔚珍 北　富邱	45.1末入寮.7末派遣,8末帰山	2
219	第1	松田三出	1922.2.26	慶北 蔚珍 西　召光	45.1末入寮.6末2か月出張,8末帰山	2
220	第1	松原炳善	1909.5.5	慶北 蔚珍 箕城 邱山	削除線,45.7入営準備	2
221	第1	金井順徳	1916.12.12	慶北 蔚珍 西　三斤	削除線,45.8末帰山	2
222	ー	長山運柄	1925.12.18	慶北 蔚珍 遠南 葛綿	削除線・未着山	2
223	ー	中山光祐	1911.5.3	慶北 蔚珍 平海 厚浦	削除線・未着山	2
224	ー	玉山成光	1910.10.9	慶北 蔚珍 平海 平海	削除線・未着山	2
225	ー	箕原永守	1909.11.11	慶北 蔚珍 箕城 箕城	削除線・未着山	2
226	ー	木山正雄	1917.8.7	慶北 蔚珍 箕城 沙銅	削除線・未着山	2
227	ー	武山武鍾	1927.6.29	慶北 蔚珍 遠南 梅花	削除線・未着山	2
228	ー	東原昌述	1910.1.24	慶北 蔚珍 箕城 峰山	削除線・未着山	2
229	第3	新本舜奎	1902.3.22		45.7末福島工作隊	3
230	第3	新本魯貞	1915.11.29		45.7末福島工作隊,8末帰寮	3
231	第3	新井詩鉉	1922.2.25		45.7末福島工作隊.11再登録、第4寮へ	3
232	第3	尹 尋炳	1907.7.17	忠南 論山 上月 大村	45.4.30満期帰国, 明本尋炳	3・11
233	第3	青木福来	1922.5.6		45.8.19在寮	3・12
234	第3	安山萬玉	1912.3.3		45.8埼玉工作隊	3
235	第3	伊坂浩吉	1913.11.1		45.6軍工作隊埼玉,8末帰寮	3
236	第3	石岡順甲	1917.8.2		45.8.19在寮	3
237	第3	岩本命北	1911.3.15		45.7末福島工作隊	3
238	第3	李 成龍	1920.7.20	忠南 青陽 定山 帝	45.8.19在寮,岩本成龍	3・11
239	第3	朴 準宅	1911.12.18	忠南 青陽 定山 帝	45.6末福島軍工作隊,8末帰寮, 江水準宅	3・11
240	第3	岡田乙男	1915.11.9		45.8.19在寮	3

241	第3	姜 喜泰	1907.10.6	忠南 青陽 雲谷 茅谷	45.3退寮、岡田喜泰	3・15
242	第3	岡本奉玉	1909.3.14		45.8.19在寮	3
243	第3	金井栄柱	1920.6.20		45.7末福島工作隊,8末帰寮	3
244	第3	金井重吉	1921.2.4		45.8.19在寮	3
245	第3	金子泰栄	1912.7.15		45.8.19在寮	3
246	第3	金 鍾喆	1919.12.24	忠南 論山 陽村 盤谷	45.7末福島工作隊、金澤鍾喆	3・15
247	第3	金澤秀燦	1914.1.15		45.8.19在寮	3
248	第3	金城載局	1918.9.29		45.8.19在寮	3
249	第3	金 寿業	1907.3.15	忠南 青陽 定山 竜頭	45.11再登録12帰国 金城寿業	3・11・15
250	第3	金城宣弘	1921.5.28			3
251	第3	金城萬甲	1922.5.5		45.6逃走.8.19在寮	3
252	第3	金田昌熙	1922.8.25		45.6刑務所入監	3
253	第3	金原行洙	1914.2.21		45.8.19在寮	3
254	第3	金原振浩	1910.5.6		45.6埼玉軍緊急工作隊,8末帰寮	3
255	第3	金光相雲	1906.1.20		45.7末埼玉工作隊	3
256	第3	金光成玉	1917.11.10		45.7末福島工作隊,8末帰寮.12帰国	3
257	第3	金村再同	1907.4.20		45.8.19在寮	3
258	第3	金村鍾哲	1915.7.20		45.8.19在寮	3
259	第3	金 洙甲	1911.8.16	忠南 論山 陽村 居士	金本洙甲	3・15
260	第3	金 浩炳	1922.3.10	忠南 青陽 定山 帝	45.8.19在寮、金山浩炳	3・11
261	第3	金山相会	1907.4.5		45.8.19在寮.11再登録、46.4帰寮,6帰国	3
262	第3	金谷相烈	1918.4.10		45.8.19在寮	3
263	第3	金 忠一	1913.12.27	忠南 青陽 定山 帝	45.8.19在寮、金山忠一	3・11
264	第3	金山丁鳳	1917.8.28		45.3退寮 45.6軍緊急工作隊	3
265	第3	金山徳根	1905.4.20		45.3退寮,6逃走	3
266	第3	金山仁鶴	1922.3.22		457末埼玉工作隊	3
267	第3	金海大晋	1900.2.6		45.3退寮.6軍緊急工作隊	3
268	第3	盧 秉九	1923.3.26	忠南 青陽 青陽 赤棲	41動員(18歳),河田秉九,45.8.19在寮	3・11
269	第3	完山平吉	1905.8.6		45.8.19在寮	3
270	第3	神田泰山	1906.2.2		45.7末埼玉工作隊,8末帰寮	3
271	第3	完 李宰	1921.3.19		45.8.19在寮	3
272	第3	韓 公洙	1920.4.8		45.3退寮	3
273	第3	木村性ト	1906.5.13		45.3退寮	3
274	第3	金 喆煥	1915.12.15		45.6刑務所入監	3
275	第3	金 憲柱	1913.2.11		45.7末福島工作隊,8末帰寮	3
276	第3	金 順徳	1910.3.1		45.8.19在寮	3
277	第3	金 順童	1914.9.9		45.4.30満期帰国	3
278	第3	金 善益	1919.5.4		45.7末福島工作隊,8末帰寮	3
279	第3	金 東男	1920.11.25		45.7末福島工作隊	3
280	第3	金 文培	1916.9.8		45.8.19在寮	3
281	第3	金 炳斗	1913.7.27		45.6逃走	3
282	第3	金 己先	1909.1.12		45.7末福島工作隊	3
283	第3	姜 徳圭	1915.11.13		45.3退寮	3
284	第3	梧村西寿	1914.8.24		45.3退寮,7登録,7末福島工作隊	3
285	第3	崔 載琭	1916.8.15	忠南 論山 光石 新堂	42動員、45.3退寮、7登録、45.7福島工作隊	3・15
286	第3	崔 善福	1915.12.13		45.7末福島工作隊,8末帰寮	3
287	第3	桜井勝太郎	1920.7.29		45.4中部国民勤労訓練所から転居、45.7末福島、45.11再登録、第4寮へ	3
288	第3	秋 奉龍	1916.11.21		45.8.19在寮	3
289	第3	蘇 永福	1915.12.1		45.8.19在寮	3
290	第3	高橋判録	1917.8.28		457末埼玉工作隊,8末帰寮	3
291	第3	高本清吉	1900.11.17		45.8.19在寮	3
292	第3	達川延根	1922.3.3		45.8.19在寮	3
293	第3	丁 乙相	1904.12.26		45.7末埼玉工作隊	3
294	第3	鄭 海鳳	1908.3.13		45.4.30満期帰国	3
295	第3	鄭 光勲	1917.5.12		45.8.19在寮	3
296	第3	鄭 三福	1917.7.15		45.8.19在寮	3
297	第3	鄭 道成	1915.3.3		45.7末福島工作隊,8末帰寮,12帰国	3
298	第3	豊川徳治郎	1902.2.19		45.4.30満期帰国	3
299	第3	豊田判福	1916.4.2		45.7末福島工作隊	3
300	第3	文 玉男	1916.10.8		45.6軍緊急工作隊	3

301	第3	朴 在春	1910.12.16		45.4.30満期帰国	3
302	第3	朴 末九	1917.2.23		45.7末福島派遣,8末帰寮	3・12
303	第3	盆城長煥	1920.2.28		45.3退寮,45.11再登録	3
304	第3	正木鍾烈	1921.2.18		45.6逃走	3
305	第3	松本順徳	1911.8.21		45.4.30満期帰国	3
306	第3	松本秉億	1920.10.4		45.8.19在寮	3
307	第3	宋 秉益	1904.12.19	忠南 大徳 東　秋洞	40年11月末動員　45.6末福島,8末帰寮,12第4寮へ,46.3帰寮 松本秉益	3・11
308	第3	南 寿龍	1907.5.18	忠南 論山 城東 院南	45.8.19在寮11再登録12帰国46.4帰寮,6帰国	3・11
309	第3	光山発仙	1912.10.15		45.7末埼玉工作隊,8末帰寮.11再登録	3
310	第3	宮本永敦	1915.9.27		45.8.19在寮	3・12
311	第3	宮本鍾声	1914.1.15		45.7末福島工作隊,8末帰寮	3
312	第3	山川次福	1917.8.12		45.3退寮	3
313	第3	康本鶴均	1918.5.17		45.8埼玉工作隊,8末帰寮,相川羽田へ	3
314	第3	金 永鑚	1919.10.12	忠南 論山 陽村 新興	45.3退寮,慶金永鑚	3・15
315	第3	吉田海柱	1919.9.10		45.7末福島工作隊,8末帰寮	3
316	第3	吉本昌先	1915.3.7		45.4帰国,7登録,7埼玉工作隊,8末帰寮	3
317	第3	李 玉童	1922.11.26		45.8.19在寮	3
318	第3	李 鍾根	1914.12.8		45.8.19在寮.11再登録,12第4寮,46.1青木一郎	3
319	第3	李 成龍	1910.8.17		45.4.30満期帰国	3
320	第3	李家済南	1918.7.1		45.4.30満期帰国.10登録	3
321	第3	李箕周栄	1897.5.4		45.8.19在寮	3
322	第3	李 三福	1907	忠南 論山 伐谷 検川	45.6埼玉軍工作隊,8末帰寮,李村三福	3・15
323	第3	瀅 炳俊	1918.10.30		45.3退寮	3
324	第3	李田二童	1912.9.4		45.8.19在寮	3
325	第3	林 永湖	1921.10.17		45.3退寮	3
326	第3	林 永国	1922.3.15		45.3退寮	3
327	第3	林 永大	1917.5.15	忠南 公州 灘川 聖	福島45.8末帰寮	3・11
328	第3	成田義男	1908.10.24		45.7末福島工作隊	3
329	第3	根本興震	1911.1.25		45.8.19在寮	3
330	第3	延原在熙	1910.5.26		45.8.19在寮	3
331	第3	林 徳喆	1923.6.29		45.7末福島工作隊,8末帰寮,12帰国	3
332	第3	原田南山	1906.10.6		45.6刑入監.10登録	3
333	第3	平沼翼童	1911.3.29		45.8.19在寮	3・12
334	第3	平山　溟	1915.4.11		45.8.19在寮	3
335	第3	平山東煥	1916.6.3		45.8.19在寮	3
336	第3	平山決同	1922.6.19		45.6逃走	3
337	第3	広田月星	1902.10.5		45.7末福島工作隊,8末帰寮,12帰国	3
338	第3	雪本性元	1905.8.7		45.4.30満期帰国	3
339	第3	片山孝達	1916.10.15		45.6逃走	3
340	第3	朴 永根	1901.9.15		45.6満期帰国	3
341	第3	蘇山慶玉	1906.8.1			3
342	第3	平山石乙	1922.1.27		45.7末福島工作隊.,8末帰寮,12帰国	3
343	第3	山本炳春	1912.3.29		45.7末埼玉工作隊	3
344	第3	高橋夢政	1907.11.3		45.8.19在寮	3
345	第3	新原成圭	1916.6.22		45.7末埼玉工作隊	3
346	第3	松田静夫	1919.10.10		45.8.19在寮	3
347	第3	新本漢永	1915.4.24			3
348	第3	大山熙泳	1916.4.24		45.8.19在寮	3
349	第3	金本命九	1917.9.3		45.7末福島工作隊,8末帰寮	3
350	第3	国本鏞徳	1917.11.10		45.7末福島工作隊,8末帰寮	3
351	第3	安東甲京	1910.4.7		45.6軍工作隊埼玉,8末帰寮	3
352	第3	徳山奇男	1914.7.3		45.8.19在寮	3
353	第3	伊藤官東	1920.4.8		45.7末埼玉工作隊	3
354	第3	高申壽命	1915.6.17		45.3退寮	3
355	第3	金 鐘哲	1916.8.26		45.7末福島工作隊,8末帰寮	3
356	第3	岡村鳳吉	1918.12.2		45.8.19在寮	3
357	第3	徳山淳球	1922.4.1		45.7末福島工作隊	3
358	第3	平沼秉基	1920.8.10		45.6逃走	3
359	第3	高田星柱	1900.10.10		45.7末埼玉工作隊	3
360	第3	孔本魯城	1912.11.22		45.5転入.8.19在寮	3

361	第3	高木徳星	1906.6.15		45.5転入.8.19在寮	3
362	第3	孝本坪	1914.1.15		45.5転入.7末福島工作隊	3
363	第3	松本栄春			45.11再登録	3
364	第3	木村萬鎔	1904.9.8		45.4.30満期帰国	3
365	第3	水共福童	1908.12.27		45.8.19在寮	3
366	第3	岩津広吉			45.7末福島工作隊	3
367	第3	方山孝達			45.6逃走	3
368	第3	金本洙甲			45.7末福島工作隊,8末帰寮	3
369	第3	松本順得			45.10登録	3
370	第3	梁 判石			45.10登録	3
371	第3	金城寿豊			45.7末埼玉工作隊	3
372	第3	高木基鉉				3
373	第3	国本栄吉			45.11再登録、12帰国、46.4帰寮6帰国	3
374	第3	国本善圭			45.11再登録、12帰国 46.4帰寮6帰国	3
375	第4	国本東竜	1916.3.5		45.7一時帰国,帰寮せず	4
376	第4	普川清	1909.12.23		45.6勤労報国隊埼玉,負傷帰寮,45.8.19在寮	4
377	第4	金本宗万	1904.3.24		45.8.19在寮	4
378	第4	大村晃本	1915.11.29		45.7長期出張	4
379	第4	平川貴鳳	1912.1.5		45.8.19在寮	4
380	第4	山本永燮	1909.4.8		45.8.19在寮	4
381	第4	金 同安	1927.8.23			4
382	第4	木村判権	1902.8.6		45.8.19在寮	4
383	第4	朱 貴男	1909.4.8		45.6勤労報国隊埼玉派遣	4
384	第4	権本用徳	1899.2.13		45.8.19在寮	4
385	第4	洪 南竜	1910.1.6		45.7末,工作隊埼玉派遣	4
386	第4	徐 相玉	1911.10.12		45.8.19在寮	4
387	第4	金城炳直	1920.7.20		45.8.19在寮	4
388	第4	国本輔享	1916.7.1		45.6勤労報国隊埼玉派遣.8末帰寮	4
389	第4	呉山智泳	1906.3.4		45.6勤労報国隊埼玉派遣.8末帰寮	4
390	第4	平山判述	1902.10.30		45.8.19在寮	4
391	第4	柳 允錫	1905.4.27		45.7末,工作隊埼玉派遣.8末帰寮	4
392	第4	梁 判石	1918.3.28		45.7一時帰国.帰寮見込みなし	4
393	第4	金 相木	1913.8.21		45.6勤労報国隊埼玉派遣.8末帰寮	4
394	第4	蘇山甲永	1918.1.10		45.8.19在寮	4
395	第4	青松炳求	1901.1.7		45.7末,工作隊埼玉派遣.8末帰寮	4
396	第4	山佳明吉	1922.3.11		45.6勤労報国隊福島派遣.8末帰寮	4
397	第4	金本奎鳳	1911.10.13		45.2一時帰国·帰寮見込みなし	4
398	第4	慶金洙鳳	1917.6.12		45.8.19在寮	4
399	第4	山本馬歯	1905.5.7		45.7長期派遣45.8.19在寮	4
400	第4	青田聖万	1923.9.10		45.8.19在寮	4
401	第4	鄭 炳浩	1918.10.10	全北 益山 望城	44動員,井上炳浩,44落盤負傷45.8在寮	4·11
402	第4	高木基鉉	1908.12.5		県外勤労報国隊派遣,負傷帰寮.8.19在寮	4
403	第4	金崎容鉉	1917.12.15		45.7一時帰国帰寮せず	4
404	第4	山光一竜	1926.10.20			4
405	第4	崔 埼燮	1925.11.19	全北 益山 三箕 西豆	徴兵、45.3頃帰国、江本埼燮	4·15
406	第4	密本順用	1928.11.28			4
407	第4	徐 栄信	1928.9.26	全北 益山 三箕 間村	43末動員、解放後帰国	4·15
408	第4	鴨川行烈	1913.10.20			4
409	第4	高山圭方	1928.6.18			4
410	第4	南宮 全	1922.5.15	全北 益山 三箕 五龍	45.7帰国帰寮せず	4·15
411	第4	大嶋秉儀	1925.12.5		45.8末帰寮(埼玉)	4
412	第4	清本福善	1909.12.28		45.7末,工作隊埼玉派遣.8末帰寮	4
413	第4	松本寿男	1921.8.5		45.8.19在寮	4
414	第4	呉 洙喆	1922.1.17		45.7末,工作隊埼玉派遣.8末帰寮	4
415	第4	金本鐘大	1912.12.4		45.8逃走	4
416	第4	鄭 在和	1925.12.4			4
417	第4	金村吉洙	1900.7.23		45.8.19在寮	4
418	第4	昌原達用	1918.1.9		45.7末,工作隊埼玉派遣.8末帰寮	4
419	第4	洪本淳教	1920.11.15		45.8.19在寮	4
420	第4	漢陽基万	1915.3.7		45.7末,工作隊埼玉派遣	4

421	第4	谷口太峰	1910.11.5		45.7末,工作隊埼玉派遣	4
422	第4	普 遺福	1920.3.16		45.7末,工作隊埼玉派遣	4
423	第4	国本善圭	1923.11.15		45.7末,工作隊埼玉派遣	4
424	第4	木本魯春	1920.3.27		45.8.19在寮	4
425	第4	権本斗衡	1923.3.25		45.8.19在寮	4
426	第4	中山一万	1922.12.19		45.6勤労報国隊埼玉,負傷帰寮45.8.19在寮	4
427	第4	金本允泰	1918.3.14		45.6勤労報国隊埼玉派遣.8末帰寮	4
428	第4	金 洙東	1920.6.25		45.8.19在寮	4
429	第4	申 泰喆	1922.11.4	全北 益山 龍安 花實	41頃動員、45.8.19在寮、解放後帰国	4・15
430	第4	金光判童	1927.8.5			4
431	第4	平山順泰	1927.5.12			4
432	第4	印 錫弼	1928.10.10	全北 益山 王宮 東龍	44動員、喬恫錫弼	4・15
433	第4	金山明得	1927.11.20			4
434	第4	金 明求	1925.11.2			4
435	第4	金田大男	1923.6.30		45.7末,工作隊埼玉派遣.8末帰寮	4
436	第4	金 今東	1923.6.21	全北 井邑 甘谷 三坪	43末動員,45.7末,工作隊埼玉派遣.8末帰寮	4・15
437	第4	大川道連	1913.6.30			4
438	第4	金谷亨哲	1912.6.15		45.8.19在寮	4
439	第4	宋 吉順	1919.3.26		45.7一時帰国.帰寮せず	4
440	第4	国本昌石	1915.5.7		45.6勤労報国隊埼玉派遣.8末帰寮	4
441	第4	竹中順男	1913.4.15		45.6勤労報国隊埼玉派遣	4
442	第4	密城慶義	1921.11.28		45.7一時帰国.帰寮せず	4
443	第4	羅 甲奉	1916.4.5		45.7一時帰国.帰寮見込みなし	4
444	第4	金 義仲	1923.3.20		45.8.19在寮	4
445	第4	鄭 雙童	1910.2.1	全北 益山 春浦 龍淵	45.8.19在寮, 1905生、東本雙童	4・15
446	第4	錦山福培	1923.12.1		45.8.19在寮	4
447	第4	金城正烈	1923.3.16		45.8.19在寮	4
448	第4	文 明根	1926.2.27		45.6勤労報国隊埼玉派遣	4
449	第4	林 春吉	1925.9.4		入営帰国	4
450	第4	玉 鎮錫	1919.12.12		45.8.19在寮	4
451	第4	国本春守	1927.12.10			4
452	第4	金 東喆	1926.5.29	全北 益山 望城 新鵲	金光東喆 金 周衡とともに動員	4
453	第4	金 周衡	1927.1.18	全北 益山 望城 新鵲	44.1動員, 金山周衡	4・11・15
454	第4	鄭田竜雲	1928.9.6			4
455	第4	金田奉柱	1927.8.30			4
456	第4	国本基雲	1909.7.15		45.7長期出張.8末帰寮(福島)	4
457	第4	上原正弘	1904.6.20		45.8.19在寮	4
458	第4	密山炯弟	1922.12.13		45.8.19在寮	4
459	第4	東川秉淳	1915.5.18		45.8.19在寮	4
460	第4	宮本南萬	1900.7.24		45.8末帰寮(福島)	4
461	第4	岡本振達	1920.7.29		45.8.19在寮	4
462	第4	柳 俊赫	1916.7.15		45.8.19在寮	4
463	第4	松山奉出	1906.4.16		45.7末,工作隊埼玉派遣.8末帰寮	4
464	第4	国本栄吉	1900.5.13		45.8.19在寮	4
465	第4	金田徳基	1922.1.6		45.8.19在寮	4
466	第4	松本重必	1916.12.23		45.7一時帰国,帰寮見込みなし	4
467	第4	徳山淳基	1918.5.9		45.7一時帰国.帰寮せず	4
468	第4	木本鍾国	1923.10.27		45.7長期出張	4
469	第4	金田東万	1926.9.6			4
470	第4	山田永浩	1925.7.9			4
471	第4	平山貞培	1921.6.23		45.8.19在寮	4
472	第4	高伸養培	1915.12.10		45.8.19在寮	4
473	第4	池 学仁	1906.3.9		45.7長期出張	4
474	第4	山本聖炫	1928.11.13			4
475	第4	岡村奉根	1898.12.19		45.7一時帰国.帰寮見込みなし	4
476	第4	伊山珪鉉	1922.2.15		45.8.19在寮	4
477	第4	柳 基春			45.8.19在寮	4
478	第4	高伸世浩	1924.4.6		45.8.19在寮	4
479	第4	呉 永根			45.7一時帰国	4
480	第4	金 春勝			45.7末,工作隊埼玉派遣.8末帰寮	4

481	第4	福山圭錫			45.7末,工作隊埼玉派遣.8末帰寮	4
482	第4	黄 万在			45.8.19在寮	4
483	第4	安田永春			45.8.19在寮	4
484	第4	平山鉉甲	1920.1.28		45.5一時帰国.帰寮見込みなし	4
485	第4	花川罩圭	1916.12.23		45.8末帰寮(埼玉派遣)	4
486	第4	呉 永柱			45.7一時帰国,45.8末帰寮(埼玉派遣)	4
487		金 士中	1923	全北 益山 春浦 龍賢	解放後帰国	15
488		林 啓澤		忠南 論山	40.2動員,40.4争議参加,本籍送還	13
489		崔 在万		忠南 論山	40.2待遇改善争議40人代表	14
490	社宅	金 文国	1914	忠南 論山 恩津 城坪	3寮,家族呼寄,社宅へ,帰国後,40代死亡(塵肺)	11
491	第3	兪 鳳喆	1916	忠南 論山 恩津 城坪	40.9細民救済送金(論山94人)	6・11
492		尹 炳起		忠南 論山 恩津 蓮西	40.2動員,40.4争議参加,本籍送還	13
493		梁 承浩		忠南 論山 恩津 南山		15
494		梁 榮凰		忠南 論山 恩津 薑山		15
495		白 舜基	1916	忠南 論山 恩津 龍山	動員後,脱出,解放後帰国	15
496		金 鍾九		忠南 論山 城東 院北	40春動員	11
497		金 栄植	1920.6.20	忠南 論山 城東 院南	3月21歳で動員,落盤で腰痛、帰国 金村栄植	11
498		呂 重鉉	1920	忠南 論山 城東 月城	40.12動員	11
499		呂 圭祥	1917	忠南 論山 城東 月城	42.10頃動員	15
500		呂 圭泰	1915	忠南 論山 城東 月城	43.9病気帰国	15
501		呂 吉鉉		忠南 論山 城東 月城		15
502		尹 泰重	1922	忠南 論山 城東 院南	40.12動員,郡庁から労務へ	11
503		金 哲洙	1911	忠南 論山 伐谷 新陽	40動員,解放後帰国	15
504		呉 悳根	1912	忠南 論山 伐谷 沙亭	解放後帰国	15
505	社宅	林 泰鎬	1919.12.20	忠南 論山 光石	40.11動員,家族呼寄,後に脱出,平林泰鎬	8
506		金 漢培	1918	忠南 論山 光石 五岡	41.6動員,解放後帰国	15
507		朴 昌淳	1925.8.29	忠南 論山 光石 旺田	42.5動員,45.3徴兵,関東軍222部隊へ	11
508		趙 玉同		忠南 論山 光石 沙月	41.11.15逃走,月山玉同,41賭博同席記事に月山玉圓(30歳)	6・7
509		尹 晟炳		忠南 論山 光石 沙月	41.11.15逃走	7
510	社宅	白 南亨	1901	忠南 論山 光石 新堂	41.6動員,家族呼寄	15
511	社宅	白 南貞	1912	忠南 論山 光石 新堂	41.6動員,家族呼寄,解放後帰国	15
512		郭 大童	1921	忠南 論山 光石 新堂	42頃動員,46帰国,後遺症	15
513	社宅	金 三五將	1908	忠南 論山 光石 新堂	40.12頃動員,家族呼寄,解放後帰国	15
514		金 鍾命	1925	忠南 論山 光石 光	41動員.逃走、京都で労働,44.9帰国	15
515		崔 在萬		忠南 論山 光石 泉洞		15
516	第3	洪 寿鳳		忠南 論山 魯城 邑内	40.2動員,40.4争議参加,本籍送還	13
517	第3	金 聖秀		忠南 論山 魯城 邑下	40.2動員,40.4争議参加,	13
518		金 鍾元	1912	忠南 論山 彩雲 花山	40動員,43.3帰国	15・16
519	社宅	閔 泳奭	1912	忠南 論山 豆磨 龍洞	家族呼寄,解放後帰国	15
520		柳 志忠		忠南 論山 豆磨 香汗		15
521		朴 性洙		忠南 論山 豆磨 香汗		15
522	社宅	金 培山	1921	忠南 論山 可也谷 六谷	削岩,結婚、解放後帰国	15
523	社宅	李 吉奉	1916	忠南 論山 上月 石宗	家族呼寄,病気,解放前帰国	15
524		林 元碩	1919	忠南 論山 上月 新忠		15
525		梁 周錫	1912	忠南 論山 上月 新忠	解放後帰国	15
526	社宅	朴 在説	1914	忠南 論山 上月 大明	家族呼寄,解放後帰国	15
527		朴 炳学	1908	忠南 論山 上月 地境	44頃病気帰国	15
528	社宅	尹 壽福	1912	忠南 論山 上月 月午	41動員.家族呼寄,削岩.解放後帰国	15
529		楊 致官		忠南 論山 上月 新忠		15
530	社宅	朴 在勳	1917	忠南 論山 上月 鶴塘	40.10頃動員,家族呼寄,解放後帰国	15
531		朴 龍鎭		忠南 論山 上月 鶴塘		15
532	社宅	金 洙哲	1914	忠南 論山 陽村 居士	42動員,家族呼寄	15
533	社宅	柳 春日	1907	忠南 論山 陽村 仁川	40秋動員,家族呼寄	15
534		朴 八星	1912	忠南 論山 陽村 道坪		15
535	社宅	高 龍柱	1914	忠南 論山 陽村 盤谷	家族呼寄,解放後帰国	15
536		田 成基	1910	忠南 論山 陽村 盤谷	40秋動員	15
537		呉 再奉		忠南 論山 陽村 陽村		15
538		崔 平國		忠南 論山 魯城 禾谷		15
539		李 在萬		忠南 論山 魯城 蘆峙		15
540	社宅	姜 信道	1910	忠南 論山 論山 登華	40動員.家族呼寄	15

541		李 東來	1915	忠南 論山 論山 登華		15
542		洪 東哲		忠南 論山 論山 登華		15
543		洪 鍾喆		忠南 論山 論山 登華		15
544		尹 完洙		忠南 青陽 木 池谷		15
545		尹 魯遠	1916.7.13	忠南 青陽 木 新興	伊原魯遠	11
546		李 永敦		忠南 青陽 雲谷 新垈		15
547		李 起相	1912	忠南 青陽 飛鳳 養士	42.3動員, 両目失明,44.3解雇・帰国	15
548		咸 然泰		忠南 扶余 鴻山 上川	41.11.15逃走,伊原吉一	7
549	社宅	黄 暢錫	1913	忠南 扶余 鴻山 鳥峴	40頃動員,家族呼寄,解放帰国	15
550	社宅	尹 在玉	1913	忠南 扶余 鴻山 鴻良	41頃動員,家族呼寄,解放帰国	15
551		金 萬洙		忠南 扶余 扶余 石木	40.5.7動員,43.4細倉転送,44.1一時帰国	10
552		池田相烈		忠南 扶余 扶余 上錦	41.6.22動員,43.4細倉転送,43.5逃走	10
553		林 占乭		忠南 扶余 扶余 上錦	43.5細倉,45.8逃走	10
554		鄭本海昌		忠南 扶余 扶余 佳塔	40.5.7動員,43.4細倉転送,43.6逃走	10
555		木村良宰		忠南 扶余 扶余 自旺	43.5細倉,44.1逃走	10
556		金岡鍾述		忠南 扶余 扶余 新正	40.12.3動員,43.4細倉転送,43.8逃走	10
557		白山玉童		忠南 扶余 扶余 東南	40.12.3動員,43.4細倉転送,44.1逃走	10
558		長野再鳳		忠南 扶余 扶余 東南	43.5細倉,45.8逃走	10
559		金村仁培		忠南 扶余 良化 三堂	40.5.7動員,43.4細倉転送,44.1一時帰国	10
560		山本顯相		忠南 扶余 良化 足橋	43.4細倉,43.6都合退職	10
561		羅 龍綺	1911	忠南 扶余 良化 五良	動員3年後、逃走	15
562		吉本然泰		忠南 扶余 良化 五良	40.12.4動員,43.4細倉転送,44.10逃走	10
563		鈴木礼基		忠南 扶余 良化 岩樹	40.5.7動員,43.4細倉転送,45.2逃走	10
564		李 化實		忠南 扶余 良化 笠浦	41.11.17逃走,高本政元	7
565		李 廣求	1919	忠南 扶余 良化 草旺	家族呼寄、解放後帰国	15
566		原木長煥		忠南 扶余 良化 水原	43.4細倉,44.1逃走	10
567		三井秀玉		忠南 扶余 良化 元堂	40.5.7動員,43.4細倉転送,44.10逃走	10
568		金光廣鍾		忠南 扶余 良化 元堂	43.4細倉,43.6都合退職	10
569		李 漢龍		忠南 扶余 良化 元堂	43.5細倉,44.1逃走	10
570		石田甲辰		忠南 扶余 良化 元堂	43.5細倉,44.1逃走	10
571		金城元雄		忠南 扶余 良化 草旺	43.4細倉,43.8帰国	10
572		山田蒙致		忠南 扶余 良化 草旺	43.5細倉,44.1逃走	10
573		金本炳圭		忠南 扶余 良化 足橋	40.12.4動員,43.4細倉転送,44.4逃走	10
574		金井光満		忠南 扶余 窺岩 窺岩	43.4細倉,44.1逃走	10
575		金光喆鉉		忠南 扶余 窺岩 新城	43.4細倉,45.8逃走	10
576		宮村聲鐘		忠南 扶余 窺岩 新城	43.4細倉,43.6帰国	10
577		李 少鐘		忠南 扶余 窺岩 新城	43.4細倉,45.8帰国	10
578		宋 聖儀		忠南 扶余 窺岩 外	40.5.7動員,43.4細倉転送,43.9逃走	10
579		孫 鳳起		忠南 扶余 窺岩 外	40.5.7動員,43.4細倉転送,43.9逃走	10
580		崔 行徳		忠南 扶余 窺岩 外	43.4細倉,43.7逃走	10
581		林 鵬洙		忠南 扶余 窺岩 虎石	43.4細倉,43.6病気退職	10
582		徳山善友		忠南 扶余 窺岩 羅福	43.4細倉,43.6都合退職	10
583		金 永璣	1913	忠南 扶余 内山 妙院	41.6～43.4佐渡,明延転送,事故重症44.1帰国	15
584	社宅	李 萬秀	1910	忠南 扶余 林川	41頃動員,家族呼寄,解放帰国	15
585	社宅	禹 鍾河	1910	忠南 扶余 林川 旧校	家族呼寄,後遺症	15
586		任 世爀		忠南 扶余 玉山 鶴山		15
587		李 熽	1918	忠南 扶余 九龍 舟亭	40.10頃動員、叔父・李秉箕労災死	15
588		李 鍾勳		忠南 扶余 九龍 船亭		15
589	社宅	沈 誠澤	1917	忠南 扶余 場巖 店上	家族呼寄,解放帰国　青松誠澤	15
590		李 相連	1922	忠南 扶余 場巖 紙土	41動員、解放後帰国	15
591	第3	安 昌先	1901	忠南 扶余 世道 領詔院	43帰国	15
592		星野元石		忠南 扶余 草村 直洲	40.5.7動員,43.4細倉転送,43.10逃走	10
593		山本龍学		忠南 扶余 草村 草岩	43.4細倉,44.10病気退職	10
594		忠原益夏		忠南 扶余 草村 草坪	43.5細倉,45.8逃走	10
595		金山連洙		忠南 扶余 草村 草坪	43.4細倉,43.7帰国	10
596		忠原相範		忠南 扶余 草村 草坪	43.4細倉,43.5逃走	10
597		金 烔元		忠南 扶余 草村 鷹坪	43.4細倉,44.1逃走	10
598		李 輔辞		忠南 扶余 草村 楸陽	43.5細倉,45.8逃走	10
599		星野武男		忠南 扶余 草村 道湖	43.5細倉,45.8逃走	10
600		趙 漢九	1919	忠南 扶余 草村 山直	43.5細倉転送,44.1逃走,豊趙漢九	10・15

601		朴 準房		忠南 洪城 広川 佳	43.4細倉,45.8逃走	10
602		朴 珠仙		忠南 燕岐 錦南 新村		15
603		朴 炳淳	1922	忠南 燕岐 全東 松亭	41動員,45.5帰国	15
604		崔 鍾甲	1920	忠南 燕岐 南 洑通	41動員,3年8か月労働,負傷帰国	15
605	社宅	鄭 憲相	1919	忠南 公州 儀堂 松亭	40動員, 家族呼寄, 解放帰国	15
606		金 順男		忠南 公州 利仁 梧谷		15
607		崔 明洙	1929	忠北 清州 北一 井上		15
608		蔡 重煥	1917	忠北 清州 北一 外南		15
609		劉 昌壽	1917	忠北 清州 北一 徳岩	43頃動員,事故重症,45.11帰国	15
610		朴 勝萬	1921	忠北 清州 北一 椒井	解放後帰国	15
611		李 斗成	1927	忠北 清州 北一 細橋	運転、12時間労働	15
612		金 洪菊		忠北 清州 北一 菊洞		15
613		金 賢卿	1922	忠北 清州 玉山 南村	43頃動員、解放後帰国	15
614		朴 基煥	1918	忠北 清州 玉山 南村	事故で脊髄負傷、解放後帰国	15
615		申 仁澈	1921	忠北 清州 玉山 南村	解放後帰国	15
616		李 慶魯	1915	忠北 清州 玉山 烏山	解放後帰国,後遺症	15
617		庾 鍾斌		忠北 清州 玉山 烏山		15
618		鄭 鎭碩		忠北 清州 玉山 虎竹		15
619		金 鍾讃	1923	忠北 清州 文義 米川	41動員,解放帰国	15
620		洪 萬泰	1926	忠北 清州 文義 徳留	42頃動員	15
621		金 洙亨	1928	忠北 清州 文義 桃源	41頃動員,解放後帰国	15
622		徐 丙寅	1923	忠北 清州 文義 桃源	41頃動員,解放後帰国	15
623		金 萬壽	1920	忠北 清州 文義 桃源	41頃動員	15
624		金 錬昌	1928	忠北 清州 文義 南渓	42頃動員,解放後帰国	15
625		金 準栄	1920	忠北 清州 米院 雲橋	43頃動員、解放後帰国	15
626		申 雲錫	1923	忠北 清州 米院 禾倉	解放後帰国	15
627		金 善道	1918	忠北 清州 米院 花源	44動員,解放後帰国	15
628		李 錫閏	1921	忠北 清州 米院 花源	44動員,解放後帰国	15
629		洪 在龍	1917	忠北 清州 米院 花源	44動員,解放後帰国	15
630		元 容鉉	1922	忠北 清州 米院 岐岩	解放後帰国	15
631		呉 成根	1926	忠北 清州 米院 米院	44動員,解放後帰国	15
632		李 漢永		忠北 清州 琅城 秋亭		15
633		韓 景培	1928	全南 珍島 郡内 寿域	44動員,福島派遣,解放後帰国	15
634		具 官洙	1929	全南 珍島 郡内 月加	44動員,解放後帰国	15
635		朴 徳勳	1929	全南 珍島 郡内 屯田	44動員,解放後帰国	15
636		朱 正権	1929	全南 珍島 珍島 南洞	44動員,福島派遣,解放後帰国	15
637		韓 仁洙	1929	全南 珍島 古郡 石峴	44動員,福島派遣,解放後帰国	15
638		金 啓煥		全南 珍島 義新 玉垈		15
639		金 達煥		全南 珍島 義新 玉垈		15
640		金 明梧	1930	全南 珍島 鳥島 外竝島	45動員,福島派遣,解放後帰国	15
641		朴 仁赫	1929	全南 珍島 臨淮 三幕	45動員,福島派遣,解放後帰国	15
642		李 得來	1927	全南 珍島 臨淮 鳴瑟	45動員,福島派遣,解放後帰国	15
643		黄 判圭	1915	全南 羅州 老安 五亭	45動員,解放後帰国	15
644		林 鍾麒	1920	全南 潭陽 大田 杏成	45動員,解放後帰国	15
645		李 三欽	1928	全南 長興 蓉山 語山	44動員,解放後帰国	15
646	社宅	吉田東信			40初動員,家族呼寄	12
647	第1	豊田圭泰			41.4花札賭博取調記事	6
648	第1	平川口緒			41.4花札賭博取調記事	6
649	第1	正月聖哲			41.4花札賭博取調記事	6
650	第1	国本吉東			41.4花札賭博取調記事	6
651		香川睡善			41賭博記事	6
652		河東彩永			41賭博記事	6
653		山本旗在			41賭博記事	6
654		菅原啓俊			41賭博同席記事	6
655		権 重植			41賭博同席記事	6
656		松本明錫			42.3補導員講習会参加	6
657		李 漢鳳			42.4賭博連行契機事務所襲撃,8人検束	14
658		金山政治			43.2.27逃走,4.18検挙,労務調整令違反送局	14
659		新田錫陳			43.3.26逃走,3.29検挙,労務調整令違反送局	14
660		金田昌燮			44.7詐欺検挙	6

661		豊川洛鎬			44.7詐欺検挙	6
662		青山武雄			43.5補導員講習会参加	6
663		岩本小宗			43.5補導員講習会参加	6
664		大海昌根			44.7動員,入山者代表	6
665		戊 庚得			石谷庚得、45明延転勤	17
666		松岡段弘		忠南 扶余 石城 石城	金剛塾二舎,取調	18
667		宮村聲鍾			金剛塾二舎	18
668	第1	林 華英			43.2特別志願兵	18
669	第1	松本吉光			43.2特別志願兵	18
670	第1	朴 銖玉			43.2特別志願兵	18
671	第3	大山一郎			43.2特別志願兵	18
672		柳村益洙			44.9徴兵入営	6
673		白川口基			44.9徴兵入営	6
674		新井光郎			44.9徴兵入営	6
675		柳川志男			44.9徴兵入営	6
676		石原公益			44.9徴兵入営	6
677		石原鳳周			44.9徴兵入営	6
678		南 蓉益			44.9徴兵入営	6
679	高千	李 鳳錫	1910	忠南 公州 利仁 悟谷	40動員, 家族呼寄、解放帰国	15
680	高千	裵 明錫		忠南 論山 恩津 蓮西	高千支山	11
681	高千	柳 錫胤			高千支山、検挙	18
682	高千	金 順済			高千支山	18
683	高千	劉 昊鍾			高千支山,40.9.28,ケージ墜落死亡	18
684		安 希遠	1917.8.17	忠南 論山 城東 院南	40春動員,落盤重症1年2か月入院、その後愛媛の親戚で死亡	11・15
685		呂 圭業	1918	忠南 論山 城東 瓶村	40動員. 42. 3病死	15
686		南原元東		忠南 論山 豆磨 金岩	41.3労災死亡	9
687		尹 翼星	1911	忠南 扶余 草村 松丁	40動員. 42. 4労災死	15
688		李 秉箕		忠南 扶余 九龍 舟亭	42.4.17労災死亡 延李秉箕	9・15
689	社宅	李 昌洙	1913	忠南 扶余 九龍 竹橋	45.3.2下相川鉱山社宅196で死亡	15
690		菅原啓夫		忠南 扶余 鴻山 上川	41.12労災死亡	9
691		朴 吉童	1905.6.25	忠南 扶余 扶余 自旺	41.7.19労災死亡 大立坑1番坑	9・15
692		崔 鐘義	1919.10.29	忠南 青陽 青陽 邑内	42.1.6労災死亡,諏訪町 富山鐘義	9・15
693		李 炳俊	1913.3.7	忠南 青陽 青陽 赤楼	41.9動員,42.6(旧暦)坑内転落死,清水炳晋	11
694		兪 盛鉉	1917	忠南 青陽 青陽 長承	墜落事故,43.8.13佐渡鉱山病院で死亡	15
695		金 珠煥	1916.7.6	忠南 青陽 雲谷 位羅	41.12.20死亡,滑落・頭蓋骨粉砕.金城珠煥	6・9・15
696		水原定浩		忠南 青陽 飛鳳 中墨	42.10労災死亡	9
697		崔 炳洋	1920	忠南 青陽 南陽 金井	42.3動員、44.7.2坑内(通洞)で死亡	15
698		申 壽命	1903	忠北 清州 加徳 金居	44.10頃動員、45.2.17坑崩壊死亡	15
699		鄭 金出	1911	忠北 清州 米院 雲岩	45.6.2、佐渡鉱山病院で死亡	15
700		朴 壽童	1904	忠北 清州 玉山 樟南	44年頃動員,45.2.5死亡,	15

典拠

1 「三菱第一相愛寮 煙草配給台帳」 煙草登録名簿1944年10月31日

2 「三菱第一相愛寮 煙草配給台帳」 蔚珍郡動員名簿1945年2月

3 「三菱第三相愛寮 煙草配給台帳」煙草登録関係資料

4 「三菱第四相愛寮 煙草配給台帳」 煙草登録関係資料

5 「三菱第一相愛寮 煙草配給台帳」 一覧表,帰寮名簿など記載の1・2の名簿の欠落分

6 「新潟日報」など新聞記事(広瀬貞三収集資料),広瀬「佐渡鉱山と朝鮮人労働者(1939～1945)」記事

7 「警察公報」552号樺太庁警察部1941年12月25日,長澤秀編『戦前朝鮮人関係警察資料集Ⅲ』所収

8 朝鮮人強制連行真相調査団『朝鮮人強制連行調査の記録関東編1』柏書房2002年

9 「殉職産業人名簿」大日本産業報国会1942年

10 「細倉鉱山朝鮮人名簿」厚生省勤労局調査1946年(厚生省勤労局調査の生野鉱山、細倉鉱山の名簿には,1943年4月・5月の忠清道扶余郡からの連行者の名簿が含まれている。細倉の43.4.27着山者には佐渡鉱山からの転勤と記され,5月分の着山者も佐渡からの転送者とみられる。ここではこの時期に細倉に着山した扶余出身者を掲載)

11 林道夫「佐渡相川三菱鉱業所朝鮮人強制労働問題の調査と課題について」1997年,張明秀「佐渡相川三菱鉱山に強制連行された「朝鮮人」の調査についての報告」1992年,佐渡と韓国をつなぐ会調査資料

12新潟県警察部「昭和二十年内鮮関係書類綴」,朴慶植編『朝鮮問題資料叢書13』所収

13「労務動員計画に基く内地移住朝鮮人労働者の動向に関する調査」1941年,「思想月報」79号,司法省刑事局

14「特高月報」「社会運動の状況」内務省警保局

15 「佐渡鉱山・強制動員被害者資料」

16 『日本地域の炭鉱鉱山における朝鮮人強制動員の実態 三菱鉱業(株)佐渡鉱山を中心に』(鄭恵瓊・日本語版)韓国強制動員被害者支援財団2021年,同書付録

17 野村穂輔『御霊によって歩きなさい』福音宣教会1993年

18『新聞などに見る新潟県内韓国・朝鮮人の足跡』第2集,新潟県高等学校教職員組合平和教育研究委員会2006年

張明秀作成　佐渡鉱山名簿一覧表（ワープロ）

佐藤泰治作成　相愛寮朝鮮人名簿（エクセル）

（5）佐渡鉱山相愛寮関係地図

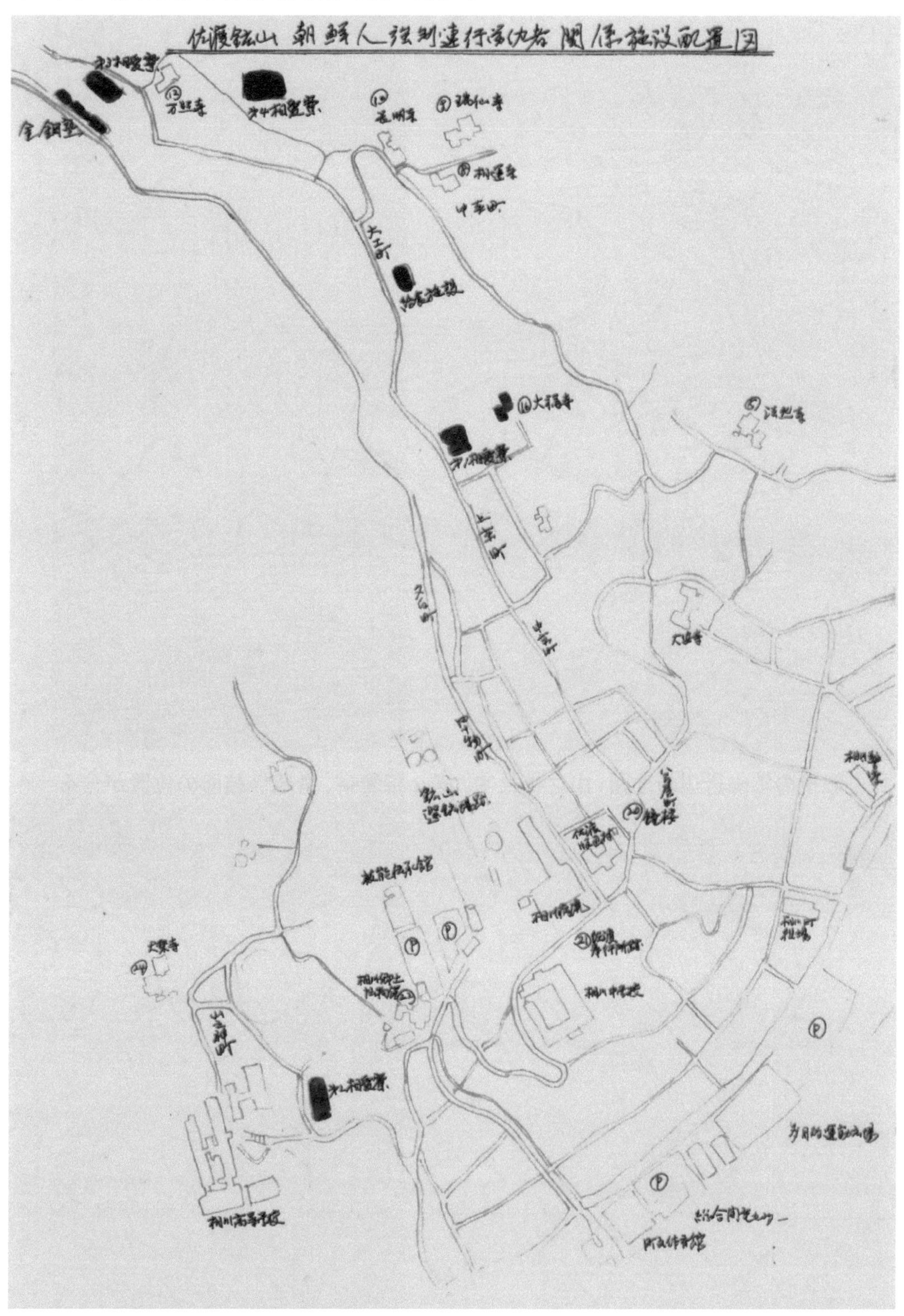

佐渡と韓国をつなぐ会　1990 年代作成[46]

46　この地図では第２相愛寮と第３相愛寮の位置に誤りがある。

戦後の鉱山近辺の地図　山之神社宅、第 2 相愛寮、労務係詰所の位置が分る

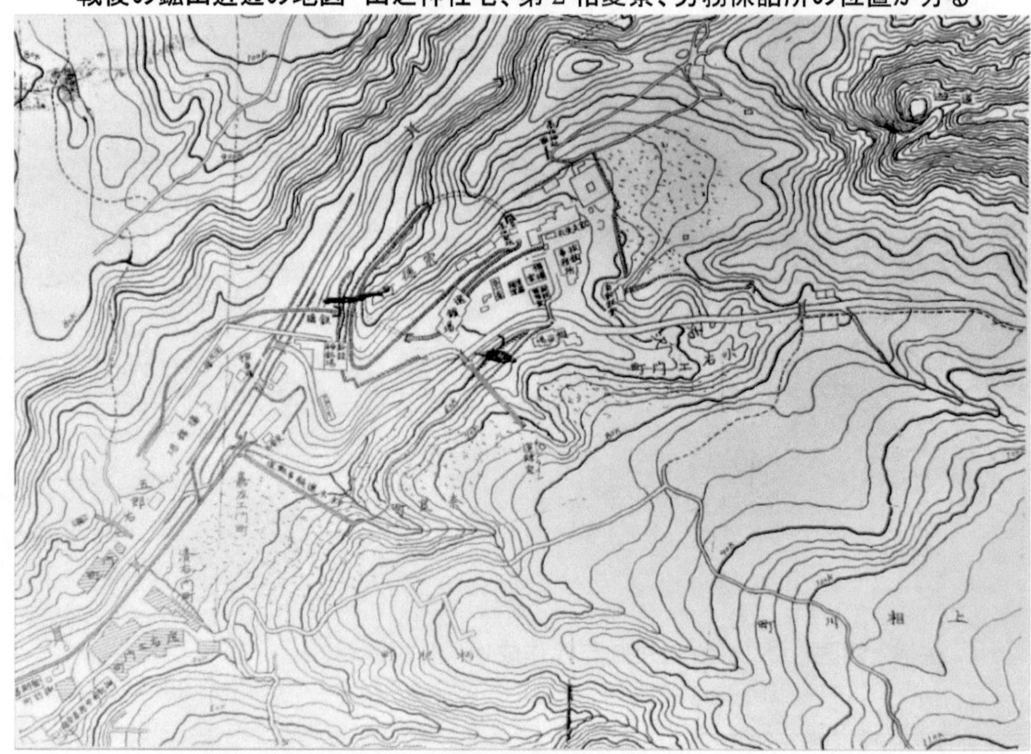

左下に金剛宿と労務者合宿の記載がある。

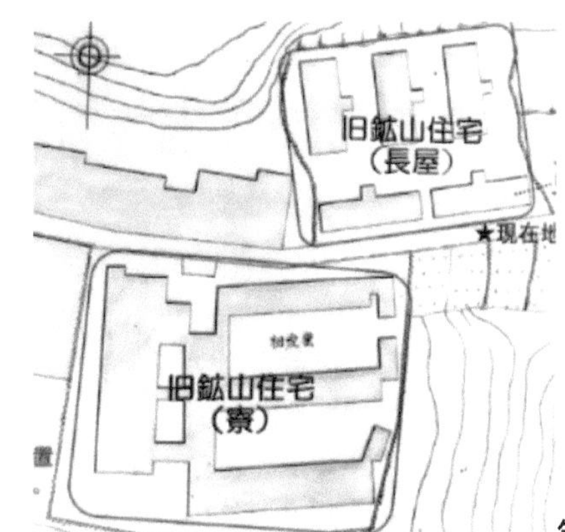

第一相愛寮の図（鉱山住宅案内図 2022 年撮影）

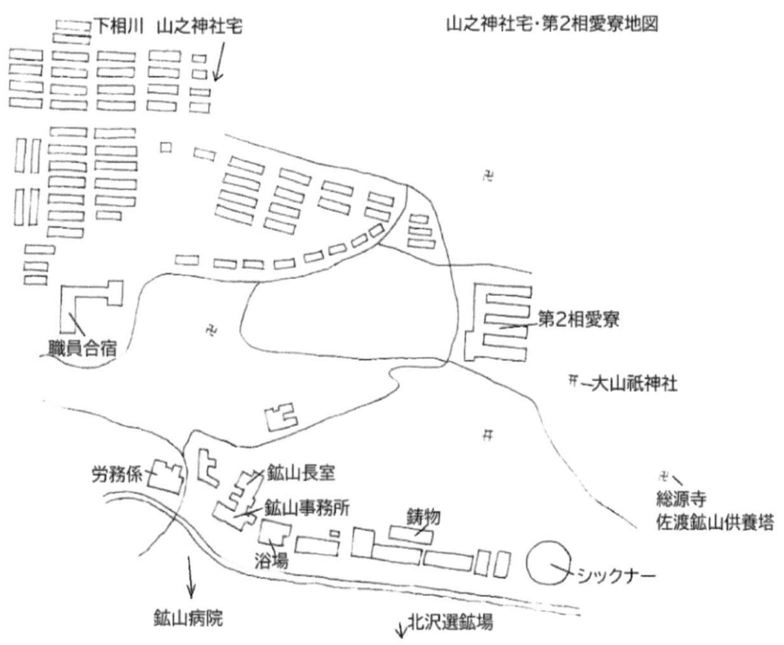

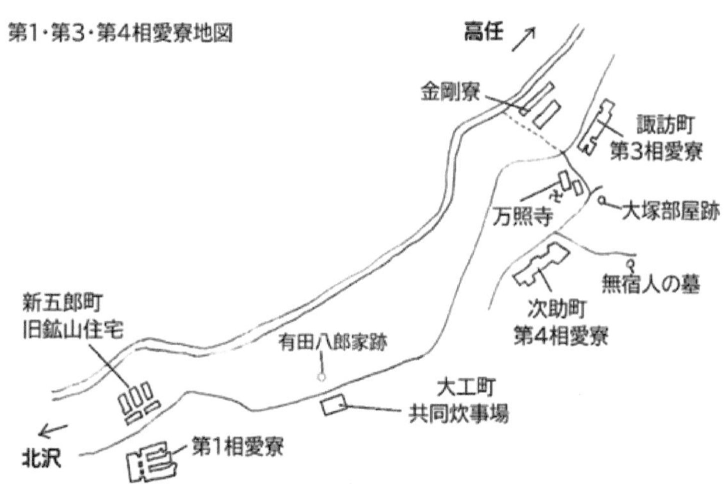

（『佐渡鉱山と朝鮮人労働』から）

6　佐渡扉の会資料

(1) 相川における朝鮮強制連行労働者の調査活動の経過

1991年　「煙草配給台帳」から三菱佐渡鉱業所（佐渡鉱山）の強制連行朝鮮労働者の実態が明らかとなる。

1991年　コリアン強制連行等新潟県研究会と共同で韓国を訪問し、強制連行労働者の聞き取り調査活動を行う。

1992年9月26日～10月2日　強制連行された関係労働者・遺族7人を韓国から招請する。その間に相川の佐渡開発総合センターで通訳3人が加わっての「調査報告会」が開催された。

1995年1月[47]　「佐渡と朝鮮をつなぐ会」が結成される。

1995年7月　強制連行労働者の厚生省への「厚生年金の期間確認書」の交付請求のため本人・遺族から委任状を受け取りに「つなぐ会」会員8人が訪韓。7日間滞在する。

1995年11月27日　連行労働者・遺族の3名を招請する。

11月28日　招請連行労働者3名と新潟県保健課を訪問する。

11月29日　招請連行労働者2名と厚生省を訪問する。応接した社会保険庁企画年金課長、厚生省年金企画官に連行労働者19人の厚生年金の加入記録など台帳による支払いの事実確認を求めた結果、14人の書類確認がなされた。

12月1日　相川の開発総合センターで、招請した強制連行労働者盧秉九、尹鐘洸2名による「証言の集い」を開催した。

〔2018年4月22日フィールドワーク資料　佐渡扉の会〕

(2) 佐渡鉱山労働者を追悼する集いについて（佐渡扉の会主催）

佐渡扉の会事務局長 石崎澄夫

1　きっかけ

2015年5月に新潟市在住で韓国舞踊を教えている女性から、戦後70年を記念し、かつて相川で金山労働者として強制労働を強いられた朝鮮半島出身者を慰霊するために「トキの舞い」という創作韓国舞踊を相川で上演したいと望んでいる。佐渡にはそのための受け皿が無いので、佐渡扉の会が受け皿になって成功に向けて協力してほしいと打診があった。本会は協力することを決定した。

2　佐渡鉱山労働者を追悼する集い　別紙ポスター参照

（1）日時と場所

2015年10月17日（土）14：00～16：00、相川体育館にて

---

[47] 正式には1995年8月結成

(2) 次第

佐渡扉の会会長あいさつ　金山教勇さん（当時の会長）

今年は第２次世界大戦が終わって70年になります。佐渡の歴史を振り返ると、先の大戦の始まる前には若い日本人は兵隊に行き、佐渡鉱山でも労働力が不足していきました。それを補うために朝鮮半島から多くの労働者が徴用され、佐渡鉱山で厳しい労働をしたことが知られています。　・・・略・・・　私たちは、それら自分の人生でありながら生きる道を自由に選ぶことができなかった様々な立場の労働者たちに対し、国籍も信仰的立場も越え、人間としての痛みを負った方々を追悼したいと思いました。佐渡鉱山の繁栄の歴史もこの注目されない多くの方々の働きに支えられて来ました。佐渡鉱山の労働者の歴史の一端に思いを寄せ、温かい思いを持ってそれらの方々を追悼する集いとなりますように、そして、これが日韓友好のよき礎のひとつとなること、悲しみや苦しみの歴史との和解が、平和への希望をもたらすものとなることを、今後も願ってやみません。

舞踊

ⅰ　野浦春駒保存会による春駒（友情出演）
ⅱ　韓国舞踊家のトキの舞（写真）
ⅲ　三陟舞踊団（韓国から来日）
ⅳ　トッケビヤーン（東京荒川）
ⅴ　会場内参加者との合同の踊り

3　激しかった反響

（1）市役所内部での混乱

①　17日の「集い」の後、青年会議所（JC）が総務課にポスター内の字句「重労働を強いられ、いのちを奪われました」について厳しく抗議をしにきた。「字句の表現が偏っている、中立であるべき佐渡市や市教委がなぜ偏った表現を許すのか。後援をしたことは断固許せない」と。

②　その後、市長の後援会長が、青年会議所と同じ字句を問題にして総務課に抗議しに来た。「このままでは世界遺産が邪魔される。なぜ後援を許したのか。」

③ 相川の人がポスターを剥がし取り、文化庁にポスターを送り実情を訴えた。

④上司（市長、副市長、総務課長でない）が市民生活課長（人権問題の総合窓口）に激怒、「明治日本の産業革命遺産の遺産登録に際し、韓国から猛抗議を受け両国の対立が政治問題化した。文化庁は面倒な政治問題に発展するような候補地をリストに載せたくないと思っている。追悼の集いのような取り組みを許せば、韓国の攻撃の火に油を注ぐことになる。ましてや佐渡市が後援を承認するなど言語道断だ。世界遺産がダメになってもいいのか。扉の会に文書で謝罪を要求する」

（2）　明治日本の産業革命遺産の場合

①　日本政府がユネスコの世界遺産委員会に明治日本の産業革命遺産を登録するよう提案したら、韓国と中国が猛反対した。いくつかの炭鉱で朝鮮人や中国人が強制連行・強制労働をやらされた負の遺産を世界に表明するのは止めてほしいと。これに対し日本は「遺産群は1910年までのものだ」などと反論し、委員会の場で日韓双方が他国の委員に支持の獲得競争を展開し、委員たちも嫌気がさすほどだった。６月の日韓外相会議で、韓国側は徴用工を含む歴史の全容を施設の中で説明すれば反対しないと言ってきた。事態は好転するかにみえたが、再び、対立が再燃。委員会の意見陳述で、韓国側が徴用工の歴史に言及するのに加え強制労働という表現を使おうとしたから。議長国ドイツが調停に持ち込み、今年いっぱいで委員国の任期が切れる日本は何とか妥協点を探った。

② 次の表現に落ち着いた。「一部施設で1940年代、意思に反して(against their will)連れてこられ、厳しい環境のもとで働かされた（forced to work under harsh conditions)多くに朝鮮半島出身者がいた」とし、「第２次世界大戦中の徴用政策を実施していたことについて理解できるような措置を構じる」と述べることになった。これを受けて佐藤地ユネスコ大使は「この犠牲者のことを忘れないようにする情報センターの設置など、適切な措置を取る用意がある」と述べた。
③ ７月５日審査最終日午後 10 時過ぎから明治日本の産業革命遺産について審議を始め、全会一致で世界遺産に登録することを決めた。福岡県の八幡製鉄所や長崎県の三菱長崎造船所など、８つの県23の資産で構成する。→登録決定後、日本政府は上記「②」の約束を反故にした。政府による裏切りと韓国・朝鮮と中国の人たちへの侮辱は、厳しく糾弾されなければならない。

（３） 雑感

① 林道夫・小杉邦男・金山教勇さんらの取組（「佐渡と韓国をつなぐ会」、実際に韓国に行って佐渡鉱山労働者に聞き取りをした。ＮＨＫのドキュメンタリーにも放映された）によれば、強制連行も強制労働も事実であり決して偏ってはいない。市は政治問題化させたくないというが、もし佐渡鉱山の推薦が決まれば、明治日本の産業革命遺産の際予想されたように政治問題化するだろう。両者は朝鮮人労働者を抱えていたという点で共通している。扉の会が追悼の集いをしなくても、それは起きる。
② 「重労働を強いられ、いのちを奪われました」を青年会議所が偏っていると問題にしたこと、私たちが佐渡鉱山労働者を追悼する集いを催すことが佐渡金山の世界遺産登録を邪魔することになると捉える見方、は共通の根っこでつながっている。朝鮮半島出身者の強制連行も強制労働もなかった、鉱山での労働条件（賃金・労働時間など）は朝鮮半島出身者も日本人と同様であり差別などなかった、との見方が前提になっている。佐渡金山開発の歴史は清く正しく明るくて不正も犯罪も人権破壊もなかったという無謬性を強調する。
③ しかし、1990年代に「佐渡と韓国をつなぐ会」が実際に佐渡鉱山で働かされた韓国の人々を探り当て聞き取り調査をした史料には、それと正反対の実態が具体的な「証言」として紹介されている。また、新潟国際情報大学の広瀬貞三教授の「佐渡鉱山と朝鮮人労働者(1939～1945)」は、種々の統計資料に基づいて佐渡鉱山での朝鮮人労働者の厳しい生活と労働の実態を述べている。教授は「強制連行」という語句を使用せず「戦時動員」を使用すると断っているが、植民地支配下で土地調査事業等の政策によって窮乏化を余儀なくされた朝鮮国民にとって「募集」か「徴用」かの語句の使い分けをすることに何の意味があるのだろうか。資本主義生産体制下で生産手段を失い自分の労働力の他に売るものがない労働者が自分の労働力を資本家に売って生きていかなければならない時に、両者の間に契約自由の原則があるなどと言っても、経済的な強制力が背後に貫いていて労働者は必ず労働力を資本家に売らなければならないように、土地という生産手段を奪われた殆どの朝鮮国民が「募集」だから自由な契約になるのか。ここにも経済的な強制力が働いている。更に、歯向かえば軍と警察という強制力に取り囲まれる。他方で、教授は「募集」が事実上「強制労働」であると認めている。だから日本人が嫌がる危険な労働現場や珪肺を病んで働けなくなる削岩労働などに朝鮮人労働者が優先的に配属され、転落死や働けなくなって祖国に送還される人がいた。決して労働条件は日本人と同等ではなかった。まさに「重労働を強いられ、いのちを奪われました」。
④ 朝鮮人労働者が佐渡鉱山の過酷な労働条件の下で働かせられ、健康を害し、家族を引きちぎられた苦しみを無かったものとすることはできない。歴史を日本寄りに解釈したり、日本に不都合な事実を削除したり改ざんすることはできない。

⑤　私たちはこれらの見方とは一線を画し、佐渡の鉱山で起きた史実を謙虚に受け止め、亡くなられた方々に感謝と畏敬の念を持って追悼を捧げた。戦前の植民地支配により特に朝鮮の民族に、そして台湾や中国、東南アジア、太平洋島嶼に多大な殺りくと破壊と苦痛を加えたことを知ると、もう二度とそのようなことはしてはならないし、真しに謝りたいと思う。1965年の日韓基本条約を破棄して朝鮮両国を含めたすべての国と平和条約を締結し、日本が損害を与えたすべての国に敗戦直後にはできなかった補償を今の国力でできる範囲で行うべきだと考える。ましてやヘイトスピーチや身元調査により結婚を破談にするなんて、恥ずかしくて絶対にできないししてはならない。市への謝罪など埒外。

⑥　佐渡鉱山で行われた史実を継続して掘り起こさなければならないと改めて思った。その事実を謙虚に受け止め、そこから学ぶべき教訓を日韓友好につなげていくべきだ。

4　その後の韓国三陟舞踊団からの問いかけと佐渡扉の会の立ち位置

（1）韓国三陟舞踊団からの問いかけ

①　佐渡扉の会として追悼行事を今後も継続するか。

②　韓国のＭＢＣ文化放送局が佐渡鉱山を訪問し取材して、ドキュメンタリー番組を作りたいと言ってきているが、その際、扉の会の案内・協力を得られるか。

③　そのほかに何か扉の会として韓国に要望があるか。

（2）韓国三陟舞踊団からの問いかけと佐渡扉の会の立ち位置

①について

扉の会の設立趣旨は、佐渡における部落問題の解決である。部落に入り差別の現実を学ぶことにより、差別の現実を他人事でなく自分の問題として受け止めそれを何とかしなければならないと真剣に考え、同和教育をやろうとする。その視点から学校でつらい思いをしている生徒への共感が湧いてくる。いじめが見えてくる。障がいで苦しむ人の苦しみが見えてくる。外国籍の人たちへの差別が見えてくる。日本、佐渡における朝鮮出身者への差別の問題も見えてくる。私たちが佐渡鉱山の繁栄を支えた様々な出身の人々に感謝を述べ心から追悼したのは、扉の会の趣旨からであった。また、佐渡鉱山での労働の実態を調べようとするのは、差別の現実に学び深く共感するためであった。そこから差別をのり越える未来への希望を描くことができる。そしてそれが日韓両国の友好関係構築の一助となると信じたからである。

私は追悼集会での舞を見た時、ああこれが日韓友好なんだ、私たちはその真っ只中にいるんだと心の中から熱い感動が湧いてきたのを覚えた。

だから追悼集会をやり、佐渡鉱山労働の実態を調べていくという二つの作業は、これからも必要だと考える。ただし、今後は韓国から舞踊団も呼ばず、こじんまりとやるつもり。一番は、予算上の問題から。二番は、今後佐渡での人権政策を進めていく上でその総合窓口である市民生活課と連携していかなければならないから。私は、総源寺境内の「佐渡鉱山労働者鎮魂碑」〔供養塔〕に扉の会が献花する程度を考えている。そして林、金山、小杉三氏との連携により、30年前の佐渡と韓国をつなぐ会の集めた史料をまとめ、手持ちの資料からさらに新たな事実を発掘できたら、なおさらうれしい。

②について

では予算を扉の会が今年のよう集めないで、ＰＯＳＣＯという巨大製鉄会社が出資する韓国人労働者追悼財団〔強制動員被害者支援財団〕から援助してもらうならどうか。韓国の財団の出す予算によって主導権は韓国側にあり、私たちはすべて支配されることになる。扉の会の趣旨が曲解されて、韓国に有利な材料に宣伝されるかもしれない。

韓国のＭＢＣ文化放送局が佐渡鉱山を訪問し取材したいというのは、いかにもそれを連想させる。ＭＢＣ文化放送局の取材は遠慮してもらった方がよい。

③については、特になし。今思うのは、韓国との関係をもっと続けるべきだったということ。

5　その後の佐渡鉱山労働者を追悼する集い（2015年から毎年実施）

日時　10月〜11月土曜日9時30分から
場所　総源寺（曹洞宗）境内の供養塔
次第　初めに供養塔について若干の説明
　　1　追悼のことば
　　2　献花
　　3　黙とう（別紙）

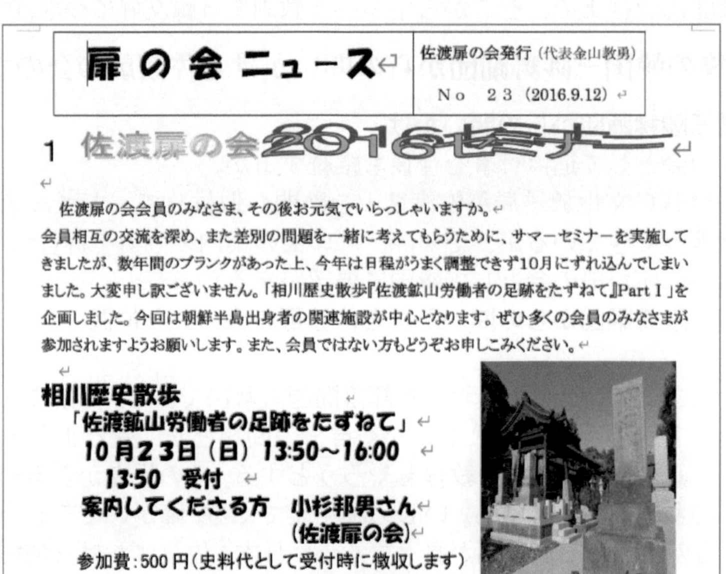

扉の会ニュース　佐渡扉の会発行（代表金山教勇）No 23（2016.9.12）

1　佐渡扉の会2016セミナー

佐渡扉の会会員のみなさま、その後お元気でいらっしゃいますか。
会員相互の交流を深め、また差別の問題を一緒に考えてもらうために、サマーセミナーを実施してきましたが、数年間のブランクがあった上、今年は日程がうまく調整できず10月にずれ込んでしまいました。大変申し訳ございません。「相川歴史散歩『佐渡鉱山労働者の足跡をたずねて』Part I」を企画しました。今回は朝鮮半島出身者の関連施設が中心となります。ぜひ多くの会員のみなさまが参加されますようお願いします。また、会員ではない方もどうぞお申しこみください。

相川歴史散歩
「佐渡鉱山労働者の足跡をたずねて」
10月23日（日）13:50〜16:00
13:50 受付
案内してくださる方　小杉邦男さん
（佐渡扉の会）
参加費：500円（史料代として受付時に徴収します）
主なコース　総源寺→第1〜第4相愛寮跡地など

総源寺境内にある鉱山労働者供養塔

⑵ 朝鮮人犠牲者の追悼追悼のことば

2021年11月21日　佐渡扉の会

2015年から毎年、私たちはこの地相川で佐渡鉱山労働者を追悼する集いを持ちました。それは、キリシタンや無宿人、朝鮮半島出身者などの名もなき差別された人々が、佐渡鉱山の繁栄を支え社会を動かし歴史を築き上げてきたご苦労をしのび、ご活躍に心より感謝を表すためでした。そこには辛い労働や貧困に耐え、ひたむきに生きる強さがありました。労働に従事された方々の流された汗が、涙が、熱き血が、今日の社会の繁栄を作り出してくださったのです。心の底より敬意を表します。そして、これからもずっと忘れません。

現在、「佐渡鉱山の遺産群」として世界文化遺産登録を目指す活動が行われています。それが真の意味で人類共通の遺産となるために私たちは、差別の歴史や厳しい生活の実態などの負の遺産も含めて、ありのままの事実を明らかにしていきます。そして、一人ひとりが人間として尊重される社会を目指します。

遠き地より佐渡に渡り、あるいは連れてこられ、厳しい環境の下で鉱山の労働に従事され、異郷でお亡くなりになった方々に、私たちの決意を表明し、追悼のことばとさせていただきます。

佐渡鉱山労働者を追悼する集い
조선인강제노동자추모공연
2015년 10월 17~18일(2일)

佐渡鉱山労働者を追悼する集い
조선인강제노동자추모공연

佐渡鉱山労働者を追悼する集い
조선인강제노동자추모공연

佐渡鉱山労働者を追悼する集い

용협회 2015년 10월 17~18일(2일)
삼척시의회, 포스파워, 구룡건설, 동삼태축협

2015年10月17日（土）
14:00～16:00
会場・相川体育館
（佐渡市相川栄町１）
佐渡鉱山労働者を追悼する集い
〈プログラム内容〉
佐渡鉱山の労働者の歴史を聞く
献花
春駒　佐渡鉱山ゆかりの芸能
追悼の踊り…国籍と信仰を超えて
元 由鎮（韓国伝統舞踊）
三陟舞踊団（韓国伝統舞踊）
プンムル トッケビヤン（太鼓）
主催：佐渡扉の会

鉱山労働者を追悼する踊りを披露する三陟舞踊団のメンバー＝17日、佐渡市相川栄町

2015.10.18 日報

鉱山支えた労働者悼む

佐渡 韓国の舞踊団招き集会

佐渡鉱山の繁栄を支えた朝鮮人労働者らを追悼する集いが17日、佐渡市の相川体育館で開かれた。舞踊などが披露され、参加者が労働者を悼んだ。

差別解消に取り組む市民有志の会「佐渡扉の会」が韓国から「三陟舞踊団」を迎えて初めて開催。約50人が参加した。

冒頭、扉の会の金山教勇会長が「鉱山の長い歴史には命を犠牲にした労働者も多くいたことを心に刻むことが大切」とあいさつ。その後、三陟舞踊団などが舞や演奏を披露した。ゆったりとした音楽に合わせて優雅に舞ったり、軽快なリズムで力強く踊ったりする姿に、参加者は盛大な拍手を送っていた。

佐渡市の修理重一さん(80)は「歴史を知ることは大切だと思うので話を聞けて良かった。舞踊も見たことがないものばかりだった」と話した。

新潟日報2015年10月18日

「トキの舞」を披露する元由鎮さん

2015 10.21 読売

慰霊の「トキの舞」

世界文化遺産登録を目指す佐渡金銀山の鉱山労働者を追悼する集いが、佐渡市相川栄町の相川体育館で開かれた。佐渡島の人権問題に取り組む市民団体が主催した。

新潟市在住の韓国伝統舞踊家・元由鎮さん(57)は、朝鮮半島出身者を含めた鉱山労働者への慰霊の思いを込めて創作舞踊「トキの舞」を披露。白い衣装でトキが飛ぶ姿を表した華麗な舞に、会場から大きな拍手が起こった。元さんは「佐渡の皆さんとの交流が深まり、歴史がきちんと伝えられる世界遺産になることを望んでいます」と笑顔で語った。

読売新聞新潟版2015年10月21日

佐渡鉱山朝鮮人死亡者(判明分)

氏名	生年(歳)	住所	動員・死亡状況
劉 昊鐘	(25)	不明	40年9月28日、ケージ墜落死、高千支山
南原元東	(25)	忠南 論山 豆磨 金岩	41年3月、労災死
朴 吉童	1905	忠南 扶余 扶余 自旺	41年7月19日、大立坑一番坑落盤死
金 珠煥	1916	忠南 青陽 雲谷 位羅	41年12月20日、滑落・頭蓋骨粉砕、金城珠煥
菅原啓夫	(26)	忠南 扶余 鴻山 上川	41年12月、労災死
崔 鍾義	1919	忠南 青陽 青陽 邑内	42年1月6日、諏訪町43で死亡、労災死、富山鍾義
呂 圭業	1918	忠南 論山 城東 瓶村	42年3月11日、佐渡鉱山病院で病死
李 秉箕	(19)	忠南 扶余 九龍 舟亭	42年4月17日、機械事故死、延李秉箕
尹 翼星	1911	忠南 扶余 草村 松丁	40年動員、労災、42年4月15日、佐渡鉱山病院で死亡
李 炳俊	(28)	忠南 青陽 青陽 赤楼	41年9月動員、42年6月(旧暦)坑内墜落死
水原定浩	(26)	忠南 青陽 飛鳳 中墨	42年10月、労災死
安 希遠	1917	忠南 論山 城東 院南	41年動員、2年後落盤で重傷入院、解雇後日本で死亡
兪 盛鉉	1917	忠南 青陽 青陽 長承	43年8月13日、佐渡鉱山病院で死亡、墜落事故
崔 炳洋	1920	忠南 青陽 南陽 金井	42年動員、44年7月2日、坑内(通洞)で死亡、遺骨受取
朴 壽童	1904	忠北 清州 玉山 樟南	45年2月5日、佐渡鉱山病院で死亡
申 壽命	1903	忠北 清州 加徳 金居	44年動員、45年2月17日、坑崩壊、死亡
李 昌洙	1913	忠南 扶余 九龍 竹橋	45年3月2日、下相川鉱山社宅196で死亡
鄭 金出	1911	忠北 清州 米院 雲岩	45年6月2日、佐渡鉱山病院で死亡、遺骨受取

「殉職産業人名簿」、韓国現地調査資料、強制動員被害者資料、新聞記事から作成。

(『佐渡鉱山と朝鮮人労働』所収)

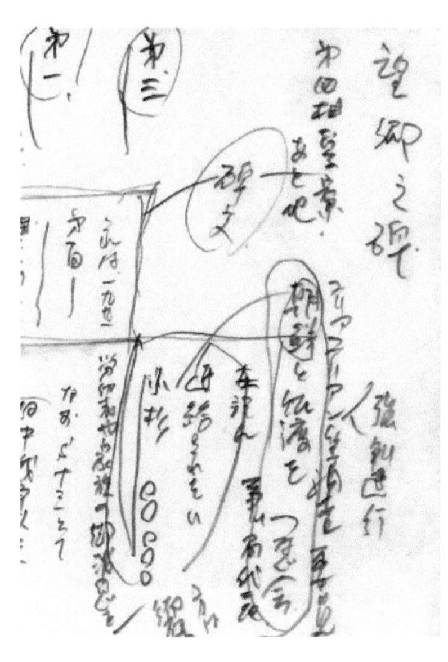

〔つなぐ会では、佐渡鉱山での朝鮮人強制連行犠牲者を追悼する「望郷の碑」の建立が議論されていた。現時点で判明している戦時の朝鮮人死亡者はこの表の通りである。新たに、追悼と友好を祈念する碑を建立することも今後の課題である。〕

7　強制動員被害者遺族調査と佐渡証言集会

(1)佐渡鉱山に強制動員された朝鮮人の遺族調査 2023 年

以下は、2023 年 4 月、韓国での遺族調査の概要である。

1　益山　申泰喆さんの遺族

韓国での強制動員の真相究明の動きのなか、佐渡鉱山に連行された申泰喆さん(益山郡龍安面出身)は、詳細に動員の状況を話し、強制動員被害真相糾明委員会に写真を 1 枚寄贈していた。

申泰喆さんの申告記録をまとめるとつぎのようになる。

1941 年の春、18 歳のとき、動員から逃げて、家の納戸に隠れていた。しかし、捕まってしまい、列車で護送され、麗水に到着、夜に出発し、日本に送られた。トラックで佐渡鉱山に護送された。ダイナマイトや手作業で鉱物を採掘するという辛い仕事をした。殴打され、耐えられずに自殺する人、酷い労働で疲れ切って倒れる人もいた。逃亡して捕まり、過酷に殴打される人もあり、本当に悔しいことが多かった。当時、労働は 3 交替で 8 時間労働だった。日本でくれた小遣いはわずかだった。一番辛いことは飯の量が少なくて、お腹が空いて一日一日を耐えるのがきつかったことだ。労務者として 2 年の契約で行ったが、2 年後、帰国しようとしても、その当時、戦争中だという理由で日本人たちは 2 年延長するよう強要した。解放になり、その年の秋に帰国の途につき、列車で移動した。戦争で多くの建物が破壊され、廃墟が目に映った。日本の船着き場に到着したのだが、帰国用の船が無く、何日か待って、やっと船に乗り、釜山港に到着した。帰国後、過酷な生活による後遺症があり、農作業も円滑にできずに生活した。苦労しながら病魔と闘う生活である。今思い出しても、身震いする、他国で 4 年という地獄のような強制徴用の労務者生活だった。

娘の申成起さんが近くの村(龍東面大鳥里)に住んでいた。

申成起さんはつぎのように話した。

父の申泰喆が住んでいた場所には、今は誰もいない。墓は共同墓地にある。祖父は淳昌から来た。父は 1923 年 11 月に生まれた。日本語が話せ、本も読めた。帰国後、結婚し、子どもが生まれ、6 人(男 2 人、女 4 人)が育った。農業をする体力はあったが、肺が悪く、息苦しそうだった。他の人に手伝ってもらった。田に落ちた残米を集めて食べたりした。娘たちが日本への輸出用の絞りを作って家計を支えた。酒を飲むと鉱山の話をした。70 歳を過ぎて脳卒中で倒れた。20 年ほど介護されての暮らしだった。倒れた後での被害申請だったが、記憶力はよかった。父の申請を手伝った。2012 年に亡くなった。

私は 1952 年に生まれ、1975 年に結婚した。(委員会に提供した写真の) 父の顔は末の娘に似ている。この写真が釜山の強制動員博物館にあることは知らなかった。弟が父の写真や族譜を処分してしまったから、他には何も残っていない。被害申請の届けを出したことは忘れていたが、来て報告してくれてありがたい。

2　論山　金文国さんの遺族

金文国さんは 1913 年に論山郡の恩津面城坪里で生まれた。金文国さんは佐渡に動員された後、家族を呼び寄せた。帰国後は塵肺に苦しみ、1955 年に亡くなった。

息子の金平純さんは 1947 年に生まれ、父と共に暮らした。病んで動けなくなった父は多くの借金を抱えた。金平純さんは跡を継ぎ、農業で生計を立て、借金を返済した。金平純さんは新潟の市民団体と出会い、1992 年、95 年と来日し、その体験を語った。来日時の資料や写真を大切に保管していた。日記も書き続けている。若い頃の父母の写真を示しながら、金平純さんはつぎのように話した。

現在の家は建て替えたものだが、父母と共にここで暮らした。父は帰国したが、息が苦しくなって、農業ができなかった。寝たきりの状態になり、病院にも行けず、母が介護した。胸に水がたまり膨らんで息苦しそうだった。まともな対話をした記憶が無い。鉱山での生活についても詳しく聞くことはできなかった。

私は 1947 年生まれ、小学校 1 年のころ父が亡くなった。田は少しあったが、病気による借金で土地を売り、家だけが残った。生活は苦しく、子どもの頃から働いた。薪を集めに山に入ったり、糞尿を貰って畑に撒いた。1 日に一食のときもあった。祖父母は父が先に亡くなったので、共同墓地に入れた。その墓の草刈りに行くのが恥ずかしかった。親のいない子の苦しみは言い尽くせない。金が無く、中学は卒業できなかった。1968 年 4 月に軍隊に入り、江原道で軍生活を送った。その後、子ども達を貧しくさせないために朝晩と働いた。私がハウス農業などで稼いで、借金を返した。父が苦労して亡くなったことから、日本の製品は見たくなかった。

1992 年には、（新潟の市民団体の依頼で）論山の民主党が手配して佐渡と新潟で証言した。95 年には新潟で証言し、東京に行き、厚労省で社会保険について要請した。記者の取材もあり、この問題は大切なものと実感した。その後、市民団体から連絡は途絶えた。佐渡鉱山を観光し、いやおうなく動員された人達の苦労は大変だったと感じた。（佐渡に動員された）兪鳳喆さんは隣に住んでいた。林道夫さんは同じ年であり、会えればうれしい。小杉邦男さんは現地を車で案内してくれた。感慨深い。もう一度行ってみたい。（この問題については）日本政府が謝罪することが必要と思う。

3　青陽　盧秉九さんの遺族

青陽邑の赤楼里の盧秉九さんは 1923 年生まれ、1941 年に佐渡鉱山に動員された。新潟の調査団と出会い、1992 年、95 年と来日、佐渡で証言している。

盧秉九さんの動員状況は以下のようである。1941 年、役場から佐渡鉱山に行くように命じられ、青陽から釜山を経て動員された。当初、金剛塾に入れられ、毎日朝晩、皇民化教育と技術訓練をうけた。寮長が教育を担当し、言うことを聞かないと「気合いを入れる」と言われ、殴られた。職場は削岩だった。坑内墜落事故、昇降機事故、漏電事故、発破事故で死

亡した人がいた。解放によって帰還した。後遺症で肺が悪く、咳がひどい。青陽から共に動員された李炳俊は坑内の事故で死亡した。

1992年の新潟の市民団体の調査の際、NHK新潟放送局が同行し、家族に囲まれた盧さん一家を撮影している(『50年目の真実 佐渡金山「強制連行」の傷あと』NHK新潟放送局1992年放映)。

家には現在、末の子の盧安愚さんが住んでいる。家の表札にはノビョング(盧秉九)の文字が残っていた。盧安愚さんは次のように話した。

私は6人きょうだいの末で1976年に生まれた。祖父も父も農業で暮らしていた。父は日本語が少しできた。(事故のためか)指の最初の部分が欠けてなかった。父は丈夫な方だったが、70代になると、肺の病がひどくなり、朝方まで咳をしていた。毎日咳をし、痰も出たので、チリ紙を持ち、筒も置いていた。朝にはごみ箱が一杯になった。母の死後、ここで暮らしていたが、体調を崩して動けなくなり、3年ほど兄たちの暮らす仁川の病院にいた。父の妹は健在で仁川で暮らしている。

村の人によれば、中学校の前に小さな店を開いていが、そこに川があり、雨の日には渡れなくなると生徒を背負って運び、溺れそうになった子を助けたこともあったという。節約して必要なものだけを使っていた。新聞も読み、じっとして居れない性格だった。寡黙に働いた。ここは盧氏一族が居住し、本家は少し上の方にある。(日本が)事実を認めないことに心が痛い、悲しい。三菱は謝罪すべきと思う。強制動員の被害申請はしたが、父は2007年に亡くなった。慰労金は申請しなかった。

1995年に盧秉九さんと共に佐渡で証言したのが尹鍾洸さんである。尹鍾洸さんは青陽郡の木面新興里から佐渡鉱山に動員された。解放後、近くの安心里に家を建てて暮らした。韓式の家には今はだれも住んでいないが、「尹鍾洸」の表札が残っていた。

被害申告からはつぎのような動員状況がわかる。

1941年、家に親、新婚の妻を残して動員された。青陽郡庁に集められ、汽車で釜山に行き、連絡船に乗せられて下関へ行った。そこから陸路で新潟に行き、船で佐渡に動員された。最初は金剛塾で軍隊式の訓練を受けた。仕事は削岩した岩を集める、トロッコで運搬するというものだった。ひどい埃の中で作業させられ、若いころは身体が丈夫だったが、年を取るに従い、咳や痰が多くなった。当時は米がなくてソバが出たが、口に合わず、空腹だった。最初2年という約束だったが、何の説明もなく契約が更新された。休みをとることも自由ではなかった。解放後、釜山港を経て帰還した。

遺族によれば、父は戸籍では1922年生まれだが、実際は1920年生まれ。新興面は同じ家系、尹姓の集姓村だ。尹鎬京、尹鍾甲も動員され、ともに解放後、帰ってきた。動員された人では、尹魯遠やチョンスンヒの名も聞いている。当時、新興里に土地を持ち、農業をしていた。16歳で結婚し、2年後に19歳で動員され、7年ぶりに戻ってきた。日本語が少しできた。興南の日本窒素で働いたこともあったようだ。

帰国後、健康状態は良くなかった。36歳の時に、ここに引っ越してきた。学校の近くであり、文具の店を出し、たばこも売った。朝4時に起きて農作業をした。亡くなる2年前まで仕事をしていた。42歳の頃、クキ茶の商売に出かけたこともあった。パジチョゴリが好きで、外出時によく着た。ものを分かち合う心のある人だった。

⑵強制動員被害者遺族の証言・佐渡集会

2023 年 4 月 21 日、全羅北道の益山から佐渡鉱山に強制動員された鄭雙童さんの遺族鄭雲辰さんが妻と共に佐渡鉱山跡地を訪問した。22 日には佐渡市相川で開催された強制動員の証言と交流の集いに参加した。

1　相愛寮煙草台帳の閲覧と第 4 相愛寮跡地での追悼会

■相愛寮煙草台帳の閲覧

集会前日の 21 日の午前、鄭雲辰さんは佐渡博物館を訪問し、相愛寮煙草配給台帳を閲覧した。佐渡博物館では館長と佐渡市教育委員会社会教育課長が対応した。鄭雲辰さんは父鄭雙童の写真を持参し、原本の閲覧を求めた。折衝の末、博物館は相愛寮煙草配給台帳の原本を提示した。第 4 相愛寮の煙草配給台帳には 1944 年 10 月と 45 年 8 月時点の収容者の名簿があり、そこに「東本雙童」の文字が記されていた。

鄭雲辰さんはこれまで父の動員資料を探してきたが、見つけることができなかった。韓国での強制動員被害の申請は同郷の村人の証言によるものであり、父の動員事実を記した資料に佐渡でやっと出会うことができた。

雲辰さんは父の名前を見つめ、その労働と生活に思いを馳せ、つぎのように話した。「父が連行された足跡を探してきたが見つからず苦労しました。韓国からきて、ここで確認できて、うれしい。協力に感謝します。胸が詰まる思いです。強制動員された遺族は他にもたくさんいます。これからもその人たちが確認できることを願います。父と一緒にこられなかったことが残念です。佐渡では空腹での労働で苦労したと話していました。」。

■第 4 相愛寮跡地での追悼会

同日午後、鄭雲辰さんは佐渡鉱山の近代コース（道遊坑内）を歩き、鉱山近くにあった第 4 相愛寮の跡地などを訪問した。鄭雲辰さんは坑内で感想を問われると、一瞬、涙で言葉に詰まり、「胸がいっぱいです。くらい監獄のようなところで働き、十分に食べることもできなかった。胸が痛い」と話した。世界遺産登録について問われると、「江戸のことだけでなく、強制動員の歴史も隠すことなく真相を明らかにしてほしい」と語った。

鉱山の茶屋の近くの諏訪町には朝鮮人が収容された第 3 相愛寮があった。その近くの万照寺には近代に入っての部屋（飯場）制度の「坑夫人夫」の供養墓があるが、この寺の坂を上ると、江戸期の無宿人の追悼墓がある。その墓に向かう途中の次助町に雲辰さんの父が収容された第 4 相愛寮があった。次助町は鉱山労働者が居住した町であるが、鉱山から急な坂を上がった場所である。仕事で疲れていれば、あるいは負傷していれば、登るにはきつい坂である。坂を上がるなか、体調の優れない雲辰さんは胸を押さえながら、父が動員されての労働の日々を思いやった。

第 4 相愛寮跡地では追悼の会をもった。雲辰さんが寮跡近くの鎮魂の「普明の鐘」を突き、訪問団の代表者が追悼と真相究明への思いを

語った。追悼歌「徴用者アリラン」が歌われると、雲辰さんはその歌詞に関心を持ち、その場で歌詞を朗読した。

「史跡佐渡金山」を経営するゴールデン佐渡で「佐渡鉱山史」（平井栄一）を閲覧した。また、強制動員真相究明ネットワークと民族問題研究所の名で「半島労務者名簿」の公開を求める要請書を出した。この「半島労務者名簿」は新潟県史編纂事業の中で佐渡金山株式会社の資料から写真撮影されたものであり、そのマイクロフイルムが新潟県立文書館に所蔵されている。しかし、非公開である。ゴールデン佐渡の社長に問い合わせたところ、「原本がないものは公開しない」とのことだった。

2　韓国・強制動員被害者遺族の証言と交流の集い

4月22日、相川開発総合センターで、韓国・強制動員被害者遺族の証言と交流の集いがもたれた。集会には80人が参加した。

はじめに現地実行委員会代表の永田治人さんが、被害者遺族の証言を聞く会を開催する趣旨を話し、佐渡鉱山の世界遺産登録において戦時の朝鮮人の強制労働を位置づけることの大切さを語った。

■強制動員遺族調査の現状

集会では、金丞垠さん（民族問題研究所）が韓国の強制動員被害者支援財団の強制動員被害遺族調査を研究所が受けて調査した経過を報告した。強制動員生存者は現時点で1200人ほどとなった。2020年から3年間で約140人の生存者・遺族の証言を収集した。動員された人の多くが貧しい農民だった。動員の証言では、飢え、自由のはく奪、殴打による屈辱、空襲の恐怖、あきらめと虚無などが示された。証言の映像記録も作成している。2022年には佐渡鉱山の被害者1人・遺族6人の証言をえた。2023年には3月の事前調査と4月の現地調査で計5人の遺族と面談した。それにより申泰喆（益山）、金文国（論山）、盧秉九（青陽）らの遺族の証言をとれた。今後の課題は、隠蔽されてきた強制動員の歴史を明らかにし、被害事実を被害者遺族が知らないという現実を変えていくこと、佐渡鉱山の記録と被害者遺族が出会うことで動員の事実を確認すること、強制労働の被害は被害者の生涯全体を貫き、家族の生活まで傷つけたものであるから、それを地域の記憶とすることなどである。

竹内康人（究明ネットワーク）は、佐渡鉱山への強制動員の概要、佐渡鉱山の煙草配給台帳の内容を話し、第4相愛寮には益山出身者が収容され、名簿に「東本雙童」の名があること、遺族が動員期の鄭雙童氏の写真を所持していることを示した。また、動員者の多かった忠清南道の風景、1990年代の佐渡と韓国での調査活動と当時の証言の様子、金文国さんの遺族の2023年現在の姿、佐渡に動員された朝鮮人名簿である「半島労務者名簿」のマイクロ写真が県立文書館に存在することなどを紹介した。

■鄭雲辰さんの証言

つづいて被害者遺族の鄭雲辰さんが父の思い出と佐渡訪問の印象をつぎのように話した。

父の鄭雙童は全羅北道益山（春浦面）で1905年に生まれましたが、一人息子でした。30代後半で、年老いた両親、幼い娘と生まれたばかりの息子、妻を残して佐渡鉱山に連行されました。村に割り当てられた動員人数は二人でしたが、皆が拒否する

なかで、動員されました。村人は無念がる祖父母の姿に胸を痛めたそうです。兄が生まれて郷里で２年ほどは暮らしたというので、1943 年頃に動員されたと思います。母は夫なしで家族の面倒を見ることになり、苦労したと思います。

私は父が帰国した後の 1952 年に生まれました。父は佐渡で銅を掘る仕事をした、空腹が一番つらかったといいました。休みの日に農家に手伝いに行って飯をもらおうとしたのですが、先に食べさえてもらって腹一杯になり、仕事ができずに帰ってきたこと、農家の好意に報いることができなかったことを話しました。一緒に連行された李在花さんは帰国後、後遺症で体を壊しました。

益山は穀倉地帯であり、群山一帯は、当時は日本人地主が多い地域でした。（動員される前）父は日本人農場で堤防を築く仕事もしたのですが、頬を叩かれることもよくあったといいます。屈辱に耐えて黙々と働かなければ、仕事も、賃金も得られなかったのです。

父が動員されたことを証明する記録は何もなかったのです。一枚の作業服を着た写真だけがありました。動員を証明するために村の老人に隣友証明書を書いてもらいましたが、父から詳しく話を聞いておけばよかったと思います。過去を明らかにして二度とこのようなことが繰り返されないようにと考えて、強制動員被害者支援財団が始めた証言採録事業にも参加しました。日本が過ちを認めず謝罪もしないで佐渡鉱山の世界遺産登録をすすめる話を聞くなかで、事実を明らかにして記録しなければならないと切実に考えています。

その中でたくさんの研究者と出会い、日本の研究者が煙草配給台帳の名簿から父の名前を探し出してくれたのです。創氏名のため、父であるという実感は弱かったのですが、記録が残っている事実に驚きました。昨日、名簿の原簿をみることができました。実際にみると胸が詰まり、涙がでました。坑内にも入りました。大変な労働だったと思います。相愛寮の跡地にも行きましたが、坂の上であり、冷たい風が吹き、食堂からも遠い場所でした。被害を明らかにするために努力している人々の姿に感激しました。

30 年前から佐渡と新潟の市民が真相を調査してきたことも知りました。いまだ、多くの被害者遺族が佐渡の名簿と出会えずにいます。父の記録を探す作業が、佐渡に動員されたすべての人々の記録が遺族にきちんと伝えられ、親たちの痛ましい歴史を記憶し、追慕できるようになるきっかけとなることを願います。

集まられた皆さんの正義への努力に心を打たれます。その労苦に感謝し、それを分かち合いたいです。今日の出会いを忘れません。この出会いが次の世代のこころに刻まれる教訓となることを信じます。日本の子どもたちも韓国の子どもたちと交流してください。互いに人間の人権を大切にすれば、平和につながると思います。　〔鄭雲辰さんは帰国後急逝。〕

集会では、佐渡相川に住む小杉邦男さんが 1992 年、95 年の相川での証言集会などを紹介した。小杉さんは、佐渡と韓国をつなぐ会の事務局を務め、相川で長年、活動してきた方である。その後、交流を兼ねて、「佐渡おけさ」や「アチミスル（朝露）」の歌が歌われた。最後に司会の石崎澄夫さんが、佐渡鉱山での追悼集会の活動の経過などを話した。

その後、同じ会場で交流会を持ち、20 人ほどで意見交換をおこなった。交流会では、現地での慰霊塔建設、半島労務者名簿の公開、佐渡に住む父の動員と第２相愛寮への収容などの話も出され、参加した高校生は「対面で、会えないと聞けない話を聞けてよかった」と感想を語った。交流会は「相川音頭」を皆で楽しんで終った。

（2023 年５月、竹内康人報告から抄録）

歴史記憶し日韓友好を

佐渡鉱山動員者の子 足跡たどる

戦中に佐渡の鉱山に動員された朝鮮半島出身者の遺族が現地を訪れ、亡き父の足跡をたどった。当時暮らした寮に関連する名簿に父の名を見つけたとき、息ができないほど胸が詰まった。痛ましい歴史をしっかりと記憶し、次代に伝え、日韓両国の友好につなげてほしいと願う。

集会で証言する鄭雲辰さん。スクリーンに雙童さんの写真が映し出された＝4月22日、佐渡市

市民団体主催 証言と交流の集い

佐渡市で4月22日、「韓国・強制動員の証言と交流の集い」が開かれた。市民らの実行委員会が主催し、約70人が参加。佐渡金山遺跡の世界遺産登録をめぐって日韓が対立するなか、実行委側は「反対しているのではなく、登録には、当時の労働実態などについて政府が事実を認め、韓国と友好関係を築くことが不可欠」としている。

集会に、この遺族の姿もあった。鄭雲辰さん。父雙童さんの帰国から7年後の1952年に生まれ、雙童さんから聞いてきた当時のことを、証言した。

寮名簿に父の日本名 胸詰まる

雙童さん一家が暮らした村には2人の動員が割り当てられており、全員が拒否したためくじ引きで選ばれた。老いた両親、妻、幼子2人と離ればなれになることに、村人たちは心を痛めたという。

農家手伝い食事

鉱山では銅を掘る作業に従事。十分な食事が取れず、いつも空腹だった。休みの日には食べ物を期待して農家の手伝いに出かけ、ご飯をいっぱい食べさせてもらったという。

集会の前日には現地を巡り、雙童さんの痕跡を探した。佐渡博物館では、朝鮮半島出身者を収容した寮からたばこ店へ配給のため送られた名簿「三菱相愛寮煙草配給台帳」の原本を閲覧。雙童さんの名前があるのを確認した。日本の植民地支配下での創氏改名で、「東本雙童」と記されていた。

「佐渡鉱山と朝鮮人労働」（岩波ブックレット）の著書がある歴史研究者、竹内康人さん(66)はこの日、雲辰さんに同行した。翌日の集会では、動員されたとする1500人超のうち100人以上の証言を、韓国と日本の団体による共同調査でまとめたことを紹介。「強制労働でないと否定することはできない。彼らの尊厳の回復が求められる。歴史の事実を消して本当の友好はない」と強調した。また、鉱山の管理・運営会社側に対し、ほかの名簿も公開するよう要請したことも明らかにした。

子どもら交流を

集会の最後、佐渡の子どもたちに伝えたいことを参加者から問われ、雲辰さんはこう結んだ。

「ぜひ韓国の子どもと交流を。同じ人間として互いに人権を大事にする気持ちが平和につながる」

（北沢祐生）

朝日新聞新潟版 2023年5月2日

8　佐渡鉱山･朝鮮人強制労働の調査と課題

(1)　回想、佐渡鉱山・朝鮮人強制連行の調査

林道夫

佐渡市宿根木、称光寺での聞き取り記録（2023年1月、4月）から構成。一部、語句を補足。[48]

2023年4月、称光寺

■生い立ちから伺いたいのですが？

直江津から村民が宿根木に渡ってきて称光寺を作ったんです。称光寺は村の歴史と共にあります。今のお寺の形になったのが約700年前です[49]。

僕は1947年に北千住のおふくろの寺、実家で生まれたんです。4丁目です。親父の名は林道明です。親父の実家は愛媛県です。母親が佐渡から北千住に帰ってそこで生まれたんです。子どものころから小学校にあがるまで、そこでおばあちゃん子で育てられた。

すぐそばに常磐線の引込線があるんです。昔は蒸気機関車。そこに石炭と水の供給場がある。コークスの燃えカスはまだ使えるから、それをみんな拾いに来るわけ。お寺だから、お墓にいろんなお供物があがるのですが、お寺の墓地まで拾いにきたんです。うちのおばあちゃんは埼玉の田舎の生れで、人の面倒見るのが好き、うちに来なさいよ、あまりもので良かったら持っていってと、みんなに親切にしてました。

お寺のすぐそばに長屋があるんですけど、そこに在日の方がおられて、子どものころから在日の子ども達と遊びました。うちのおばあちゃんもけっこうお寺で親しくしていた。4丁目は荒川放水路のすぐ近くです。バラックに在日の方達がいっぱいいた。そこは東京オリンピックの時に撤去されたんですが、僕らが子どもの頃は荒川放水路が遊び場だった。田んぼのあとでタニシ採ったりして遊んだ。それを見て、在日のおじいちゃんやおばあちゃんたちが、団子とかおにぎりとか饅頭をおやつだってくれるわけ。在日の人たちに非常に親切された。

それで小学校を上がってから佐渡に来たんです。兄貴も弟もいて、妹がひとりいて、4人きょうだいです。兄は仏教関係の大正大学に行き、本山修行もしてた。兄貴は母親が違って年上で友達を連れてくるんです。本堂で宴会やって酒を飲むわけです。村のおじいちゃん達がよく帰ってきたなってお祝いしてくれる。その時に60年安保の国会のデモの時の話とか面白そうに学生同士でやってる。その話を聞いてたら、大学って勉強するだけじゃなくて、こんなこともやるのかって。

ぼくはちょっと成績が良かったもんだから、中学校2年の冬に、親父からおまえは坊さん

---

[48] 2023年1月の聞き取りは荒井真理、三村修らがおこなった。同年4月の聞き取りは民族問題研究所が行い、竹内康人、元由鎮、黛正も同席した。ここでは4月の調査の記録を中心にまとめ、1月の記録で補足した。林道夫は2024年3月に逝去、77歳。

[49] 称光寺については林道意（道夫）「「佐渡時宗の系譜」試論」『佐渡の風土と被差別民』（沖浦和光編、現代書館2007年所収）がある。

にならなくていいから、東京の母親の所の寺に寄宿して勉強し、普通に生活しなさいって言われて、出された。それで綾瀬の小菅刑務所の隣の都立高校に入った。

宿根木では中学生だとお祭りには鬼太鼓で村の家々をまわる。その時にお酒がでるので、中学校の頃から飲んだ。佐渡から中学生が東京に出たでしょ。面白くて遊び歩いた。北千住から始まって日暮里、上野、浅草、新宿、池袋と、高校に入っても飲み屋へ。その時、お酒飲んでると、在日の人がおられて、それで最初は仲良く、「おいおまえ、まだ学生か？飲んでいいのか」と言って、そのうち酒が回ってくると怒り出すわけよ。「この野郎、日本人、こんなところで飲んでたら、駄目じゃねえか」と。そこでいろいろ自分の話とか、日本に来た時の話とか、朝鮮の話とかするんです。

■20 代の頃の生活は？

高校の時に新聞部だったんです。60 年安保の後でしょ、70 年を迎えるころ。大学は早稲田の文学部、全共闘運動が盛んな時期で、もう入ったときから全学ストですよ。授業やらないでデモばっかりやってた。大学では日共とか革マルが強かったわけです。革マルとか中核だとか青解だとか、そいつらが演説に来るわけ。おれはそういうセクト〔党派〕が嫌いで、デモとか、政治的な課題には興味を持ってたんだけど、セクトと一緒にやるのが嫌いだった。

大学入った時は授業もないから、セクトじゃなくてノンセクトの政治運動、社会運動をやろうって、サークルの人たちを集めてサークル連合を作って指揮もした。全学ストをやっていたから学内で集会です。その時に僕らの部隊だけで 400 人ぐらいの学生が集まった。早稲田だけじゃなくていろんな他の大学の学生も来てみんなと話す。こんなに集まるんだったら、俺らもなんかやれるんじゃないかって話になった。デモがあると早稲田の学生連れて、ノンセクトの黒ヘル集団と一緒にデモした。70 年安保の話があって、渋谷や池袋で集会をやった。それこそ沖縄までも行ってたよ。北海道のアイヌ独立運動の応援にまで行った。友達に早稲田の在日の学生が多かったんですよ、朝鮮の人たちとも交流したんです。

あちこちに行き、新宿、池袋、渋谷で飲んでると、在日の人たちと会った。最初は親しげに「日本人の学生がよく来たな」って。飲んでるとそのうち怒り出すわけ。「この野郎、日本人がなんでこんなところで飲んでんだ」って。佐渡では、朝鮮人の話、在日の話は聞いたことないから、それで興味を持つようになった。

うちの親父は、シベリア抑留はされなかったけど、満洲に行っていて、終戦当時のロシアの話や中国の共産党の話を、酔っ払うと時々したから、興味は持ってた。親父が中国の話をしてたから、日共左派に興味があった。だけど日共左派や赤軍派は皆つかまっちゃった。

おふくろの生まれた北千住の寺にずっと世話になってたんですが、小遣いがないからアルバイトをやる。その頃、学校行かないで遊んでばっかりだから、おばあちゃんが怒って、「おまえの面倒なんて見ない」って喧嘩ばかり。それで友達の家を泊まり歩いてたんです、大学の時には。だけどそんなに長いこと泊めてくれる人なんていない。バイトしてもそんなにお金入ってこないし、酒ばっかり飲んでるから。こっちの寺では勘当寸前だし、アルバイトやるのにも疲れていた。

そしたら千葉の人が、空港反対の三里塚で田植えや稲刈りをすれば泊めてくれるし、お酒も飲ませてくれると誘った。三里塚に行ったらもうすっかりハマっちゃった。普通の学生だと田植えとか稲刈りなんてしたことないでしょ？僕らは佐渡にいたから、小学生の時から田植えや稲刈りの手伝いなんかしてたわけ。昔のこと思い出して、佐渡の話を、おじいちゃんとおばあちゃんとすると、林君はそんなところで生まれたのかって。8年ほど大木よねさんの所で田んぼと畑を耕しました。今、飛行場の駐車場になってます。空港反対運動が盛んな頃で、東峰十字路で学生の部隊が機動隊とぶつかり、機動隊３人が亡くなった。指揮者はみな氏名手配されて逃げ回っていた。公安には蹴っ飛ばされ、そんなに長いことはいられない。小木に帰ってからも５～６年は小木の警察が監視した。警察が来てね、何やってるとか言ってね、佐渡で変なことするんじゃねえぞって警察が見回りに来ていた。

■佐渡での強制連行調査のきっかけは？

ある日突然、称光寺の総代５，６人が来て、おまえの父親が喉頭ガンでお経を読めなくなった。寺のおかげで大きくなったんだから、佐渡に帰ってきて、称光寺の跡取りが決まるまで寺の面倒を見てくれと直談判された。弟は修行している兄貴にやらせるから、しばらくみてというんです。坊さんはお経読んでいれば、金入ってくるから、中学校の時からアルバイトで寺の仕事を手伝った。母親のお寺の手伝いもしたからできないわけじゃない。

当時、好きな女の子がいて結婚するつもりで同棲していたんです。こっちで結婚しようと思って女の子を連れて帰ったんです。それで２ヶ月ぐらい、親父の代わりにお寺であれこれした。朝から爺さん婆さんが来て話をする、若い衆が来てここで宴会する。こんなところにいられない、いやだって、女の子は逃げちゃったわけです。兄貴か弟が来るまでに所帯を持とうかと思ったけど、ダメだった。

僕はお酒が好きだけど、近くで飲むと寺だからうるさい。だから小木の街に出て飲むんです。小木に在日の方がおられた。その人が最初は愛想がいいわけよ。戦争中はどうだったという話をすると、最初は日本人が親切してくれたとか、愛想がいいんだけど、そのうち酒が回ってくると「この野郎」とか言って本音を吐くわけです。いじめられた話とか。自分の身の回りにも在日の朝鮮人がいたんです。

「小木町史」にも佐渡の歴史の本にも朝鮮人の歴史は書いてないわけです。佐渡に戦争中に朝鮮人が来ていた、佐渡には在日の人達の歴史があるけれど、それが郷土史の中に書かれてない。これはどうなってんだろうと思って、帰ってきて色々調べてみた。うちの親父も歴史に興味があって「小木町史」を編纂し、宿根木の民俗博物館の仕事もしていた。僕も歴史が好きになって、色々話を聞かせてもらったんです。

それで、町史や佐渡の歴史の中に在日の歴史を書き留めておきたい、自分でも何か伝えなきゃいけないって思ったんです。在日の話だと、小木じゃなくて相川の鉱山の話が中心になるわけです。その話を聞こうかと思って相川に行ったんです。相川の町のなかでは在日の人たちの話はなかなか聞けなかった。在日の人も最初のうちは愛想いいけど、この野郎、何しにきやがったんだって話になる。日本人が俺らの歴史ってどうするって怒り始める。喧嘩しながらの調査です。これは相川の町の人たちが中心になってやらなきゃ、ダメだなと思ったんです。

在日の人はクリスチャンが多く、相川の教会に通っていました。戦争中にも教会に通った朝鮮人がいたんですが、その話も出なかった。それで教会の日曜集会で声をかけると、やっと話をするようになった。在日の人もやっと口を開くようになったんです。教会と協力してくれる牧師さんの存在は大きかったんです。相川の町の人も在日の人も、最初は日本人も朝鮮人も仲良く暮らしてたんだ、もめ事はなかったって話になる。でも教会で本音を聞くと、そんなことないよ、日本人にいじめられたとなるわけです。やっと本音が聞けるようになったんです。

■韓国での調査はどのように？

張明秀がいました。新潟で中津川での朝鮮人労働者の虐殺事件の調査など、いろいろ運動していました。僕は直江津の捕虜収容所の話などを聞きに時々新潟に出ていたんです。相川の鉱山の話も張明秀から聞きました。新潟に在日の方たちがいて、戦争中の話を飲み屋でしてくれたんです。新潟では黛正（まゆずみただし）さんが運動をやっていました。

相川鉱山で朝鮮人の労働者が亡くなってるわけです。朝鮮人労働者、強制連行のことを聞き取りに行くと、強制連行なんてなかった、一緒に酒を飲んだ、好きで日本に来たと、自分たちの勝手なことばっかり言う。相川の町の人たちは反応がないから、佐渡でもちゃんと歴史を残すような動きをしないといけないと思ったんです。

僕が相川で会った朝鮮人は４、５人だけど、鉱山に動員された人達はみな敗戦の時に帰ったんですよ。ただ韓国に帰ってもしょうがないって残った人がいて、その人たちから飲み屋などで話を聞いた。

相川の町史を編纂していた本間寅雄さんが相愛寮の煙草配給台帳の名簿を紹介してくれたんです。労務係からの手紙や聞き取りのテープもありました。この相愛寮の名簿資料を手がかりに韓国に行きました。新潟の領事館の人たちも関心を持ち、韓国の方とも色々と連絡を取り、張明秀さんも一緒に動いたんです。日本の領事館は全然だめで、愛想なし。日本と韓国の問題は話がついているといって取り合ってくれなかった。

ソウルから論山まで遠いでしょ？領事館の人が調査してくれた。現地まで行って話をやっぱり直接聞かなきゃいけないなと思って、聞き取りをしたんです。韓国でも調査してないわけ。記録として残っていないから、残したかったんです。

新潟には組織を作って運動している人たちがいたけど、佐渡には何もなかった。それでまず佐渡の中に市民の組織を作りたい、相川や佐渡の歴史にも残っていないから、佐渡の歴史のなかに残したい、ちゃんとした調査をしておかないといけないと思ったんです。それを支える市民の動きを作り、その歴史をちゃんと押えてたいと思いました。相川に受け止める組織を作らないといけないということで、小杉邦男さん達が中心になってやってくれた。小杉さんは事務局になり、町会議員にもなります。それで相川での動きがはじまった。相川で運動する時は、相川の人たちが組織を作り、お金を集めた。その金を僕は使わない。団体のお金を使ってどうこうするのは嫌だった。飯食ったり、酒飲んだりの旅費は個人持ちです。

韓国に行った時に、盧秉九さんや遺族の金平純さんたちと会いました。連行の記録が佐渡の歴史に記されていない。やっぱり佐渡、相川の人たちに戦前の歴史を記し、ちゃんとした記録として残したい、韓国の人たちとの交流を残したいという気持ちがあったんです。いまどんな気持ちでいるのかを聞きたかったのです。実際、韓国に行って話を聞くと鉱山労働の実態がわかるんです。どういう待遇だったのか知ることができるんです。[50]

最初のうちは日本からよく来たねって飲むんですが、そのうち村中から人が集まり、日本の悪口、戦争中の悪口をわあっと言うんです。酒飲んだら怒りだした。牧師さんが止めてくれて、そんなこと言うもんじゃない、わざわざ日本からホントの事聞きに来たんだから、ってね、間に入ってくれて。それこそ焼酎のビンを庭に向かって投げたりしなんかして、何で日本人がここにいるんだ、ってね。

韓国に行って初めて、朝鮮人であること、クリスチャンであることから相川でいじめられていたと、聞けた。教会に行くとはじめて本音の話ができた、町の中では本音が言えなかったと言ってました。相川では日本人も朝鮮人も同じで戦争中大変だったという話しかしなかった。そんなことはないよ、って話しになって。朝鮮の田舎に行っておじちゃんたちが飲みながらやっと本音を話してくれた。

---

[50] 1992年韓国調査の際、李吉子が「調査に来るのが遅すぎた」と言うと林道夫はつぎのように話している。「加害者の側の日本人の側からこの問題を見た時、佐渡、相川の町で普通に暮らしてる人たちは、その過去に何事も無かったように生活しているわけですけど、過去に、人間として非常に不幸な、人が人を傷つけたということが隠されたまま、今日まで来てしまっている。韓国に来てみれば、普通に野良仕事をし、町中で暮らしてる人たちの過去に、やはり償わないまま、この問題が未解決のまま残っている。そういう人と人との問題をはっきりさせなければいけないのです。」

佐渡鉱山に連行された被害者や遺族を２回、92年と95年に呼んだのですが、相川の人たちの反応は今ひとつでした。放送関係の取材は多かったのですが、相川の人たちには、戦争中のことなんか今さら引っ張り出してもしょうがねえ、強制連行とかそういうことはない、強制労働なんかさせたことがないって、そういう認識が強かった。自分たちも大変だった、韓国の人たちだけが大変だったわけじゃないっていうんです。最初は20、30人いたのに、途中で帰ったりして、最後の話の時には５、６人しか残ってないこともありました。

1995年には、厚生年金問題で役所（県と国）と交渉したけど、役所って反応がないわけ。そんな厄介な問題に関わりたくないから。黛さんたちの市民運動やってる人たちの協力でやりました。

それから韓国調査の記録は残っているんだけど、それがきちんと整理できてないんです。それがちょっと残念だなと思っているんです。相川の歴史の中に朝鮮人の強制連行をちゃんと位置付けたい。

■最近の動きをどう見ますか？

先日、韓国の国会議員の方が来て、交流したわけです。10数人来たけど、みんな僕よりずっと若いわけ、女性の方もいて。僕はその時、国会議員ですから皆さんの中に政治的な社会的な課題があるのはわかるんだけど、あなたたちの人間として生きてきた歴史とか、在り方とか、そういうものとどう関わってるのかを、ちゃんと言うべきだと思う。ここに来て政治的な社会的な課題だけを話しあうことに、僕はあんまり興味ないって言った。通訳の人が怒ってそんなこと言うなと通訳しなかった。

韓国の国会議員だから、世界遺産登録にふざけんじゃねえって話でしょ？この課題を日本の歴史、相川町史とか新潟県史に皆さんが取り上げるんなら別だけど、ただ世界遺産になることに反対している。僕は世界遺産になろうがなるまいが、そういう政治的な社会的な課題に首を突っ込みたくない。

やっぱり相川の歴史の中に、佐渡の歴史の中に、在日の人たちの歴史をちゃんと残したいと思っている。僕らが話したこととか、その調査の資料は残ってるわけですよ。その意味で、いまは体を悪くして動きが取れなくなって外に出ることもできなくなったけれど、元気な時に活動できたことはよかった。韓国に行って、ここでの労働生活で亡くなられた方たちのお墓参りをしたかった。

僕は韓国の人たちの体験の話を聞くのが好きなんです。政治的に社会的な問題としてばかりでなく、それも課題として取り組まなきゃいけないけど、それ以上に、人としてどういうふうに生きてきたとか、そういうところに興味がある。戦争中とか戦後の日本と韓国の中で人としてどう生きたのか、僕はそっちの方に興味があった。一緒にお酒飲んだり、怒鳴りあいながらそういうのを聞き取りしたりするのが好きでね。僕としては、在日の問題を社会的な、政治的な課題としてではなく、自分の問題として、個人の問題として捉え、人間としての生き方、人としてのあり方として捉えたかった。

あとは、元由鎮（ウォンユジン）さんや黛正さん達がいるからね。ウォンさんは朝鮮人労働者追悼の踊りを2015年に相川でやった。朝鮮人労働者の魂が朱鷺になって飛んでいるという踊りです。この宿根木公会堂でも踊ってもらったんですが、それが良くて、おばあちゃん達は大喜びでした。ウォンさんの踊りってすごいんだから。黛さんやウォンさんと出会って、だんだん運動が広がった。僕はウォンさんや黛さんのような人たちと出会い、交流するのが楽しかったです。

佐渡鉱山朝鮮人労働者をめぐる歴史研究の現況

佐渡・新潟の人々の活動を中心に[1]

吉澤文寿

本稿は、佐渡鉱山朝鮮人労働者をめぐる歴史研究の現況について、既存の研究を紹介し、歴史研究の現況について解説することを目的とする。筆者は朝鮮人戦時強制動員をめぐる研究成果を踏まえて、朝鮮をめぐる植民地支配責任について研究し、発言してきた。本稿においても、管見の限りであることを断りつつ、基礎史料、佐渡・新潟市民による被害調査および被害者との交流の軌跡を簡潔に紹介したうえで、歴史研究としての現況を整理するとともに、「佐渡島の金山」世界遺産登録を目指す動きに連なって現れてきた朝鮮人強制連行否定論についても言及する。

1. 基礎史料

基礎史料としては以下に掲げるものが挙げられる。ただし、後述するように、平井栄一編著はその原本が株式会社ゴールデン佐渡によって保管されており、その複写版（マイクロフィルム）が新潟県立図書館に所蔵されているものの、所有者の許可がないという理由で閲覧ができない[2]。また、朝鮮人戦時強制動員の実態解明の手がかりになったのは佐渡博物館が所蔵する煙草配給台帳である。この史料は劣化が激しいという理由で、その原本を閲覧することができないが、紙製の複写版の閲覧が可能である[3]。

強制動員の実態を知るためにはなるべく労働者に近い史料が必要となる。その意味で杉本奏二の手記および渋谷政治への聞き取り史料は、相川町史編纂室の本間寅雄氏が尽力して収集したものであり、非常に貴重である。『新潟県史』『佐渡相川の歴史』などの自治体史も基礎史料である。そのほか、この資料集に収録されている張明秀によるルポルタージュは故郷の人々を佐渡鉱山に勧誘する役割を果たした労働者募集を担当した朝鮮人男性の妻へのインタビューが元になっている。

平井栄一編『佐渡鉱山史其ノ二』太平鉱業（株）佐渡鉱業所、1950 年
佐渡鉱業所「半島労務管理ニ付テ」1943 年 6 月（『在日朝鮮人史研究』第 12 号、1983 年 9 月所収〔長沢秀解説〕）
「三菱第一相愛寮　煙草配給台帳」「三菱第三相愛寮　煙草配給台帳」「三菱第四相愛寮　煙草配給台帳」佐渡博物館蔵。
「杉本奏二手記（書簡）」（本間寅雄宛私信）」1974 年
「渋谷政治聞き取り資料」（本間寅雄聞き取りテープ）」1973 年、1979 年

---

1 本稿は東北亜歴史財団主催国際会議「日本の産業遺産と消えていく声：記憶・人権・連帯」（2023 年 6 月 9 日、東北亜歴史財団、ソウル）で発表された原稿を底本として、この資料集の解説文として読みやすくするために、加筆修正したものである。

この場をお借りして、佐渡鉱山朝鮮人労働者の実態解明に尽力して逝去した張明秀氏、広瀬貞三氏、そして林道夫氏に心より哀悼の意を表したい。

2 田玉恵美「世界遺産めざす佐渡金山　資料の有無すら言えぬとは」（『朝日新聞』2023 年 12 月 2 日、朝刊 13 頁、東京）

3 これらの資料閲覧に関する状況は、2024 年 4 月 4 日現在である。

『新潟県史　通史編八　近代三』新潟県、1988 年
『佐渡相川の歴史　通史編　近・現代』相川町、1995 年
張明秀「50 年待った夫は日本で結婚していた　佐渡連行の朝鮮人とその家族の傷跡」(『月刊 ASAHI』1992 年 9 月)

また、映像資料として、以下の２点は必見である。

(1)『五〇年目の真実　佐渡金山　強制連行の傷あと』NHK 新潟、1992 年 6 月 4 日放送
(2)「佐渡鉱山朝鮮人強制労働追跡調査」コリアン強制連行等新潟県研究会、1991 年

このほか、「過去・未来　佐渡と韓国（朝鮮）をつなぐ会」、「佐渡鉱山労働者を追悼する集い」（佐渡扉の会）などに関連する資料がある。これらは 1991〜1995 年に佐渡・新潟の市民や韓国の被害者およびその遺族が往来した際に収集された口述などの記録である。

2. 佐渡・新潟市民による被害調査および被害者らとの交流

現在、佐渡および新潟の市民らで「佐渡鉱山・朝鮮人強制労働資料集編集委員会」を作り、吉澤を代表、小杉邦男氏を顧問とし、竹内康人氏の責任編集で資料集を作成している。その内容は「佐渡と韓国（朝鮮）をつなぐ会」、「佐渡鉱山労働者を追悼する集い」（佐渡扉の会）などに関連する雑誌記事、集会資料、証言、被害者名簿などである。佐渡・新潟の市民による被害調査および朝鮮人被害者らとの交流の概要は次の通りである。

（前史） 1960 年代から新潟県内における被差別部落や小作争議、労働運動の歴史研究が行われてきた。これらの研究成果の関心は、県内における人権問題を告発し、差別の歴史を明らかにすることである。朝鮮人労働者の歴史研究はその延長線上にある。県内の高校教員の佐藤泰治氏、木村昭雄氏らの有志によって、新潟県内における朝鮮人労働者の歴史研究の成果が公表されるのは 1980 年代からである。これらの研究成果は新潟県や相川町の自治体史に反映されている。

1988 年 11 月、同年８月に結成された中津川朝鮮人虐殺事件など調査報告実行委員会が同事件の調査報告集会を新潟県内（津南、上越、長岡、新潟、佐渡）で開催する。この団体はコリアン強制連行等新潟県研究会と改称する。

1991 年 8 月、小木町在住の林道夫氏、コリアン強制連行等新潟県研究会の張明秀氏らが相川町史編纂室を訪問し、編集委員の本間寅雄氏から相愛寮煙草配給台帳のコピーを入手。林氏らは名簿を作成した富田毅氏にも面会し、名簿作成と保存の経緯を確認した。

前述の「基礎史料」リストのうち、**「杉本奏二手記」**や**「渋谷政治聞き取り資料」**は本間氏による郷土史、自治体史編纂のための調査で残されたものといえる。

1991 年 11 月、コリアン強制連行等新潟県研究会の伊藤岩（いわお）氏、林氏等５人が韓国忠清南道（論山）を現地調査。前国会議員（民主党の林徳圭氏）の協力を得て、大田日報に記事を掲載し、調査への協力を呼びかけた。被害者２名から証言を得るとともに、『論山地域の独立運動史』掲載名簿なども入手した。**映像資料は前述の（1）である。**

1991 年 12 月、相川町で「佐渡鉱山・朝鮮人強制連行調査報告集会」を開催。林道夫氏、張明秀氏等が経過や被害者の証言を報告し、翌日にフィールドワークを実施した。

1992 年 4 月、ＮＨＫ新潟と日程を調整し、林氏、張氏、ＮＨＫ新潟の宮本英樹氏らが韓国で調査し、ソウル、大田、論山を訪問した。民主党論山支部が事前調査した論山郡城東面院南里の住民、『論山地域の独立運動史』名簿で確認できた者、さらに新聞報道で調査団来韓を知って連絡してきた被害者の娘らから証言を得た。このときに、三菱の労務係として村民を募集した男性の妻と、男性の弟からも証言を得る。**映像資料は前述の（2）である。**

1992 年 9 月、相川町と新潟市で「佐渡鉱山で働いた韓国人を迎えるつどい」を開催した。この過程で「過去・未来－佐渡と韓国をつなぐ会」（以下、つなぐ会）が結成され、林氏が代表、小杉邦男氏、金山教勇氏が事務局を務めた。この集会では韓国から被害者の鄭炳浩氏、盧秉九氏、李相鎬氏、被害者遺族の金平純氏、李吉子氏が招待され、証言を行った。

1995 年 7 月、被害者の厚生省への「厚生年金の期間確認書」の交付請求のため、本人・遺族からの委任状を受け取りに、「つなぐ会」会員 8 人が訪韓した。

1995 年 8 月、「過去・未来－佐渡と朝鮮をつなぐ会」が会則を整えて正式に発足した。

1995 年 11～12 月、「つなぐ会」は韓国から盧秉九氏、尹鐘洸氏、金平純氏を招請した。厚生年金脱退金未払問題を話し合うため、新潟県庁、厚生省のほか、政府与党 3 本部（当時は自由民主党、日本社会党、新党さきがけの連立政権）などを訪問したのち、相川町で証言集会「『戦後 50 年』佐渡鉱山で働いた韓国人を迎え証言を聞く集い」を開催した。

1996 年から 2014 年まで、「つなぐ会」として目立った活動をしている形跡はない。注目される関連活動は以下の通りである。

1995 年 7 月 29 日、戦後 50 年を期に朝鮮人・中国人強制連行や 731 部隊などの問題に取り組む県内の市民グループのネットワークとして、戦争責任・戦後補償問題新潟県連絡会（以下、連絡会）が結成される。

1999 年 5 月 16 日、連絡会が主催し、新潟港で強制労働され、スパイ容疑で広島刑務所に服役中に被爆した中国人張文彬氏の損害賠償訴訟を支援する会の準備会結成集会が開催される。

2002 年、在日本朝鮮青年同盟新潟県本部が一年間かけて津川、十日町、小出、佐渡、上越 などの朝鮮人労働者の現場を調査する。

2007 年 8 月、新潟県高等学校教職員組合平和教育研究委員会が佐渡鉱山の朝鮮人労働現場などをフィールドワークする。

2015 年 10 月、「佐渡鉱山の労働者を追悼する集い」が相川体育館で開催された（佐渡市、佐渡市教育委員会後援）。江戸時代の無宿人の過酷な労働から、戦時朝鮮人強制労働まで、佐渡鉱山で働いたすべての労働者を追悼するという趣旨であった。新潟在住の元由鎮氏（アリラン保存会日本支部長）が真言宗僧侶を交えて追悼の踊りや朱鷺の舞いを踊り、韓国から来日した三陟舞踊団による踊りが披露された。1995 年当時の集会などの写真展示も行われた。翌年から「佐渡鉱山の労働者を追悼する会」が佐渡市相川の総源寺の供養塔を囲んで追悼式を行い、現在に至っている。

また、2022 年 2 月 1 日に日本政府が「佐渡島の金山」の世界遺産への推薦を決定したことを契機として、「つなぐ会」や佐渡扉の会などの市民らは、30 年前に行った真相調査や被害者およびその遺族との交流の成果を活かす活動を再開している。2023 年 4 月 22 日には佐渡市相川で「つなぐ会」メンバーらが韓国の民族問題研究所と協力して、被害者遺族の鄭雲辰氏による証言を聞く集会を開催した。

3. おもな研究成果

戦前の新潟県内における朝鮮人労働者について研究論文が発表され始めたのは 1980 年代以降である。傾向としては、県内における労働運動や被差別部落の歴史研究が先行し、その作業の中から朝鮮人労働者についての記録が発見され、研究の糸口になったようである。そのおもなものは以下の通りである。このほか、『新潟県部落史研究』第 3 号（1980 年）および第 4 号（1981 年）、『新潟近代史研究』第 3 号（1982 年）などに佐藤泰治氏らが論文などを執筆している。

佐藤泰治「新潟県中津川朝鮮人虐殺事件」（『在日朝鮮人史研究』第 15 号、1985 年 10 月）
佐藤泰治「新潟県における朝鮮人労働者の処遇」（『魚沼文化』第 27 号、1987 年）
橋沢裕子「新潟県における朝鮮人労働運動―新潟県朝鮮労働組合を中心に―」（『在日朝鮮人史研究』第 17 号、1987 年 9 月）
長沢秀「新潟県と朝鮮人強制連行」（『在日朝鮮人史研究』第 19 号、1989 年 10 月）

佐渡鉱山の朝鮮人労働者についての本格的な研究成果は 21 世紀を待たなければならない。その間の時期については**竹内康人『佐渡鉱山と朝鮮人労働』**に詳しく紹介されている。1991 年に佐渡の市民が前述の煙草台帳の存在を知り、本間寅雄氏を訪ねたことが契機となり、佐渡および新潟の市民が佐渡鉱山朝鮮人労働者についての調査を始めたのである。1995 年には被害者の厚生年金脱退金未払問題について、市民と被害者らが連携して、当時の厚生省にも出向き、事実の究明を求めるなどの活動を行った[4]。

これらの活動が行なわれている間には佐渡鉱山の朝鮮人労働者を主題とする学術研究が現れなかった。しかしながら、2000 年、近代朝鮮土木史を専門として新潟国際情報大学に勤めていた広瀬貞三氏が佐渡鉱山に関する史料を収集して、その研究成果を同大学の紀要に発表した。被害者や遺族による運動とアカデミズムの結合はこのときにようやく実現したといってもよいかもしれない。ただ、その継続研究が発表されて来なかった。このテーマへの関心が再び高まるのは、「佐渡島の金山」として佐渡鉱山などの史跡を「世界遺産」として登録する動きと、佐渡鉱山における朝鮮人強制動員を否定する動きが顕在化したことが契機となった。2019 年以降の研究成果は韓国からの調査チームによるものも含め、続々と発行されつつある。

広瀬貞三「佐渡鉱山と朝鮮人労働者（1939～1945）」（『新潟国際情報大学情報文化学部紀要』第 3 号、2000 年 3 月
広瀬貞三「（資料）資料紹介 朝鮮人労働者と佐渡鉱山、三菱鉱業の史料（1）」（『福岡大学人文論叢』第 54 巻第 1 号、2022 年 6 月）
責任研究員 鄭恵瓊（チョン・ヘギョン）『日本地域の炭鉱鉱山における朝鮮人強制動員の実態―三菱鉱業（株）佐渡鉱山を中心に―』日帝強制動員被害者支援財団、2019 年（朝鮮語版）、2021 年（日本語版）
鄭恵瓊「『朝鮮人煙草配給名簿』でみる三菱鉱業佐渡鉱山朝鮮人強制動員」（『韓日民族問題研究』第 43 号、2022 年 12 月）
金敏喆（キム・ミンチョル）「佐渡鉱山への朝鮮人強制動員」（強制動員真相究明ネットワーク資料 https://ksyc.jp/sinsou-net/ 2022 年）
強制動員真相究明ネットワーク・民族問題研究所『日韓市民共同調査報告書　佐渡鉱山・朝鮮人強制労働』（2022 年）
竹内康人『佐渡鉱山と朝鮮人労働』（岩波書店、2022 年）

---

4 竹内康人『佐渡鉱山と朝鮮人労働』岩波書店、2022 年の第 4 章「証言からみた強制動員」より。

また、新潟県高等学校教職員組合平和教育研究委員会は以下の小冊子を作成している。これらは既存の新潟県における朝鮮人労働者らの歴史研究の成果を広めるために編集されたものである。しかしながら、今日までに佐渡および新潟の人々の郷土史として、これらの朝鮮人の足跡が刻まれ、語り継がれているとは言いがたい。今後のさらなる歴史研究とともに、学校などの教育機関内外における歴史教育にも、大きな課題が残されていると言えるのではないだろうか。

『新聞などに見る新潟県内韓国・朝鮮人の足跡』2006 年 12 月
『平和教育ガイドブック　新潟県内における韓国・朝鮮人の足跡をたどる』2010 年

4. 朝鮮人強制連行否定論について

西岡力氏ら「歴史認識問題研究会」は佐渡鉱山ばかりでなく、日本の朝鮮植民地支配の加害性全般を否定する主張を流布している。佐渡鉱山に関連するまとまったものとしては、歴史認識問題研究会編『佐渡金山における朝鮮人労働の実態』(2022 年) が挙げられる。しかしながら、同書に所収されている西岡力「朝鮮人戦時労働と佐渡金山」の趣旨は、この報告冒頭に掲げた 2 つの鉱山会社側の資料に依拠して、朝鮮人労働者の証言を無視して、近年の研究成果を否定しようとするものである。

例えば、鄭恵瓊氏が責任編集者となった報告集で「1940 年 11 月『募集』のかたちで佐渡に渡るが到着して『徴用』ということが分かった」という林泰鎬の証言を引いている。鄭は林が「割当募集」による動員を「自由な状態の労働者」と思ったが、実は「強制的状態の労務者」だったということと解釈した。ところが、西岡は「徴用は 1944 年 9 月から始まった。40 年 11 月の時点では募集だった」(15 頁) として、これを一蹴する。

しかしながら、朝鮮人被害者の証言に即していえば、「募集」として集められたとしても、リクルートの段階で十分な説明を受けないまま、朝鮮半島から日本列島の脇に浮かぶ佐渡島の鉱山に連れて行かれたというべきである。1939 年に労務動員計画が策定された後、企業の募集係が朝鮮に渡り、現地の植民地警察などに頼んで人集めをしていた実態を推察できる証言を西岡はまったく採用しない。

また、西岡は平井『佐渡鉱山史其ノ二』の目次、844～846 頁の写真版 (以下、『研究会版』) を入手したとして、歴史認識問題研究会のホームページに掲載した。広瀬貞三氏はこれまで知られていた史料 (以下、『佐渡市版』) の内、欠落していた 845 ページが公開されたことを「西岡の功績」と評価しつつも、次のように辛らつに批判する。

> **しかし、西岡は歴史学者ではないので、史料に対する取り扱いが杜撰である。第一に『研究会版』の写真をどこから入手したのかを明らかにしていない。新史料が発見される場合、その所蔵先が重要である。公表できない理由があるのだろうか。第二に一般的に史料は単独ではなく、史料群として発見されることが多い。これ以外に佐渡鉱山に関連する資料があったのかどうかを明らかにしていない。第三にこれまですでに知られていた『佐渡市版』との校訂を行っていない。**
>
> **歴史学研究では新史料を発掘して公開する時は、新史料の全てを熟読し、先行史料や 先行研究を十分に調査して、その新史料を総合的に評価する。しかし、西岡はその基本的な作業を行っていないので、三つの誤りを犯している。第一に、原文は非公開でどこかに保管されているかもしれないが、前述したように『佐渡市版』は非公開ではなく、すでに 2010 年 3 月から 2014 年 3 月にかけて全文が活字化され、『報告』(『佐**

渡金銀山の歴史的価値に関する歴史学的・史料学的研究』）6 冊は各機関に多数送られている。これを使って、2013 年 2 月には研究論文すら刊行されている。このことを知らない。第二に『佐渡市版』で 846 ページは公開されているが、845 ページが欠落していることを知らない。第三に朝鮮人労働者に関する記述が 848 ページにもあることを知らない[5]。

率直に言うと、西岡らが目指しているのは歴史研究ではなく、歴史研究の否定である。植民地支配終結後に市民や研究者らが丹念に史料や証言を集めて朝鮮人の歴史を明らかにしてきた。それらの成果に対して、西岡らは日本の植民地支配の加害性の否定という一点で運動をしているに過ぎない。これは、この報告において西岡らの著作を「研究成果」に含めなかった最大の理由である。歴史研究を目指すものではないので、当然ながら、学問的手続きが無視されているか、杜撰になっている。

佐渡鉱山の朝鮮人労働者の歴史を考察する上で、このようなまことしやかな「言説」を極力退けていく必要がある。しかしながら、現在の日本において、西岡らの言説はあたかも「強制連行／強制動員」説に対抗する「学説」であるかのような扱いがなされている。その背景にはそれぞれの立場における「怠慢」がある。第一に、学会として朝鮮人強制連行の歴史解明に十分取り組んでこなかったこと、第二に、教育行政において、学識をまったく踏まえない「閣議決定」などに即した教科書改訂ならびに現場での教育がなされていること、そして、第三に、本稿で紹介してきた貴重な研究成果と、それを否定する謬見を同列に並べて、「両論併記」に終始する報道がなされていること、などである。

佐渡鉱山の朝鮮人労働者の歴史は、何よりも新潟・佐渡の人々の郷土史である。佐渡鉱山に多くの児童が修学旅行に行くが、この歴史を学ぶものはほとんどいない。日本の学校にも朝鮮人が通っている。新潟・佐渡で暮らす人々にとって、日本人と朝鮮人がさまざまな「交流」をした歴史は郷土史として知られるべきである。そのためには、今までの研究成果に真摯に向き合う姿勢が求められている。

---

[5] 広瀬貞三「（資料）資料紹介 朝鮮人労働者と佐渡鉱山、三菱鉱業の史料（1）」、15 頁。

(3) 佐渡鉱山での強制労働研究の現状・課題

広瀬貞三

はじめに

1939年7月に日本政府（平沼騏一郎首相）は「労務動員実施計画」を閣議決定し、この一環として同年9月から朝鮮人労務動員を始めた。日本政府はこの時点から1945年8月まで、朝鮮人労務動員政策（募集、官斡旋、徴用）を実施した。日本、韓国の学界ではこの3段階の動員政策を総称して、「強制連行」、「強制動員」とよぶのが通説である。「募集」は1939年9月から、「官斡旋」は1942年2月から、「徴用」は1944年9月からである。以下、煩雑なので、カッコは省略する[1]。

こうした枠組みの中で、佐渡鉱山での朝鮮人労働を強制連行、強制動員とする見解が圧倒的に多数である。この視点にたつ研究として、広瀬貞三、チョン・ヘギョン（정혜경）、キム・ミンチョル（김민철）、竹内康人のものがある[2]。特に竹内は最近多くの新史料を発掘し、精力的に研究を進めている。2022年7月新潟市で行った報告レジュメは現時点で最良のものである。

これに対して、佐渡鉱山の朝鮮人労働は「強制連行、強制労働ではなかった」と主張するごく少数のグループに、西岡力、イ・ウヨン（이우연）がいる。彼らの主張は歴史認識問題

---

1 全体像については、山田昭次・古庄正・樋口雄一『朝鮮人戦時労働動員』（岩波書店、2005年）、チョン・ヘギョン（정혜경）『朝鮮人強制連行・強制労働Ⅰ日本編』（선인、2006年）（朝鮮語）、外村大『朝鮮人強制連行』（岩波書店、2012年）、チョン・ヘギョン『徴用・供出・強制連行・強制労働』（선인、2013年）（朝鮮語）参照。

2 広瀬貞三「佐渡鉱山と朝鮮人労働者（1939～1945）」『新潟国際情報大学情報文化学部紀要』3号（2000年3月）、チョン・ヘギョン『日本地域の炭鉱鉱山における朝鮮人強制連行動員の実態—三菱鉱山（株）佐渡鉱山を中心に』（韓国・日帝強制動員被害者支援財団、2019年）（朝鮮語）（以下、支援財団とする）、広瀬貞三「佐渡鉱山と朝鮮人労働者＋新史料」報告レジュメ（強制動員ZOOM講座、2021年10月23日）、チョン・ヘギョン『日本地域の炭鉱鉱山における朝鮮人強制連行動員の実態—三菱鉱山（株）佐渡鉱山を中心に』（韓国・支援財団、2021年）（日本語）、チョン・ヘギョン「資料を通して見た「佐渡鉱山」強制動員の実態」『日本世界遺産登載推進「佐渡鉱山」強制動員の歴史歪曲』シンポジュウム（支援財団、2022年1月27日）『報告集』（朝鮮語）、チョン・ヘギョン「名前を記憶せよ一三菱佐渡鉱山朝鮮人強制動員」『日本の佐渡鉱山世界遺産登載強行による対応と展望』シンポジュウム報告レジュメ（韓国・東北亜歴史財団、同年2月16日）（朝鮮語）、キム・ミンチョル（김민철）「佐渡鉱山と朝鮮人強制動員に関する調査報告書」強制動員真相究明ネットワーク（https://ksyc.jp/sinsou-net/）（同年）、竹内康人「佐渡鉱山の朝鮮人強制労働、その否定論を問う」『RAIK通信』（在日韓国人問題研究所）188号（同年2月）、竹内康人「佐渡鉱山での朝鮮人強制労働—強制労働否定論批判」報告レジュメ（強制動員真相究明ネットワーク、同年2月27日）、竹内康人「佐渡鉱山での朝鮮人強制労働」『科学的社会主義』288号（2022年4月）、竹内康人「佐渡鉱山が世界遺産になるために一問われる「強制労働」の直視」『世界』同年5月号、竹内康人「「軍艦島」から「佐渡鉱山」へ—強制動員否定と歴史の真実」報告レジュメ（梨の木ピースアカデミー、同年5月26日）、広瀬貞三「朝鮮人労働者と佐渡鉱山、三菱鉱業の史料（1）」『福岡大学人文論叢』54巻1号（同年6月）、竹内康人「佐渡鉱山と朝鮮人強制労働—史料と証言」報告レジュメ（新潟大学サテライトキャンパス、同年7月16日）等。

研究会（会長は西岡）が刊行した『佐渡鉱山における朝鮮人戦時労働の実態』（同会、2022年５月）によくまとまっている[3]。この中で西岡は総論として「朝鮮人戦時労働と佐渡金山」（以下、「佐渡金山」とする）を書き、基本的な主張を展開している。本稿では先行研究も援用し、主に西岡の「佐渡金山」の主張に反論する形式で、二つのことを明らかにする。第一に西岡の主張の根拠はなにか、第二に西岡が黙殺する強制労働の実態はどうなのかである。ただし、紙幅の関係で朝鮮内での動員過程は省略する[4]。

1　西岡力の主張の根拠はなにか。

（1）強制連行、強制労働という用語は使うべきではないか。

西岡は1939年から始まる朝鮮人の労務動員を強制連行ではなく、朝鮮人戦時動員とよぶ。西岡は「この古い学説〔強制連行、強制労働〕に対し、私は内務省統計という一次史料を使って〔中略〕朝鮮から内地への雪崩のような出稼ぎ労働があったのだが、それを戦争遂行に必要な事業所に秩序だって送ろうとしたのが戦時動員だった。「強制連行」「強制労働」などとは異なる歴史的事実だ」と新しい学説を提起して〔強制連行を〕否定した」という。さらに西岡は「新しい学説を否定するためには古い学説をただ引用しても不十分だ。私の学説の根拠に踏み込んだ反論を求めたい」[5]と強弁する。

この西岡の「学説」に対しては、すでに山田昭次らが「戦時労働動員の対象とされた人々と出稼ぎ労働者を同一視している」と批判している[6]。西岡はこの独自の学説を 2005 年から著書で主張しているが[7]、日本、韓国の学界で全く受け入れられていない。学説には「古い」、「新しい」は関係なく、どれが事実を客観的に、正確に説明しているかが問われる。西岡が自分の学説を今後も主張するなら、どこかの労働現場を対象に取りあげて、具体的に朝鮮人の動員過程、労働現場と生活の状況等を実証する必要がある。

西岡が否定する朝鮮人強制連行は朴慶植が『朝鮮人強制連行の記録』（未来社、1965 年）で初めて主張したものである。彼の主張は多くの研究者や市民の共感を得た。その後の研究の進化に伴い、多様な史料集が刊行され、膨大な実証研究が蓄積されてきた。そのため、日本、韓国の学界で通説となったのである。

（2）朝鮮人は自由意思で佐渡に来たのか。

西岡は朝鮮人 1519 名が佐渡鉱山に動員されたことは認めている。しかし、西岡は「３分の２の約 1000 人は「募集」に応じた者たちだ。（中略）残りの約 500 人は「官斡旋」「徴用」で渡航したが、合法的な戦時動員であって「強制労働」ではない」[8]という。つまり、募集は自分の意思で佐渡に来たとの認識だが、官斡旋、徴用についてはその歴史的な性格にふれていない。西岡は別の著書で、「「官斡旋」と「徴用」の時期では、一部には乱暴なやり方もあったようだ。（中略）渡航したくない者を無理やり連れて来たのは相対的に少数」[9]と推定している。つまり、官斡旋、徴用の大部分も自由意思で日本に来たとみなしている。

---

[3] 他の執筆者は、勝岡寛次、山本優美子、長谷亮介、李宇衍、黄意元である。

[4] 朝鮮での募集で佐渡鉱業所側は、総督府、道庁、郡長関係者に「外交戦術」（接待）を行った。実態は労務係・杉本奏二の書簡が詳細に記している。ここでは省略する

[5] 西岡力「朝鮮人戦時労働と佐渡金山」、歴史問題研究会編『佐渡鉱山における朝鮮人戦時労働の実態』（同会、2022 年）9 頁。（以下、「佐渡鉱山」とする）。〔　〕内は広瀬が補う。

[6] 前掲書山田昭次等『朝鮮人戦時労働動員』50～55 頁。

[7] 詳細は、西岡力『でっちあげの徴用工問題』（草思社、2019 年） 7 章、西岡力編『朝鮮人戦時労働の実態』（産業遺産国民会議、2021 年）1 部 1 章を参照。

[8] 歴史認識問題研究会「佐渡金山の世界遺産登録、歴史的事実に基づく反論を！」『産経新聞』2022 年 2 月 2 日。

[9] 前掲書西岡力『でっちあげの徴用工問題』153 頁。

しかし、これは膨大な先行研究の個別事例を全く無視したものである。むろん募集の初期の段階では朝鮮南部が大旱魃だったために、これに応じた者が多かったことは事実である。しかし、日本での労働の実態が広まると、募集を忌避する者が増えた。このため、朝鮮総督府（以下、総督府とする）は官斡旋、徴用と、強制度を高めていったのである。このため総督府や日本の企業は各村落の役場、警察を総動員して、必要な労働者数を無理やりに確保したのである。募集、官斡旋の時期から公権力を背景に朝鮮人を強制連行した事実は、当事者である朝鮮人の多くの証言が残っている[10]。

また、官斡旋時の 1944 年４月、総督府の田中武雄政務総監は、「官庁斡旋労務供出の実情を検討するに、労務に応ずべき者の志望の有無を無視して漫然、下部行政機関に供出数を割り当て、下部行政機関も又概して強制供出を敢てし、斯くして労働能率低下を招来しつつある欠陥は、断じて是正しなければなりません」[11]と、「強制」を認めている。

（3）平井栄一編『佐渡鉱山史』（1950 年）は史料として信用できるか。

西岡が会長の歴史認識問題研究会は、「2002 年 1 月 26 日にある筋から目次と 844〜846 頁にある「(九）朝鮮労務者事情」という項目の写真を入手して、研究会 HP で公開した」[12]。これ以降、西岡は同年２月２日、２月４日の新聞への「意見広告」で、この１次史料によって「動員された朝鮮人は日本人と同じ待遇だった」と主張している。[13]西岡のこの主張の最大の根拠は、平井栄一編『佐渡鉱山史』である。

確かにこの史料は年月別の連行された朝鮮人労働者数を示し、総計 1519 名と具体的な数字を示したことは高く評価できる。平井がこの原稿を作成した時点で、佐渡鉱業所にはこれを確認できる元史料が残っていたのである。

しかし、私は西岡の主張に対し、①現物がどこに保存されているのかなぜ明確にしないのか、②2010 年からこのコピー版の全文が新潟県庁の刊行物に掲載され、公開されていたことを西岡は知らなかったこと、③コピー版には 846 頁が欠落していたこと、④朝鮮人労働者に関しては 848 頁にも記述があること等、西岡の史料に対する杜撰な取り扱いを指摘した[14]。西岡は『佐渡鉱山史』の現物を精査することもなく、たった写真 2 枚（1 枚は目次）だけを根拠に新聞広告を実施した。

西岡は 2022 年 7 月 29 日付の同研究会のホームページで、ゴールデン佐渡を直接訪問し、現物がここに保管されていること確認したと初めて明らかにした。これによると、「稿本は２冊作られ、１冊を昭和 25 年 8 月 4 日に東京の羽仁〔路之〕社長に送付し、もう 1 冊を「控え」として佐渡鉱業所に保管したと考えられます」[15]としている。西岡は現物も確認しないままで、数カ月間に亘って『佐渡鉱山史』の価値を強く主張していたのである。

2　佐渡鉱山での朝鮮人の労働

---

10 代表的なものには、朝鮮人強制連行真相調査団編著『朝鮮人強制連行強制労働の記録―北海道・千島・樺太編』（現代出版会、1974 年）、林えいだい『消された朝鮮人強制連行の記録―関釜連絡船と火床の坑夫たち』（明石書店、1989 年）がある。

11 前掲書外村大『朝鮮人強制連行』145 頁。元史料は『朝鮮総督官報』。

12 前掲論文西岡力「佐渡金山」6 頁。

13 前掲文章「佐渡金山の世界遺産登録、歴史的事実に基づく反論を！」『産経新聞』2022 年 2 月 2 日朝刊、『新潟日報』同年 2 月 4 日朝刊。冒頭で、「朝鮮人戦時労働動員は強制労働ではない。戦時動員の３倍が自分の意思で個別渡航。佐渡金山に動員されたのは千五百人。うち千人は現地での募集に応じて動員された。待遇はみな内地人と同じ」と書く。

14 前掲論文広瀬貞三「朝鮮人労働者と佐渡鉱山、三菱鉱業の史料（1）」15 頁。（以下、「三菱鉱業の史料（1）」とする）。

15 歴史認識問題研究会（http://harc.tokyo）（2022 年 8 月 7 日）

（1）佐渡鉱山で朝鮮人の労務管理はどのようになされたのか。

このことについて西岡は何もふれていない。佐渡鉱業所でトップは鉱山長で、技術者である。強制連行時期の鉱山長は7名（加藤長吉、高橋孝三郎、明石素因、末綱磯吉、山内亀三郎、竹越熊三郎、緒方正喜）である。ナンバー2の副長は事務職で、副長は庶務係、労務係を兼務することが多かった。三菱鉱業では課長ではなく、係の名称を使用した。この二人はエリートであり、頻繁に転勤した[16]。

副長の元に、副鉱山長、採鉱課長がいた。1934年3月に佐渡鉱業所に運搬夫として採用された末田年雄はこの部分を詳細に記録している。1939年に白石副鉱山長兼務採鉱課長は尾去沢鉱山に鉱山長として栄転し、その後に関口保平主任技師が採鉱課長代理となる。彼は賃金の引き下げを行い、日本人労働者は怒り出した。それから20日程で関口課長代理は転勤となり、「今度は社内でも有名な労働者弾圧の篠原課長があらわれた。秋になると朝鮮の人達が送られてきた」[17]。篠原課長が在職時、1940年4月11日、朝鮮人97名が「賃上げを要求し罷業を断行」した。末田の証言を通して、採鉱課長の性格によって労働者への対応が違ったことがわかる。

これと共に、労働者と日常的に接する労務課長、労務係がいた。「杉本書簡」を残した労務係の杉本奏二は労務課外勤である。1940年2月に佐渡鉱業所から朝鮮へ行き、朝鮮人の募集を行ったのは、外勤主任立﨑高治、新保宗吉、杉本、林金次（先発隊）である。この時の募集100名の内、50名は新保宗吉が、50名は杉本が預かった[18]。つまり、労務課外勤が朝鮮人の寮長を兼務したのである。さらにこの下に会社側の朝鮮人職員がいた。

寮には朝鮮人の職員もいた。在日朝鮮人の張明秀は1992年、佐渡に住む朝鮮人のS氏へ取材した。S氏は佐渡鉱業所の労務係として、故郷である忠清南道論山郡の人々を強制連行し、副寮長を務めた。彼は故郷の朝鮮人から恨まれたために、1945年8月以降も帰国することなく、佐渡鉱業所で定年まで勤め、その後も佐渡で生活した[19]。

金周衡（64歳）は「Sさんというのですか？名前は知りませんでしたが、仕事に出るのか出ないのかといったことを毎日、しつこく聞いて回っていたので、だれもが彼を恨んでいました。日本人でないことは分かっていたので殺してやりたいくらいだったよ」と証言した[20]。張明秀はS氏の弟尹儀重にも取材した。弟は1944年に佐渡鉱山を訪れ、「日本人寮長の下で副寮長を務めるSさんが、病気で仕事に出られない同胞に食券を与えないという酷い仕打ちをしていた。兄のあまりの変わりようを目のあたりにして、尹さんは「私は恥ずかしかった」という」と記録している[21]。

（2）佐渡鉱山での労働配置は高賃金を目的にした朝鮮人が望んだのか。

佐渡鉱業所「半島労務管理ニ就テ」（以下、「管理ニ就テ」とする）によれば、1943年6月現在、日本人と朝鮮人の間では職種が大きく異なる。朝鮮人は運搬夫、鑿岩夫、外運搬夫、支柱夫などの危険な坑内労働である。これに対し、日本人はその他、工作夫、雑夫、製鉱夫

---

16 前掲論文広瀬貞三「三菱鉱業の史料（1）」22〜23頁。

17 末田年雄『道遊の山に生きた人達』（同人、1993年）17頁。

18 杉本奏二発本間寅雄宛書簡（1974年7月25日）14頁。「佐渡と韓国をつなぐ会」史料（以下、杉本奏二書簡とする）。竹内康人は「杉本奏二手記」としている。この書簡は200字詰め原稿用紙で28枚もあり、貴重な1次史料である。

19 張明秀「50年待った夫は日本で結婚していた―佐渡連行の朝鮮人とその家族の傷跡」『月刊Asahi』1992年9月号、39頁。（以下、「日本で結婚していた」とする）。

20 前掲文章張明秀「日本で結婚していた」41頁。

21 前掲文章張明秀「日本で結婚していた」38〜42頁。

などである。この違いこそ、朝鮮人に対する差別的な対応である[22]。

これに対し、西岡は朝鮮人労働者の賃金は高かったと主張する。「韓国側と一部の日本研究者は朝鮮人が主として危険な坑内作業をさせられていたことをあげて「強制労働」の証拠とするが、出来高制で給与をもらっていた朝鮮人労働者は坑内で働いていたからこそ先に見たような高給を得ることが出来たのだ。短期間で稼ぎたかった彼らと、坑内で働いていた日本人の若い男性が徴兵でとられて人手不足だった鉱山側の利害が一致した結果が朝鮮人の坑内作業配置だった。だから、それを持って「強制労働」とするのは不当な見方だ」[23]という。

西岡も朝鮮人が坑内の危険な労働に従事していたことは認めている。これまでの先行研究では、強制連行された朝鮮人が自らの職場、職種を企業側に要求した事例は見たことがない。佐渡鉱山でも会社側の指定、要求する現場で、朝鮮人は黙々と労働に従事したと考えるのが一般的である。

(３）労働現場で死傷事故はなかったのか。

西岡は佐渡鉱業所が作成した２つの１次史料（「管理ニ就テ」、『佐渡鉱山史』）は高く評価するのに対し、朝鮮人労働者の証言は信じようとしない。朴泰鎬は「地下での作業は死との背中合わせで毎日が恐怖であった。毎日のように落盤があるので、今日は生きてこの地下から出られるのかと思うと息が詰まる思いであった」[24]と証言している。これに対し、西岡は「この朴の証言には疑問点が多く信憑性が低い」[25]として一蹴する。

しかし、労務係の杉本奏二も「鉱山労働は危険な作業も伴ふので、死傷者は絶えず出て居りましたが、坑内作業夫は半島人には出て居りませんでした」[26]と記録している。ただ、朝鮮人に関する部分は疑問がある。1992 年の時点で盧秉九（70 歳）は取材に、「李炳俊さんは私と一緒に昭和十六年（1941 年）に連行されました。事故が起きたのは翌年の旧暦六月の暑いときでした。李さんはカンテラの明かりが消えた真っ暗闇の中で、深さ三百メートルもの穴に落ちて死んだと聞いています」[27]と証言した。

佐渡鉱業所の「管理ニ就テ」でも、1940 年２月から 1942 年３月の間に 10 名の朝鮮人が死亡した[28]。さらに、竹内康人によれば、大日本産業報国会が作成した『殉職産業人名簿』には７名の朝鮮人の死亡（1941 年３月～1942 年 10 月）が確認される。また、韓国政府の調査によれば、７名の死亡（1940～1944 年）が確認できる[29]。死亡者数は重複の可能性があるとはいえ、二桁の死亡者が出ていたことは間違いない。負傷者の数は不明である。韓国政府が調査した 147 人の朝鮮人労働者の証言の中には、次のような言葉が見られる。羅○ギは「金鉱で働いている途中、天井から岩が崩れ、一日に何人も人が死ぬなど、負傷者が多く、これ以上いたら命が危険であると感じ、1944 年５月３日の明け方、金鉱から脱出した」[30]という。

死傷事故に加え、坑内作業に従事する朝鮮人は珪肺の恐怖にも直面した。1992 年時点で

---

22 前掲論文広瀬貞三「佐渡鉱山と朝鮮人労働者」10 頁。
23 前掲論文西岡力「佐渡金山」7～8 頁。
24 朝鮮人強制連行調査団編著『朝鮮人強制連行調査の記録―関東編１』（柏書房、2002 年）301～302 頁。
25 前掲論文西岡力「佐渡金山」14 頁。
26 前掲「杉本奏二書簡」20 頁。
27 前掲文章張明秀「日本で結婚していた」42 頁。
28 前掲論文広瀬貞三「佐渡鉱山と朝鮮人労働者」8 頁。
29 前掲レジュメ竹内康人「佐渡鉱山と強制労働―史料と証言」9～10 頁。
30 前掲論文キム・ミンチョル「佐渡鉱山と朝鮮人強制労働に関する調査報告書」11～14 頁、前掲レジュメ竹内康人「佐渡鉱山と朝鮮人強制労働―史料と証言」15～18 頁。

鄭炳浩（75 歳）は、「チリ〔粉塵〕が胸に悪いことは知っていたので、坑道に入るときは死が待っているという思いでした」[31]と証言した。珪肺は 1945 年以降も朝鮮人を苦しめた。

（4）朝鮮人に対する暴力はなかったのか。

西岡は佐渡鉱山での暴力による朝鮮人支配についてふれていない。労務係だった杉本奏二の書簡には朝鮮人への暴力が具体的に描かれている。「稼働の悪い連中に弾圧〔暴力〕の政策を取り、労務課に連れ来り、なぐるける。はたで見て居られない暴力でした」[32]という。また、逃亡者の追求時にも、労務係は暴力を加えた。しかし、朝鮮人は「島外脱出の手引きを知る友人の名前等は如何なる弾圧〔暴力〕にも遂に口を割らず」[33]と指摘する。次章で述べるように、朝鮮人に対する過酷な暴力が逃亡の一つの原因だった。

私は戦時期の三井鉱山・三池炭鉱における朝鮮人労働者について分析したことがある。朝鮮人による 7 件の労働争議が発生した。5 件は日本人が朝鮮人を殴打したことが原因である。日本人の労務係が朝鮮人を殴打することは日常茶飯事だった。2 件は朝鮮人同士の紛争である。特高により拘束された朝鮮人は拷問を受けた[34]。

（5）佐渡鉱山が朝鮮人を故郷へ送還したのは働かなかったためか。

佐渡鉱業所「管理ニ付テ」は朝鮮人労働者 1005 名の内、「不良送還 25 名」と書く。これらの朝鮮人について、西岡は「きちんと働かないものは朝鮮に返したのだ。強制連行ならそのようなことはしないはずだ。内地で働きたい者にとって「帰還」はある意味の制裁だったのではないか」[35]という。これは誤りである。

佐渡鉱業所が故郷に朝鮮人を送還させたのは、会社の方針に抵抗したからである。このことは、1940 年 4 月 11 日に佐渡鉱山で発生した 97 名の朝鮮人が「賃上げを要求して罷業を断行」した時の事例からわかる。罷業（ストライキ）に対する佐渡鉱業所の対応は、「地元警察と連絡し不良分子の検束拘留を為すと共に、性行面白からずと目さるゝ者の即時解雇、国元送還等断固たる処置を執れる」[36]という。この罷業に関して記述がより詳細な『思想月報』によれば、警察は首謀者の尹起炳（27 歳）、洪壽鳳（28 歳）、金聖秀（22 歳）を検束した。この内、2 名（尹起炳、洪壽鳳）と「右三名と共煽動的策動を為した」林啓沢を本籍地に送還した[37]。佐渡鉱業所にとって反抗的な朝鮮人を朝鮮に追放したのである。

3　佐渡鉱山での朝鮮人の生活

（1）朝鮮人と日本人の待遇は全く同じだったか。

西岡は平井栄一編『佐渡鉱山史』を用いて、「待遇についても以下のように内地人と同じだったこと、宿舎や食事などで鉱業所側がかなり神経を使って良い待遇を与えていたこと」[38]とする。また、次いでそれを裏づける 1 次史料として佐渡鉱業所「管理ニ就テ」（1943 年 6 月）をあげている。しかし、実際の発行年は逆で、「管理ニ就テ」、『佐渡鉱山史』となる。私は「管理ニ就テ」と、『佐渡鉱山史』の文章を比較検討した。『佐渡鉱山史』の朝鮮人の待

---

31 張明秀「日本で結婚していた」41 頁。
32 前掲「杉本奏二書簡」12～13 頁。
33 前掲「杉本奏二書簡」25 頁。
34 広瀬貞三「戦前の三池炭鉱と朝鮮人労働者」『福岡大学人文論叢』48 巻 2 号（2016 年 9 月）23～26 頁。
35 前掲論文西岡力「佐渡金山」 7 頁。
36 日本鉱業協会『半島人労務者ニ関する調査報告』（同会、1940 年）71～76 頁。
37 「労務動員計画に基く内地移住朝鮮人労働者の動向に関する調査」『思想月報』79 号（1941 年 1 月）、朴慶植編『在日朝鮮人関係史料集成』 4 巻（三一書房、1976 年）1238～1240 頁。
38 前掲論文西岡力『佐渡金山』7 頁。

遇などに関する部分は「管理ニ就テ」の会社側に有利な部分を主に取り上げ、カタカナをひらがなに変え、文章を一部修正しているだけと指摘した[39]。つまり、朝鮮人の待遇部分について、平井は新たな史料を何もつけ加えていない。このため『佐渡鉱山史』の史料としての価値は低い。すでに竹内康人も「社史ですから、当然、企業側に不都合なことは記されていません」[40]と述べている。全文を通読すると不備な部分や混乱が多く、社史というよりも文字通り稿本というべきである。

西岡は佐渡鉱業所が作成したこの二つの 1 次史料だけを高く評価して、その文言に疑いをはさまない。研究者に必要な史料批判を全く行っていない。『佐渡鉱山史』の朝鮮人部分の種本である「管理ニ就テ」は佐渡鉱業所が外部向けに作成したものであり、会社に不都合な部分は書いていないと見るべきである[41]。

朝鮮人の実態を正確に把握するには、これら以外の多様な 1 次史料を参照する必要がある。西岡の「佐渡金山」はこの２つ以外の史料を使用していない。しかし、実際には主な１次史料として、『特高月報』、『新潟日報』、『思想月報』、「杉本奏二書簡」、末田年雄『道遊の山に生きた人達』、「相愛寮煙草台帳」等がある。竹内康人は佐渡鉱山に関する膨大な１次史料を検討し、それらを根拠に佐渡鉱山で朝鮮人への強制労働があったことを実証している[42]。２つの１次史料しか見ていない西岡と、膨大な１次史料を見ている竹内とでは、どちらが客観的で、真実に近い歴史像を描いているかは言うまでもない。

（2）朝鮮人が逃亡する理由は何か。

西岡は朝鮮人が日本人と同様に比較的厚遇されたという。ではなぜ、朝鮮人が危険をおかして島外へ逃亡しようとしたのか、その理由が不明になる。労務係の杉本奏二は、「弾圧〔暴力〕に依る稼働と食事に対する不満は彼等をして曩に内地に来て居る知人、先輩を頼り自由労務者の群れに投ずべく次々に逃亡し、一時は十数人一団となり、両津、鷲崎等より機帆船にて逃走するものあり。勿論労務課に於ては両津、小木等の船着場には係を置いて警戒をして居りましたが、彼等は次々と巧妙に夜のうちに小機帆船にて脱出するので、如何にも仕様がなかつた」[43]という。つまり、暴力と食事が逃亡の原因だった。

また、労務係の杉本は朝鮮人の逃亡について、「彼等〔朝鮮人〕にすれば強制労働をしいられ、一年の募集が数年に延期され、半ば自暴自棄になつて居た事は疑う余地のない事実だと思います」[44]と、その心中を察している。

おわりに

西岡力が佐渡鉱山で朝鮮人労働者の「強制連行・強制労働はなかった」と主張する根拠は、独自の学説と佐渡鉱山が作成した二つの 1 次史料だけであることを指摘した。また西岡が無視する佐渡鉱山における朝鮮人の労働と生活の一端を明らかにした。

今後の研究の課題として、次の３点だけを指摘しておく。

第一には、1990 年代に林道夫、張明秀らが中心となった「過去・未来―佐渡と朝鮮をつなぐ会」の活動を発掘し、継承することである。彼らは２回韓国へ調査団を送り、計８名の生存者を佐渡に招待している[45]。これらの証言や資料を再度検討することが必要である。

---

39 前掲論文広瀬貞三「三菱鉱業の史料（1）」17～18 頁。
40 前掲論文竹内康人「佐渡鉱山の朝鮮人強制労働、その否定論を問う」3 頁。
41 前掲論文広瀬貞三「三菱鉱業の史料（1）」18 頁。
42 前掲レジュメ竹内康人「佐渡鉱山と朝鮮人強制労働―史料と証言」1～24 頁。
43 前掲「杉本奏二書簡」15 頁。
44 前掲「杉本奏二書簡」26 頁。
45 過去・未来―佐渡と朝鮮をつなぐ会「佐渡金山・朝鮮人強制連行問題の調査活動とこれから

第二には、新しい史料の発掘である。ゴールデン佐渡にはまだ史料が残っている可能性がある。また、三菱史料館、慶応義塾大学三田メディアセンターの「日本石炭産業関連資料コレクション」、九州大学付属図書館の旧石炭研究資料センター所蔵史料には関連する１次史料が存在するだろう。十分な史料調査が必要である。

第三には、佐渡鉱山における日本人労働者の研究が必要である。これは「研究の空白」となっている。部分的な研究はあるが、いまだまとまった研究はない。これらが明らかにならないと、朝鮮人との待遇面における違いを十分に把握できない。

（『第 14 回強制動員全国研究集会資料集』強制動員真相究明ネットワーク、2022 年 8 月所収論文、広瀬貞三はこの発表後に急逝。）

平井栄一『佐渡鉱山史』1950 年、朝鮮人移入 1519 名の記載（ゴールデン佐渡蔵）

し内地人絶対不可能の状態にありたれば昭和十五年二月朝鮮労務者九八名を募集し五月二四八名、十二月三〇〇名、昭和十六年二八〇名（全十七年七九名、十九年二六三名、二十年二五一名計）一五一九名を移入したが終戦と同時に残留人員一〇九六名を送還した、在山中の待遇賃金制度、稼働奨励方法等概ね内地労働者と同一で主として坑内夫として就労し請負単価により稼高に応じ賃金を支給し、一ヶ月の稼働成績に応じ精勤賞与を与へ扶養家族の多寡及稼働日数に応じて米価補給を行ひ毎年二回の勤労賞与を交附し一般に家族持労務者には社宅の無料貸与、共同浴場施設、米、味噌、醤油其他生活必需品は購買会にて廉価配給及家族傷病の場合の診療等を実施し単身者は寄宿舎（三個所）に収容し食費を徴せず食事は内地人同様の調理にして一日五十銭（実費の残額は会社負担）寝具使用料一ヶ月一組五十銭にて貸与し光熱費[illegible]は会社負担其他作業用品被服履物等日用品の購入払下は購買会を通じて廉価に行ひ従来頻不足の折柄鉱山直営の農園から補給した尚又会社従業員を以て組織せる協和会（当時産業報国会）に入会せしめ従業員の親和、修養、給済、境遇改善、能率並に福祉増進を図る、協和会に於ては随時映画会、講演会、遠足会、運動会其他祭典催物を開催し尚各寄宿舎には娯楽室を設け雑誌、朝鮮将棋、蓄音機、ラジオ等を設付け慰安娯楽と趣味の向上に努むる等遺憾なきを期した、其他動

の課題」『まなぶ』1996 年 10 月号。

⑷　佐渡鉱山「半島労務者名簿」の公開を

竹内康人

厚生省勤労局は1946年に「朝鮮人労務者に関する調査」をおこなった。8・15解放後、在日本朝鮮人連盟などは動員企業に対して未払金を請求したが、この調査はそれを押さえ込むためのものであった。動員企業は所蔵していた名簿をもとに、氏名、生年月日、本籍地、職種、動員年月日、異動状況、未払金額などを記し、年毎の動員数、動員形態、死亡者状況、帰国状況なども記した。この調査資料は16府県分（約6万7000人）が発見されている。残念ながら新潟県の報告書は発見されていない。

韓国政府は1990年、日本政府に対して動員朝鮮人の名簿の提供を求めたが、翌年、この「朝鮮人労務者に関する調査」は韓国政府に渡された。韓国政府はそれを公開した。そこには三菱鉱業の尾去沢鉱山(秋田)、細倉鉱山(宮城)、生野鉱山(兵庫)、明延鉱山(兵庫)、中瀬鉱山(兵庫)、鯰田炭鉱(福岡)、崎戸炭鉱(長崎)、高島炭鉱(長崎)なども含まれていた。三菱関連では、三菱重工業神戸造船所(兵庫)、三菱化成伊保工場(兵庫)・黒崎工場(福岡)・牧山工場(福岡)、三菱電機伊丹製作所(兵庫)などの名簿もある。

2004年に韓国では政府傘下に日帝強占下強制動員被害真相糾明委員会が設置され、真相究明の活動がすすめられた。そのなか日本政府は韓国政府に供託関係資料や埋火葬関係資料を提供している。

佐渡鉱山については、戦後に朝鮮人団体が未払金の支払いを要求し、佐渡鉱山側が労務者

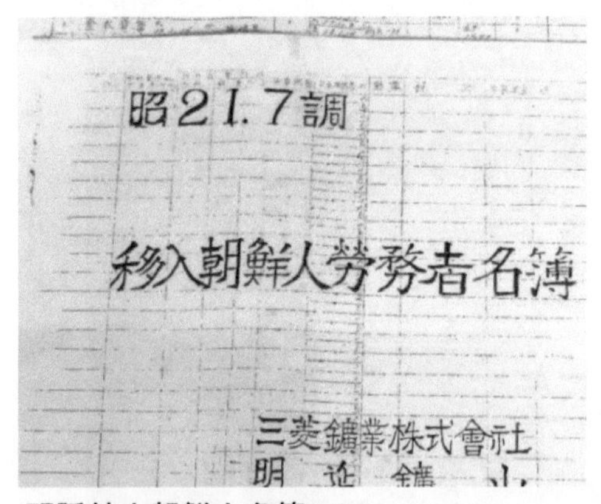

明延鉱山朝鮮人名簿

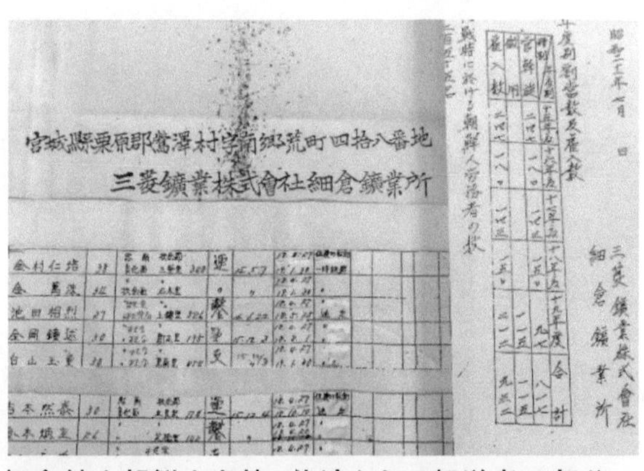

細倉鉱山朝鮮人名簿。佐渡からの転送者の部分。

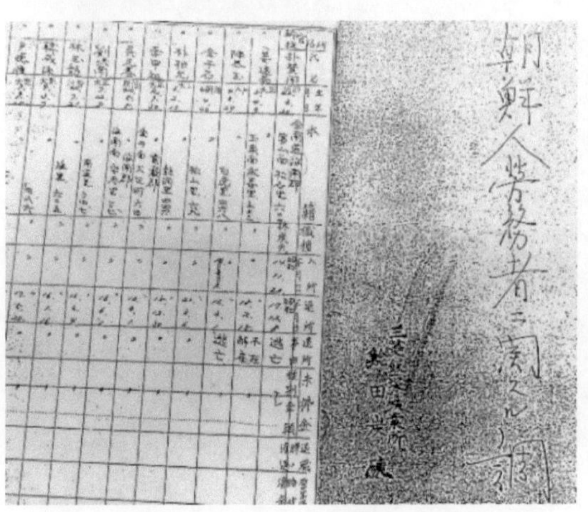

鯰田炭鉱朝鮮人名簿

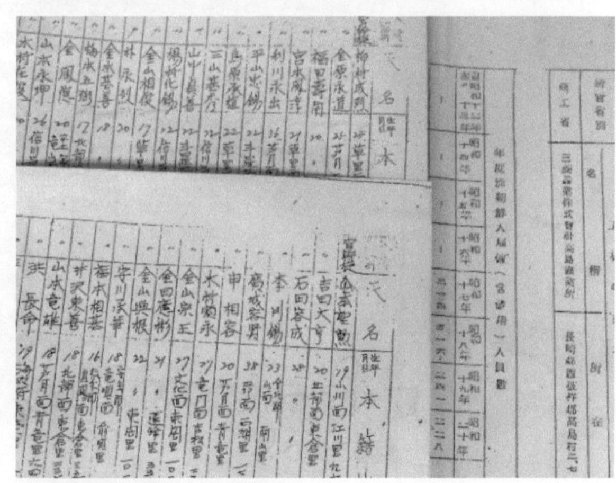

高島炭鉱朝鮮人名簿

名簿を渡すという記事がある（「新潟日報」1946 年 10 月 9 日）。また佐渡鉱山は未払金を 1949 年 2 月に供託した(本書 79 頁参照)。このことから、佐渡鉱山に朝鮮人名簿が存在していたことがわかる。佐渡鉱山に関する朝鮮人名簿は、鉱山が作成した労務者名簿、供託時に作成された供託名簿、厚生年金加入の登録台帳などが存在するとみられる。

新潟県立文書館に佐渡鉱山の朝鮮人名簿が所蔵されているという情報により、わたしは 2023 年 4 月 11 日、新潟県立公文書館宛てに電子メールで「半島労務者名簿」について照会した。しかし回答がないため、4 月 18 日に電話し、翌日担当の副館長がいるとのことで 19 日に再度電話し、この史料について確認した。この史料は「非公開」とのことだった。しかし、県立文書館にあるマイクロ目録は県が県史編さん事業で作成したものであり、文書館がその内容の照会に応じることは可能であると話し、その史料の保管状況を聞き取った。

その内容は、史料名は佐渡金山株式会社所蔵の「半島労務者名簿」、昭和 58 年（1983 年）に県史編さん事業で撮影された。マイクロ番号は 1414 以下。平成 4 年（1992 年）に編さん室から県立文書館に継承されたが、非公開とのことだった。

新潟県史編さん事業での佐渡金山株式会社での文献調査については『新潟県史別編 2 資料所在目録』（1989 年）に明治 29 年から昭和 22 年までの資料を調査とあり、マイクロフィルム 1414～1419、フィルム 8484～8493、10005～10050、10362～10364、10923～10930 などの撮影番号も記されている。資料名には「平井栄一編「佐渡鉱山史」稿本」も示されている（639 頁）。この収集史料の一部は『新潟県史資料編 18 近代 6 産業経済編 2』に収録されている。

4 月 21 日、日韓の市民団体はゴールデン佐渡に出向き、この「半島労務者名簿」の公開を要請、22 日、佐渡での動員者遺族の証言集会でその存在を紹介した。韓国放送公社（ＫＢＳ）はこの集会とともに名簿の存在を報道した。

わたしは 4 月 23 日に県立文書館に行き、「新潟県史史料目録」、「新潟県史収集史料目録」の閲覧を申請した。しかし「基本的に閲覧対象外」とされているものであり、規定により見せられないと対応された。県史編さん事業で作成された目録も非開示の状況であった（古書店では販売）。

わたしは 5 月 11 日に県史編さん事業で作成された佐渡鉱山関係のマイクロ資料目録の情報公開を求めた。その目録は 6 月末に県教育委員会により「任意公開」の名で示されたが、「半島労務者名簿」の件名が記された箇所は黒塗りだった。また、この目録の表紙も公開されなかった。これに対して審査請求を出したところ、2024 年 2 月、任意公開の対象資料の公開は「審査請求をすることができる行政上の処分」には当たらず、「本件審査請求は不適法」であるとされ、請求は却下された。

わたしは別途、2023 年 12 月 4 日、編さん目録の一部を非開示とした理由を示す文書の公開を求めた。その際、県文書館とゴールデン佐渡との交信、目録簿冊の表紙などの公開も含むものとした。それにより 2024 年 3 月末、最終的な開示決定が出され、4 月中旬に公開文書が届いた。県立

撮影日	68年3月11/12日	資料所蔵者	佐渡金山K.K	撮影者	[illegible]

整理番号	年代	表題	フィルム番号数量など	引出番号	備考
1	[blacked out]				
2	明治38年9月～大正11年8月	鉱夫[illegible]規則関係	1		
3		[illegible]	1		
4		鉱夫[illegible]規則	1		
5	明治35・36年度	事業報告	1		
6	明治44年度	事業報告	1・2	1414～1415	
7	大正5・6年度	事業報告	2		
8	大9.11～大10.3 大10.4～大10.9	第6期 第7期 事業報告	2		
9	大14.4～大14.9 大14.10～大15.3	第15期 第16期 事業報告	2.3	1415～1416	
10	大15.4～大15.9 大15.10～昭2.3	第17期 第18期 分事業報告	3		
11	昭5.4～5.9 5.10～6.3 6.4～6.9	25～27期分	3		
12	昭14.4～14.9 14.10～15.3	43 44	3		
13	[illegible]～10.3 10.4～10.9	44 45	4	1417	
14	[blacked out]				
15	明治30～38分	佐渡鉱山[illegible]	4.5	1417～1418	
16	明治38.10.7 至大正11.7.10	鉱夫[illegible]規則関係	5		
17		[illegible]	5		
18	昭和4年7月 5年9月	鉱業[illegible]規則[illegible]	5.6	1418～1419	

23　新潟県史

黒塗りの 1 が佐渡鉱山史、14 が半島労務者名簿と推定。

文書館は2023年4月に「半島労務者名簿」の存在を認めていたが、後にその存在を認めなくなった。公開された2023年4月25日付けの県立文書館の「県立文書館保管の非公開資料に係わる対応について」からその理由がわかった（以下「4.25文書」）。そこには次のように記されていた。

研究者■■（公開で黒塗り、以下同）氏からの「半島労務者名簿」に関する電話問いあわせに対して、①原蔵者の意向により非公開としている■■■■■■■、②原蔵者が■■■■■■■であることを認めた。そのような対応の背景は、①県史編さん事業での収集資料であり、関係者には知らされているものであったから、②原蔵者は他の資料については公開を承諾しており、当該資料の非公開理由を（資料の）所在が不明のためとしていたので、資料の存否等は伝えても差し支えないと考えたからである。しかし、「資料の存否や原蔵者も含め非公開とすることを基本とし、慎重に対応すべきであった」。「今後の対応」としては、①「原蔵者への説明・謝罪」、②「当該資料については、その資料の存否や原蔵者も含め、伝えられない旨回答する」、③他の非公開文書にもこの対応を基本とする（要約）。

県立文書館保管の非公開資料に係る対応について

R. 5. 4. 25　県立文書館

1　今回の対応

研究者■■氏）からの「半島労務者名簿」に関する電話問合せに対して、
① 原蔵者の意向により非公開としている■■■■■■■■■
② 原蔵者が■■■■■■■であること
を認めたもの

【今回の対応の背景】
① 当該資料は、昭和58年に県史編さん室が県史の編さんのために収集した資料であり、当該資料の存在については、既に関係者に知られているものであったこと。
② 原蔵者は、他の資料については「公開」を承諾しており、当該資料の「非公開」理由が「（資料の）所在が不明なため」としていたため、資料の存否等については伝えても差し支えないものと考えたこと。

2　とるべきだった対応

非公開資料については、文書館規則上「利用に供しない」ものとされ、資料の存否や原蔵者について第三者に伝えることについては明確な定めがない。

しかし、資料の存否等を伝えてよい旨の意向が示されていない非公開資料については、資料の存否や原蔵者も含め非公開とすることを基本として、慎重に対応すべきであった。

> 新潟県立文書館規則（平成4年新潟県教育委員会規則第9号）
> （利用に供しない文書等）
> 第7条　文書等のうち、次の各号に掲げるものは、館長が特に必要があると認めた場合を除き、その全部又は一部を利用に供しないものとする。
> (1) 個人若しくは団体の秘密保持のため、又は公益上の理由により利用に供することが不適当なもの
> (2) 整理又は保存上支障があるもの
> (3) 寄贈又は寄託を受けた文書等の利用に関して、寄贈者又は寄託者が条件を付したもの

3　今後の対応

(1) 原蔵者への説明・謝罪

(2) 当該資料の今後の問合せに対する対応
原蔵者に「非公開」の意向を再度確認し、当該資料については、資料の存否や原蔵者も含め、伝えられない旨回答する。
なお、原蔵者の意向が確認できるまでの間も、同様の対応とする。

(3) 今後の他の非公開文書の対応
上記2に記載した対応を基本とする。

このように資料の存在を示さない対応へと方針を転換していたのである。黒塗りの部分は、竹内の問いあわせに対し、①「半島労務者名簿」の存在（リール番号）、②原蔵者がゴールデン佐渡であると認めたということであろう。県史編纂事業での撮影資料の件名についての照会に応じることは県立文書館の業務の一環である。一般に所蔵資料目録は公開され、非公開の資料でも件名は明らかにされているものである。「4.25文書」には今後の対応として、ゴールデン佐渡への説明・謝罪、資料と原蔵者の秘匿が示されていたが、それは県立文書館への文書非公開の圧力が外部からあったことによるものと考えられる。

「4.25文書」後の5月12日、県教育委員会生涯学習課、県立文書館、県文化課世界遺産登録推進室はゴールデン佐渡と「県立文書館所蔵資料の原蔵者に対する、資料公開・非公開に係る意向確認についての方針説明」の会合（20分間）を持った。復命書での会談場所、会談内容（三頁分）は全て黒塗りである。県はゴールデン佐渡まで出向き、「4.25文書」での「今後の方針」に記された内容を話し、県立文書館とゴールデン佐渡との間での新たな文書の交信を約束したのだろう。

その後、県立文書館は6月28日付で、ゴールデン佐渡に「新潟県立文書館で保管する資料の取り扱いについて」（照会）を出した。これは、1992年に佐渡金山（株）が「所在が不明なため公開はご遠慮願います」として朱線を引いた部分の再確認を求めるものであった。

5月18日に事前に電話で意向を確認しての照会であった。これに対しゴールデン佐渡は7月7日付で、非公開処理内容についての変更はなく、「非公開とする資料の存否、原蔵者等について新潟県立文書館に問い合わせがあった場合には資料の存否、原蔵者等についても応答しないでください」という回答を送った。「佐渡鉱山史」はゴールデン佐渡で公開しているが、この処理により文書館では非公開が継続されることになった。

このように新たに県とゴールデン佐渡は談合し、史料の隠匿の合意をすすめたのである。しかし、県史編さん事業で「半島労務者名簿」が収集されたことは、すでに明らかであり、その存在を隠すことは無理である。

復命書

所属	生涯学習推進課	職名・氏名	副参事（成人教育係長）関根
日時	令和5年5月12日（金）11：00～11：20		
場所			
目的	県立文書館所蔵資料の原蔵者に対する、資料公開・非公開に係る意向確認についての方針説明		
出席者	【原蔵者】 【県】 県立文書館　安田館長、目黒副館長 生涯学習推進課　関根 文化課世界遺産登録推進室　茂野政策企画員		

行政や民間が所蔵する朝鮮人名簿は1991年に日本政府から韓国政府に送られた経緯がある。それをふまえれば、県立文書館にマイクロで保管されている佐渡鉱山の名簿も公開の処理をすすめて韓国政府に送るべき史料である。

佐渡鉱山「半島労務者名簿」は80年ほど前の史料である。強制動員の真相究明の基礎史料であり、保存と公開が望まれる。新潟県とゴールデン佐渡はこの名簿の公開へと方針を転換すべきであろう。

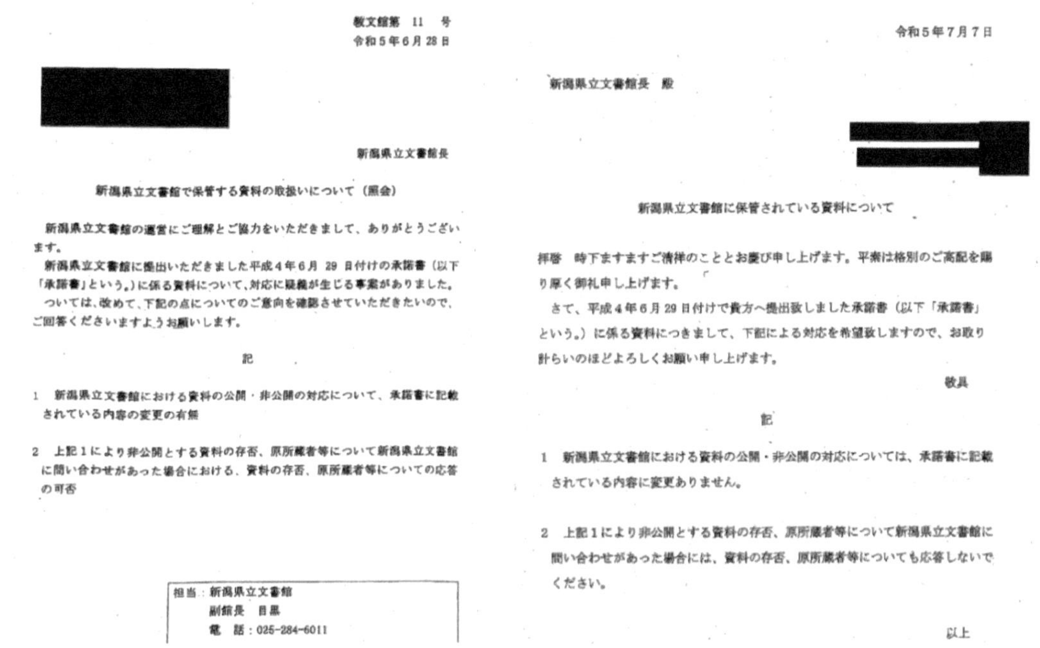

教文館第　11　号
令和5年6月28日

新潟県立文書館長

新潟県立文書館で保管する資料の取扱いについて（照会）

新潟県立文書館の運営にご理解とご協力をいただきまして、ありがとうございます。

新潟県立文書館に提出いただきました平成4年6月29日付けの承諾書（以下「承諾書」という。）に係る資料について、対応に疑義が生じる事案がありました。

ついては、改めて、下記の点についてのご意向を確認させていただきたいので、ご回答くださいますようお願いします。

記

1　新潟県立文書館における資料の公開・非公開の対応について、承諾書に記載されている内容の変更の有無

2　上記1により非公開とする資料の存否、原所蔵者等について新潟県立文書館に問い合わせがあった場合における、資料の存否、原所蔵者等についての応答の可否

担当：新潟県立文書館
副館長　目黒
電　話：025-284-6011

令和5年7月7日

新潟県立文書館長　殿

新潟県立文書館に保管されている資料について

拝啓　時下ますますご清祥のこととお慶び申し上げます。平素は格別のご高配を賜り厚く御礼申し上げます。

さて、平成4年6月29日付けで貴方へ提出致しました承諾書（以下「承諾書」という。）に係る資料につきまして、下記による対応を希望致しますので、お取り計らいのほどよろしくお願い申し上げます。

敬具

記

1　新潟県立文書館における資料の公開・非公開の対応については、承諾書に記載されている内容に変更ありません。

2　上記1により非公開とする資料の存否、原所蔵者等について新潟県立文書館に問い合わせがあった場合には、資料の存否、原所蔵者等についても応答しないでください。

以上

資料①　佐渡鉱業所「半島労務者名簿」の公開を求める要請書　　2023年4月21日

（株）ゴールデン佐渡社長様

強制動員真相究明ネットワーク（日本）、民族問題研究所（韓国）

三菱鉱業佐渡鉱業所の「半島労務者名簿」（マイクロフィルム）が新潟県立文書館にあります。これは戦時に三菱の佐渡鉱山に動員された朝鮮人の名簿です。新潟県史編纂事業のなかで1983年に佐渡金山株式会社から提供された史料であり、1992年に県立文書館に移管さ

れました。しかし、ゴールデン佐渡の意向により、非公開となっています。

韓国政府の要請により1991年、日本政府は戦時に動員された朝鮮人の名簿を韓国政府に提供していますが、この佐渡鉱山の名簿は含まれていません。1992年4月、ゴールデン佐渡に対し、新潟の市民団体が朝鮮人名簿などの公開を求めましたが、「無い」との回答でした。

しかし、戦時に動員された朝鮮人の名簿はあったのです。ゴールデン佐渡はこの名簿を公開すべきと考えます。また日本政府にも提出し、韓国政府に送られるべきです。

すでに動員された人びとのほとんどが亡くなっています。しかし遺族は今も生きています。名簿は遺族にとって親族の歴史を示す大切な資料です。

戦時の植民地朝鮮から日本への強制動員の歴史は、消すことのできない歴史です。佐渡鉱山については「相愛寮煙草配給台帳」の存在が知られています。この史料によって1990年代に現地調査が行われ、日韓友好の事業がすすめられました。「半島労務者名簿」の公開により、歴史の真相究明がさらにすすみ、日韓の友好が深まります。

佐渡鉱山での朝鮮人労働の歴史を明らかにすることは、日韓の対立を生むものではなく、日韓友好の起点となるものです。産業遺産としての佐渡鉱山の史跡は、名簿の公開によっていっそう価値の深いものとなるでしょう。名簿の公開はゴールデン佐渡の企業としての価値を高めるものになります。

このような趣旨で、佐渡鉱業所「半島労務者名簿」の公開を要請します。あわせて「佐渡鉱山史」(平井栄一)をはじめ、戦時の労務関係、相愛寮関係などの史料公開も要請します。

資料②　「佐渡島の金山」強制動員労働者の名簿 公開拒否

KBSワールドニュース（日本語版）2023年4月24日

日本が世界文化遺産への登録を目指す「佐渡島の金山」をめぐり、日本による植民地時代に「佐渡金山」に強制動員された朝鮮人の公式名簿が存在することが確認され、韓国と日本の市民団体が公開を求めましたが、拒否されたことがわかりました。

名簿の名前は「半島労務者名簿」で、新潟県が1984年に県の歴史をまとめた「新潟県史」を編さんする過程で見つかり、カメラで撮影してマイクロフィルムの形で保管されている新潟県の公式資料です。

日本近現代史の研究者で、強制動員問題を研究する竹内康人氏は21日、記者らに対し、「『半島労務者名簿』が新潟県立文書館の資料リストで確認された」と明らかにしました。日本の統治時代に「佐渡島の金山」に強制動員された韓半島出身者の公式名簿の存在が確認されたのは初めてです。

これを受けて、日本の市民団体「強制動員真相究明ネットワーク」と韓国の市民団体「民族問題研究所」は23日〔21日〕、「佐渡金山〔ゴールデン佐渡〕」を訪問し、名簿の公開を求める要請書を手渡しました。

要請書は、名簿は日本政府が過去に韓国政府に提供した強制動員労働者の名簿には含まれていない資料だと指摘し、強制動員の真相解明に向けて、名簿を公開するよう求めています。

これに対し、「佐渡金山〔ゴールデン佐渡〕」は、「原本の所在が不明であり、新潟県立文書館が保管中の名簿の公開を許可できない」として、資料の公開を拒否しました。

新潟県立文書館も、KBSとの電話インタビューで、名簿が「佐渡金山」に強制動員された朝鮮人の名簿であることは認めながらも、「佐渡島の金山の許可がなければ公開できない」としています。

〔この名簿については、朝日新聞・田玉恵美記者による2023年12月2日と24年4月27日の記事がある。〕

佐渡鉱山・朝鮮人強制労働資料集編集委員会

荒井真理（資料収集）
石崎澄夫（資料提供）
小杉邦男（資料提供）
竹内康人（資料整理、編集）
永田治人（資料収集、編集）
野木香里（資料翻訳）
藤石貴代（資料翻訳）
三村修　（資料収集）
吉澤文寿（資料整理、解説）

編集委員会の代表は吉澤文寿、顧問は小杉邦男、編集責任は竹内康人である。
「佐渡と朝鮮をつなぐ会」資料の多くは林道夫宅に所蔵されていた。その資料の収集・整理および記事・証言の翻訳については、佐渡扉の会、強制動員真相究明ネットワーク、民族問題研究所の協力をえた。本書作成にあたり佐藤泰治、広瀬貞三、李鐘海、李昤京の各氏から資料提供・教示をえた。ご協力に感謝します。

佐渡鉱山・朝鮮人強制労働資料集

佐渡鉱山・朝鮮人強制労働資料集編集委員会

2024年6月21日　第1刷
発行（公財）神戸学生青年センター出版部
〒657-0051　神戸市灘区八幡町4－9－22
TEL 078-891-3018　FAX 078-891-3019
URL https://www.ksyc.jp
定価　本体1800円＋税
ISBN978-4-906460-70-0 C0036 ¥1800E

当出版部の本は地方小出版流通センター扱いです。
落丁・乱丁はお取かえいたします。

神戸学生青年センター出版部・出版案内

金慶海・堀内稔「在日朝鮮人・生活権擁護の闘い　神戸・1950 年「11・27」闘争」1991.9 1800 円
尹静慕作・鹿嶋節子訳・金英達解説「母・従軍慰安婦　かあさんは「朝鮮ピー」と呼ばれた」1992.4 1000 円
金英達編「朝鮮人従軍慰安婦・女子挺身隊資料集」1992.7 1100 円
金英達・飛田雄一編「1992　朝鮮人・中国人強制連行強制労働資料集」1992.7 1400 円
兵庫朝鮮関係研究会・編「在日朝鮮人　90　年の軌跡　続・兵庫と朝鮮人」1993.12　2300 円
脇本寿「朝鮮人強制連行とわたし　川崎昭和電工朝鮮人宿舎・舎監の記録」1994.6　400 円（複写版）
金英達・飛田雄一編「1994　朝鮮人・中国人強制連行強制労働資料集 1994.7」1600 円
鄭鴻永「歌劇の街のもうひとつの歴史　宝塚と朝鮮人」1997.1 1800 円
金乙星「アボジの履歴書」1997.10 2000　円
韓国基督教歴史研究所・信長正義訳「3・1独立運動と堤岩里教会事件」1998.5 1800 円
朴慶植・水野直樹・内海愛子・高崎宗司「天皇制と朝鮮」1989.11 1200 円
高銀「朝鮮統一への想い」2001.9 400 円
ジョン・レイン、平田典子訳「夏は再びやってくる　戦時下の神戸・オーストラリア兵捕虜の手記」 2004.3 1800 円
竹内康人編「戦時朝鮮人強制労働調査資料集　増補改訂版　連行先一覧・全国地図・死亡者名簿」 2015.1 2000 円
竹内康人編「戦時朝鮮人強制労働調査資料集　2　名簿・未払い金・動員数・遺骨・過去清算」2012.4　1900 円
強制動員真相究明ネットワーク・民族問題研究所編「「明治日本の産業革命遺産」と強制労働」 2017.11 500 円
強制動員真相究明ネットワーク・民族問題研究所編「佐渡鉱山・朝鮮人強制労働」 2022.10 1000 円
中田光信「日本製鉄と朝鮮人強制労働」2023.5　500 円